আধুনিক কালত মধুমেহ এক সাধাৰন ৰোগ বনি গৈ আছে। গোটেই সংসাৰ তথা ভাৰতত মধুমেহ ৰোগীৰ সংখ্যা দ্রুত গতিৰে বাঢ়িছে। এই দীৰ্ঘকালীন ৰোগ লাহে লাহে মৰাৰ দৰে ৰোগীৰ গূৰ্দাক নস্ট কৰে। হৃদয় ৰোগ, কোমাৰ অৱস্হা তথা গেংগ্রীন ৰোগো ইয়াৰ পৰাই হয়। ইয়াৰ কোনো স্হায়ী চিকিৎসা নাই। কিন্তু জীৱনশৈলীত পৰিৱৰ্তন, শিক্ষা তথা খোৱা লোৱাৰ অভ্যাসত পৰিৱৰ্তনৰ দ্বাৰা এই ৰোগক ভালদৰে নিয়ন্ত্রিত কৰিব পাৰি। যদি ৰোগ বাঢ়ি যায় তেতিয়া এলোপেথিক তথা আৰ্য়ুবেদিক ঔষধ, ইনচুলিন আৰু জীৱনশৈলীত পৰিৱৰ্তনৰ দ্বাৰা ৰোগক নিয়ন্ত্রিত কৰিব পাৰি।

মধুমেহ ৰোগীৰ বাবে

201-টা টিপ্‌স

ডাঃ বিমল ছাজেড়, এম.ডি.

ডায়মণ্ড বুক্স

ISBN : 978-81-288-2093-9

প্ৰকাশক ঃ

ডায়মণ্ড পকেট বুক্চ প্ৰাঃ লিঃ

X-30, ওখলা ইণ্ডাষ্ট্ৰিয়েল এৰিয়া (ফেজ-2)

নতুন দিল্লী-110 020

ফোন ঃ 41611861, 40712100 ফেক্স ঃ 011-41611866

ই-মেইল ঃ sales@dpb.in

ৱেবচাইট ঃ www.dpb.in

মুদ্ৰক ঃ

আদৰ্শ প্ৰিণ্টাৰ্চ

চাহদৰা, দিল্লী-110 032

MADHUMAO ROGIR BABE 201-TA TIPS *(in Assamese)*
by Dr. Bimal Chhajer, MD

ভূমিকা

অজি সংসাৰত মধুমেহ ৰোগীৰ সংখ্যা প্ৰায় 17.5 কোটি হছ, যি হৈছে, আগৰ পাচ বছৰত প্ৰায় 25 কোটি হব পাৰে। কেৱল ভাৰততে মধুমেহ ৰোগীৰ সংখ্যা প্ৰায় 5.6 কোটি

হয় আৰু এই সংখ্যা প্ৰতিদিনে বাঢ়িছে। আমাৰ দেশত অধ্যয়নৰ পৰা গম পোৱা যায় যে গ্ৰামীন ক্ষেত্ৰৰ বঢা সংখ্যাক চাই চিকিৎসা বিজ্ঞানিয়ে ভাৰতক সংসাৰৰ মধুমেহ ৰাজধানী ঘোষিত কৰিছে।

মধুমেহৰ বাস্তৱিক কাৰন এতিয়াও অজ্ঞান। সাধাৰনতে এইটো এটা মেটাবালিক ৰোগ হয়, যত ৰক্তত গ্লুকজৰ স্তৰ বাঢ়ে। ব্যায়ামৰ অভাৱ, অনিয়মিত ভোজন, চিন্তাদায়ক, আৰামদায়ক জীৱন শৈলী, শকত আদি মধুমেহ ৰোগৰ প্ৰমুখ কাৰন হয়। বহুত দিনলৈকে চলা এই ৰোগত ৱ্লাদ গ্লুকজৰ স্তৰ অনিয়ন্ত্ৰিত থাকি কোৰনেৰী ধমনীত বাধা সৃস্টি কৰে, যৰ পৰা হৃদয় ৰোগ জন্ম লয়। অনেক মধুমেহ ৰোগীত কোলেস্ট্ৰল তথা ট্ৰাইগ্লিচৰাইদৰ স্তৰো বাঢ়ে যি হৃদয় ৰোগৰ ফালে টানে। হাজাৰ হৃদয় ৰোগৰ চিকিৎসাৰ সময়ত আমি পালো যে 25-30 শতাংশ ৰোগী মধুমেহৰ চিকাৰ হৈছিল।

আমাৰ 'চাঅ'ল' ৰ অনুভৱ এইটো কয় যে জীৱন শৈলী শুধৰনী, চিন্তাৰ পৰা দুৰত তথা ব্যায়ামৰ দ্বাৰা মধুমেহ ৰোগীত 50 শতাংশলৈকে শুধৰাব পাৰি।

সেইকাৰনে এই কিতাপত মধুমেহ লগত সম্বন্ধীয় আহাৰ, ব্যায়াম তথা দৰবৰ বিষয়ে ভালদৰে জানি লওক।

এই কিতাপ খন কিয় ?

পিছৰ এক দহকৰ পৰা নিজৰ বেমাৰীক শুধা10 প্ৰশ্নৰ উত্তৰত প্ৰতিদিনে দি আহিছো। যেতিয়া মই এটা প্ৰশ্নৰ উত্তৰ দিওঁ তেতিয়া বেলেগ প্ৰশ্নৰ লগত তৈয়াৰ থাকো। ডাক্টৰ, মই নিমখ খাব পাৰোনে ? ভোজনৰ বাবে কি তেল প্ৰয়োগ কৰো ? মই তেলেৰে মালিচ কৰিব পাৰোনে ? জেতুনৰ তেল হৃদয়ৰ বাবে ভালনে ? লাওৰ ৰস প্ৰয়োগ কৰিব পাৰোনে ? মই ওজন কেনেকৈ কমাও। আদি-আদি।

পিছৰ দশকৰ পৰা সহযোগীৰ লগত চাৰল হাৰ্ট প্ৰগেমৰ আয়োজন কৰিছো। আমি অনেক ব্যক্তিক আহাৰ প্ৰশিক্ষণ দিছো। আমি দেখিছো যে আমাৰ কাৰ্য্যক্ৰমত অহা লোকে আহাৰৰ সৈতে সম্বন্ধিত শ শ প্ৰশ্নৰ উত্তৰ বিচাৰে। তেওঁলোকে এইটো জনাত বহুত ইচ্ছুক যে আহাৰ বিশেষজ্ঞ খাদ্য তথা অখাদ্যৰ পাৰ্থক্য কেনেকৈ কৰে।

তেওঁলোকে নিজৰ পছন্দৰ ভোজনৰ কেলৰীৰ গণনা তথা সৰল কাৰ্বহাইড্ৰেটৰ বিষয়ে জানিব বিচাৰে। তেওঁলোকে এইটো বিষয়েও জানিব বিচাৰে যে কিছুমান খাদ্য পদাৰ্থ তেওঁলোকৰ বাবে ভাল বা বেয়া কিয় হয় ? যোৱা দশ বছৰত মই তেওঁলোকৰ প্ৰশ্নৰ উত্তৰ দিবলৈ যিমান পাৰি প্ৰয়াস কৰিছো। তেওঁলোকে জানে যে আহাৰক নিয়ন্ত্ৰিন কৰি, মধুমেহ নিত্ৰন কৰিব পাৰি।

এই কিতাপ খনত আপুনি মধুমেহৰ সৈতে জৰিত প্ৰত্যেক প্ৰশ্নৰ উত্তৰ পাব। আপুনি সাধাৰন ভাষাত আহাৰ, দূৰ্বলতা, ব্যায়াম তথা অনেক জিজ্ঞাসাৰ উত্তৰ পাব। ইয়াৰ আগতে চাগে এই জানকাৰী সমূহক সাধাৰন ভাষাত পোৱা নাছিল। মই আশা কৰো যে এই কিতাপ খন আপোনালোকে পঢ়ি ভাল পাব তথা লাভদায়ক হব।

প্ৰস্তাৱনা

আধুনিক যুগত মধুমেহ এক সামান্য ৰোগ হয়। সংসাৰত ৰোগীৰ সংখ্যা নিৰন্তৰে বাঢ়িছে। বহুত দিনলৈকে চলা এই ৰোগ গূৰ্দা তথা হৃদয়ত আক্ৰমন কৰে। ইয়ালৈকে ৰোগীক গেংগ্ৰীনও হব পাৰে বা কোমাতো যাব পাৰে। এই ৰোগৰ কোনো স্থায়ী চিকিৎসা নাই। জীৱন শৈলী, শিক্ষা তথা খোৱা লোৱাৰ পৰিৱৰ্তনৰ পৰা নিয়ন্ত্ৰত পাব পাৰি। ৰোগী গম্ভীৰ অৱস্থাত এলোপেথী তথা আৰ্যুবেদিক দৰৱ, ইনচুলিন তথা জীৱন শৈলীত পৰিৱৰ্তনৰ দ্বাৰা শুধৰাব পাৰি।

স্বস্থ্যৰ প্ৰতি কৰা অসাবধানতা তথা অশিক্ষাৰ ফল হল মধুমেহ। অনেক মধুমেহ হোৱা ৰোগী নিজৰ ৰোগৰ কাৰন তথা বচাৰ উপায় নাজানে। তেওঁলোক সাৱধান হয় কিন্তু বিশেষ কথাত ধ্যান নিদিয়ে যাৰ বাবে মধুমেহ অনিয়ন্ত্ৰিত হয়। ৰোগী শকত হোৱা, উচ্চ ৰক্তচাপ তথা ৰক্তত চৰ্বি জমা হয়। তেতিয়া দৰৱ তথা চিকিৎসাৰ সম্পৰ্কত থাকিব লগীয়া হয়।

যদি মধুমেহ ৰোগী ভোজনৰ প্ৰতি সাৱধানী ৰাখে, ব্যায়াম কৰে, যোগ বা ধ্যান কৰে, চিতাত নাথাকে তেতিয়া দৰৱ বা ইনচুলিনৰ দৰকাৰ নহয়।

এই কিতাপ মধুমেহ ৰোগীৰ বাবে লিখা গৈছে যি নিজে চোৱা চিতা কৰিব বিচাৰে। মই প্ৰথম ৫০ পৃষ্ঠাত সাধাৰন কথাত ৰোগ, বিপদ, লক্ষণ, ভোজন তথা ব্যায়াম আদিৰ প্ৰকাশ কৰিছো। আগৰ ১০০ পৃষ্ঠাত মধুমেহ ৰোগৰ লগত জৰিত সকলো সামান্য প্ৰশ্নৰ উত্তৰ দিছো। যি পাঠকে মধুমেহ ৰোগী হয় অথবা মধুমেহৰ পৰা নিজকে

বাচিব বিচাৰে, এই সকলো জিজ্ঞাসাৰ সমাধান এই কিতাপ খনত আছে।

মই সহযোগীৰ লগত এই প্ৰশ্নৰ উত্তৰ তৈয়াৰ কৰোতে পুৰা এক বছৰ লাগিছে। মই কেন্দ্ৰৰ চিকিৎসক, আহাৰ-বিশেষজ্ঞ তথা সহায়ক দলক ধন্যবাদ দিব বিচাৰো যি এই কিতাপৰ ৰচনাত সহায় কৰে। আমাৰ আহাৰ-বিশেষজ্ঞ 'ৰেচল মসীহ' এই কিতাপৰ প্ৰেৰনা হয়। এই কাৰ্য্যত পুনম বাকচি, শালীনী ৰস্তোগী আদি আহাৰ-বিশেষজ্ঞৰো সহায় পাওঁ। আমাৰ পূৰ্ব আহাৰ-বিশেষজ্ঞ ডাঃ কুনা অপৰ্ণা (যি এই দিনত হায়দেৰাবাদত আছে) যি মধুমেহ চিকিতসাত বন দৰৱেৰে বনা দৰৱৰ জানকাৰী দিয়ে। মই তেখেতকো ধন্যবাদ দিব বিচাৰো। ডাঃ অৰিজিত চক্ৰৱৰ্তী তথা ডাঃ সুব্ৰত গোৰইকো বিশেষ ধন্যবাদ দিব বিচাৰো। আমাৰ প্ৰকাশন বিভাগৰ প্ৰবীন কুমাৰ, নন্দ কিশোৰ তথা ভুপেন্দ্ৰ এই কিতাপৰ দিজাইনত প্ৰয়াসৰত থাকে। এই কিতাপৰ ৰচনাত যি যি ব্যক্তিৰ যোগদান আছে মই এই সকলোৰে হৃদয়ৰ পৰা আভাৰি হওঁ।

আশা কৰো পাঠকে এই কিতাপ খন পঢ়ি ভাল পাব।

●●●

লেখকৰ বিষয়ে

ডা. বিমল ছাজেড় এম. দি., এজন ভাল হৃদয় বিশেষজ্ঞ হয়। তেখেতে ভাৰতত হৃদয়ৰ সমুচিত চোৱা চিতা আৰু চিকিতসাৰ লগত জৰিত চাৱল (SAAOL) হৃদয় অভিযান বিকসিত কৰে। এই অভিযান হৃদয় নাফালাকে চিকিতসা কৰা যায়। ডা. ছাজেড়ৰ জন্ম ৰাজস্হান তথা পালন-পোষন কলকাতাত হয়। তেখেতে হৃদয় ৰোগৰ চিকিতসাৰ বাবে কলা তথা বিজ্ঞানৰ লগত জৰিত সকলো উপায় সম্ভৱ বিকাস কৰে। এই উপায়ৰ বলত আজি হাজাৰ হৃদয় ৰোগী বইপাচ চাৰ্জাৰী তথা এঞ্জিয়োপ্লাস্টিৰ বিনা চিকিৎসা কৰোৱাত সফল হৈছে।

ডা বিমল ছাজেড় আখিল ভাৰতীয় আয়ুবিজ্ঞান সংস্হান (AIIMS) ত প্ৰফেচাৰৰ ৰূপত ছয় বছৰ কাম কৰি এই অভিযান বিকাস কৰে। তেখেতে 11 তম আৰ্টাকটিকা অভিযানত আয়ুবিজ্ঞান সংস্হানৰ প্ৰতিনিধিত্ত কৰিছিল।

তেখেতে পিছৰ 15 বছৰৰ পৰাই বিশ্বৰ অনেক ভাগত ভাষণ তথা বাখ্যায়নৰ দ্বাৰা হৃদয় ৰোগীৰ বিষয়ে সচেতন কৰাইছে। তেখেতে অনেক কিতাপ লিখিছে-

1 হৃদয় ৰোগৰ নিয়ন্ত্ৰৰ পাচটা সহজ উপায় (ইংৰাজী)
2 হৃদয় ৰোগৰ নিয়ন্ত্ৰৰ বাবে ভোজন (ইংৰাজী)
3 হৃদয় ৰোগৰ পৰা মুক্তি
4 হৃদয় ৰোগ কেনেকৈ বুজিব (ইংৰাজী)
5 হৃদয় ৰোগৰ সামান্য জানকাৰী
6. জিৰো অয়িল কুক বোক (হিন্দী তথা ইংৰাজী)

7. জিৰো অয়িল চাউথ ইন্দিয়ান কুক বোক (হিন্দী তথা ইংৰাজী)
8. জিৰো অয়িল নিমখীয়া বোক (হিন্দী তথা ইংৰাজী)
9. জিৰো অয়িল চুইট বোক (হিন্দী তথা ইংৰাজী)
10. হৃদয় ৰোগৰ বাবে 201 উপায় (হিন্দী তথা ইংৰাজী)
11. এ কমপ্লিট গাইট টু স্টে্চ মেনেজমেন্ট (হিন্দী তথা ইংৰাজী)
12. এ কমপ্লিট মিল উইদাউট অয়িল (হিন্দী তথা ইংৰাজী)

তেখেতে হার্ট এটেক নামৰ মাহেকীয়া পত্রিকাও উলায় যত হৃদয়ৰ লগত জৰিত বিষয়ত লিখা থাকে। বাতৰি কাকতত তেখেতৰ চাৱল (SAAOL) হৃদয় অভিযানৰ বিষয়ত600তকৈ অধিক প্রকাশিত হৈছে। টি ভিৰ কায্যক্রম, বাতৰি আদিতো তেখেতক নিমন্ত্রিত কৰা যায়।(ঋস্কা

ডা. ছাজেড় আয়ুবিজ্ঞান সংস্হানৰ লগত মিলি জীৱন শৈলী আৰু হৃদয় নামৰ বিষয়ত 1995০ ত (AIIMS) নতুন দিল্লীত প্রথমে আন্তৰাস্ট্রীয় সম্মিলিনৰ আয়োজন কৰিছিল। তাৰ পিছত ইন্দিয়া হেবিটেট চেন্টাৰ, 1999 ত নতুন দিল্লীত দ্বিতীয় আয়োজন কৰে।

ডা. ছাজেড় বিষ, অস্থামা, মধুমেহ আৰু শকতৰ দৰে ৰোগ দুৰ কৰিবৰ বাবে দৈনিক প্রশিক্ষণো আয়োজন কৰিছে।

●●●

চাঅ'ল হাৰ্ট প্ৰগ্ৰেম

চাঅ'ল হাৰ্ট প্ৰগ্ৰেমত তিনি দিনৰ প্ৰশিক্ষণ শিবিৰ লগোৱা যায়, যত অনেক হৃদয় ৰোগী জীয়াই থকাৰ কলা তথা বিজ্ঞান শিকাই। চিকিৎসক, আহাৰ-বিশেষজ্ঞ তথা প্ৰশিক্ষকৰ সহায় পায়।

এই কেম্প দেশৰ প্ৰত্যেক দাঙৰ চহৰত লগোৱা যায়। দিল্লীত প্ৰতিমাহে আয়োজন কৰা হয় তথা তৃতীয় মাহত মুম্বাই, কলকাতা, বেংগলোৰত আয়োজন কৰা হয়। এই কেম্পত ভাগ লৈ আপুনি আপুনিও বইপাচ চাজাৰী তথা এঞ্জিয়োপ্লাস্টিৰ তথা হাৰ্ট এটেকৰ পৰা বাচিব পাৰি।

অধিক জানকাৰীৰ বাবে আমাক ইয়াত সম্পৰ্ক কৰকঃ

মুখ্য কাৰ্য্যালয়

চাঅ'ল হাৰ্ট চেন্টাৰ

14/84-85,বিক্ৰম বিহাৰ, লাজপত নগৰ-IV

নতুন দিল্লী-110024

ফোন-26235168, 26283098, 26211908

ফেক্চঃ 26212016

ইমেইলঃ info@saaol.com

চাঅ'লৰ বিভাগীয় কেন্দ্ৰ

-ঃ বাঙ্গালোৰ ঃ-

ক'-অৰ্ডিনেটৰ ঃ শ্ৰী এচ. এচ. প্ৰসাদ
25, এচ. পি. ৰোড, অফিচ ঃ চতুৰ্থ টেম্পল ষ্ট্ৰীট
মালেশ্বৰম, বাঙ্গালোৰ - 560 003
ফোন ঃ 5699 3797, 2346 2869 মো ঃ 93437 36554

-ঃ হায়দ্ৰাবাদ ঃ-

ক'-অৰ্ডিনেটৰ ঃ শ্ৰী এচ. এল. ছাজেড়
সাৰদা এডিফিস, ফ্লেট নং ঃ 203
হাউচ নং ঃ 3 - 5 - 590, হিমায়ত নগৰ
হায়দ্ৰাবাদ - 500 029 ফোন ঃ 2322 4084

-ঃ চেন্নাই ঃ-

ক'-অৰ্ডিনেটৰ ঃ শ্ৰী কে. ছাজেড়
প্ৰযত্নে ঃ জীনস্ পাৰ্ক ইণ্ডিয়া প্ৰা. লি.
566, আন্না চালাই, চেন্নাই - 600 018
ফোন ঃ 5536 0450, 2433 7236

-ঃ মুম্বাই ঃ-

ক'-অৰ্ডিনেটৰ ঃ শ্ৰী দীপক দলাল
বি - 301, গোল্ড মিষ্ট, ঠাকুৰ কম্প্লেক্স
কাণ্ডীভলী (পূৰ্ব), মুম্বাই - 400 101
ফোন ঃ 5699 5378, 2854 3088 ফেক্স ঃ 2854 4217

-ঃ কোলকাতা ঃ-

ক'-অৰ্ডিনেটৰ ঃ শ্ৰী প্ৰবীণ
65 / 4-এ, ফ্লেট নং ঃ 1-এ
শৰৎ বোস ৰোড, কলকাতা - 25
ফোন ঃ 3093 0329, 2454 5981, মো ঃ 93308 70713

বিষয় সূচী

মধুমেহৰ কাৰণ

মধুমেহ ৰোগীৰ নিৰিক্ষণ

আহাৰ তথা মধুমেহ

মধুমেহ তথা ব্যায়াম

ইনচুলিন

মধুমেহৰ তথা দৰব-সেৱন

চিন্তা তথা মধুমেহ

জটিলতা

বিবিধ

প্ৰথম অধ্যায়

মধুমেহ কি হয় ?

ডৌয়বেটিজ মেলাইটচ' এটা চিনাকী ৰোগ হয়, যত ৰক্তৰ গ্লুকোজ বাঢ়ি যায় তথা শৰীৰৰ কোষ শৰ্কৰাৰ উপযোগী কৰিব নোৱাৰে। এই ৰোগ ইৈনচুলিন' নামৰ ৰসায়নৰ অভাৱ হোৱাত হয়। যাৰ স্ৰাৱ শৰীৰত অগ্নাশয় (পেংক্ৰিয়াজ) দ্বাৰা হয়।

ডৌয়বেটিজ মেলাইটচ' (হাইপাৰ গ্লাইচিমিয়া) হাই চুগাৰ, হাই গ্লুকোজ মধুমেহ গ্লুকোজ ইনটোলৰেঞ্চৰ নামতে জনা যায়)ৰ সাধাৰণ ভাষাৰ অৰ্থ হল–মৈঠা সূত্ৰ' কাৰণ প্ৰায়ঃ দেখা যায় যে সধুমেহ ৰোগিৰ মুত্ৰত শৰ্কৰা পোৱা যায়। উচচ ৰক্তচাপ তথা শকতৰ লগতে এই ৰোগক মৈোটবলিক চিনড্ৰম' বুলি কোৱা হয়। এই ৰোগক মেলাইটচ সেইকীৰণে কোৱা হয় যাতে এইটো ডায়বেটিজ ইনচীপিডচ (Inspidus) ৰ পৰা বেলেগ কৰিব পাৰি যত বহুমুত্ৰৰ সমস্যা আহে কিন্তু মুত্ৰত শৰ্কৰা পোৱা নাযায়। ডায়বিটিজ মেলাইটচ সামান্যত ঃ ডৌয়বেটিজ'ৰ নামেৰে প্ৰসিদ্ধ হয়।

ডায়বেটিজ বা মধুমেহ এক এনেকুৱা ৰোগ হয় যত ৰোগী কেতিয়াও তৎকাল লক্ষণৰ অভিযোগ নকৰে কিন্তু ৰক্তৰ গ্লুকোজৰ বঢ়া স্তৰ শৰীৰৰ ভিতৰৰ অবয়ৱ তথা হৃদয় আৰু গুৰ্দ আদিকো নষ্ট কৰে সেইকাৰণে এইটোক মৌোধা মৰা' বুলিও কয়।

এইটো এটা দীৰ্ঘকালীন ৰোগ হয়, ৰোগী 30-40 বৰ্ষলৈকে এই ৰোগৰ লগতে জীৱিত থাকে। যদি ৰোগি নিজৰ ময়াদ গ্লুকোজৰ স্তৰ নিয়ন্ত্ৰিত ৰাখে তথা চোৱাচিতা কৰিলে এইটো ৰোগে একো কৰিব নোৱাৰে। সাধাৰণতে নিয়মিত খোৱা-লোৱা ৰোগক বহুত সময়লৈকে

চম্ভালি লয় কিন্তু ব্যায়াম, দুৰ্বল প্ৰবন্ধন, যোগ তথা ৰোগৰ সম্পূৰ্ণ জানকাৰীৰ লগত ৰোগৰ নিধন আৰু সৰল হৈ যায়। যদি এই ৰোগৰ পৰা সম্বন্ধিত এই কথাও পুৰা ধ্যান দিয়া যায় তেতিয়া ৰোগীৰ ঔষধৰ সেৱনো কৰিব নোৱাৰো কেবাবাৰ জীৱনশৈলীও শুধৰনি তথা ঔষধৰ সেৱনো কৰিব নোৱাৰো কেবাবাৰ জীৱনশৈলীত শুধৰনি তথা ঔষধৰ প্ৰয়োগৰ পৰাও ৰোগও নিয়ন্ত্ৰণ কৰিব পৰা যায়। যদি ৰক্তত গ্লুকোজৰ স্তৰ নিয়ন্ত্ৰিত কৰাৰ অন্য উপায় নাথাকিলে ইনচুলিন এক ৰামবান ঔষধৰ ৰূপত থাকে।

মধুমেহ কিয় হয় ?

আমাৰ ভোজনত কাৰ্বহাইড্ৰেট এটা প্ৰমুখ তত্ত্ব হয়, এইটো কেলোৰী আৰু উৰ্জাৰ শ্ৰোত হয়। বাস্তৱত শৰীৰৰ 60 ৰ পৰা 70% কেলোৰী ইয়াৰ পৰা প্ৰাপ্ত হয়। কাৰ্বহাইড্ৰেট পাচন তন্ত্ৰত পাই গ্লুকোজৰ সৰু সৰু কপাত পৰিৱৰ্তন কৰি ৰক্ত প্ৰবাহত মিলে সেই কাৰণে ভোজন লোৱাৰ আধা ঘন্টাৰ ভিতৰতে ৰক্তত গ্লুকোজৰ স্তৰ বাঢ়ি যায় তথা দুই ঘন্টাত নিজৰ চৰম সীমাত গৈ পায়।

দ্বিতীয়তে শৰীৰৰ তথা মস্তিস্কৰ সকলো কোষ এই গ্লুকোজৰ উপযোগ কৰিব ধৰে। গ্লুকোজ সৰু ৰক্ত নলিকাৰ দ্বাৰা প্ৰত্যেক কোষত প্ৰৱেশ কৰে, ইয়াৰ পৰা উৰ্জা প্ৰাপ্ত কৰিব পাৰে। এইটো প্ৰক্ৰিয়া দুইৰ পৰা তিনি ঘন্টাৰভিতৰত গ্লুকোজৰ স্তৰত নাইকীয়াকৰে। আগৰ ভোজনৰ পাছত এইটো স্তৰ পূৰ্ব ৰক্তত গ্লুকোজৰ স্তৰ 70 ৰ পৰা 100 মি.গ্ৰা./ডে.লী. থাকে। ভোজনৰ পাছত এইটো স্তৰ 120-140 মি.গ্ৰা. / ডে.লী হৈ যায় তথা লাহে-লাহে কম হব ধৰে।

মধুমেহত ইনচুলিনৰ কম হোৱাৰ বাবে কোষ গ্লুকোজৰ উপযোগ কৰিব নোৱাৰে কাৰণ ইনচুলিনৰ অভাৱত গ্লুকোজকোতষ প্ৰৱেশ কৰিব নোৱাৰে। ইনচুলিন এটাৰ দ্বাৰা ৰক্ষকৰ দৰে গ্লুকোজৰ কোষত প্ৰৱেশ কৰায় যাতে উৰ্জা উৎপন্ন হব পাৰে। যদি এনেকুৱা হব নোৱাৰে তেতিয়া শৰীৰৰ কোষৰ লগতে অন্য অংগকো ৰক্তত

গ্লুকোজৰ বঢ়া স্তৰৰ কাৰণে হানি হয়। এই স্হিতি সেই পিয়াসৰ দৰে হয় যিটো নিজৰ ওচৰত পানী থকাত চাৰিওফালে বিয়পি পৰে।

এই দ্বাৰ ৰক্ষক (ইনচুলিন)ৰ সংখ্যাত অভাৱ হোৱাৰ কাৰণে ৰক্তত গ্লুকোজৰ স্তৰ বঢ়াই 140 মি.গ্ৰা./ডে.লী ৰেৰেও অধিক হৈ যাব তেতিয়া ব্যক্তি মধুমেহৰ ৰোগি মনা যায়। অসাবধান ৰোগীত এইটো সতৰ বঢ়াই 500 মি.গ্ৰা./ডে.লী. লৈকো যাব পাৰে।

মধুমেহ ৰোগ জটিলতাৰে ভৰা হয়। বছৰে বছৰে যদি ৰক্তত গ্লুকোজৰ স্তৰ বঢ়াই তেতিয়া প্ৰত্যেক অংগৰ সৰু ৰক্ত নলিকা নষ্ট হৈ যায় যিটো মাইক্ৰো এঞ্জিয়েপেথী বুলি কোৱা হয়। তন্ত্ৰিকাতন্ত্ৰৰ বেয়া নৈনিউৰোপেথী' গূৰ্দা বেয়া হোৱা নৈনেফৰোপেথী' আৰু নেত্ৰোৰ বেয়া ৰৈৰেটীনোপেথী' বুলি কয়। ইয়াৰ বাদেও হৃদয় ৰোগীৰ আক্ৰমণ হবলৈ বেছি দেৰি নালাগে।

●●●

মধুমেহৰ প্ৰকাৰ

ডায়বেটিজ মেলাইটচৰ নিম্নলীখিত বৰ্গত ভাগ কৰিব পাৰি ঃ

1. Type I or IDDM (Insulin Dependant Diabetes Mellitus)

   আই.ডী.ডী.এম. ইনচুলিন ডিপেন্দেট ডায়বেটিক মেলাইটচ (ইনচুলিন আশ্ৰিত মধুমেহ)

2. Type II or NIDDM (Non-Insulin Dependand Diabetes Mellitus)

   এন.আই.ডী.ডী.এম. নান ইনচুলিন ডিপান্দেট ডায়বেটিজ মেলাইটচ (নিচশলিন অনাশ্ৰিত মধুমেহ) টাইপ-II

3. MRDM (Malnutrition Related Diabetes Mellitus)

   এম.আৰ.ডি.এম. (মালনিউট্ৰিচন ৰিলেটিদ ডায়বেটিজ মেলাইটচ কুপোষণ জনিত মধুমেহ)

4. IGT (Impaired Glucose Tolerance)

   আই.জী.টি. (ইনপেয়ৰ্ড গ্লুকেজ টোলৰেঞ্চ)

5. Gestational Diabetes

   জেষ্টেচনেল ডায়বেটিজ

6. Secondary Diabetes : When Diabetes occurs in association with other recognised disease causing abnormal secretion of Insulin.

   চেকেণ্ডৰী ডায়বেটিজ ঃ টাইপ I ইনচুলিন আশ্ৰিত মধুমেহ – টাইপ I মধুমেহত অগ্নাশয় ইনচুলিন নামৰ হৰমন বনিব নোৱাৰে যৰ পৰা গ্লুকোজ শৰীৰৰ কোষক উৰ্জা দিব নোৱাৰে। এই টাইপত ৰোগিক ৰক্তত গ্লুকোজৰ স্তৰ সামান্য ৰাখিবৰ বাবে

নিয়মিত ৰূপেৰে ইনচুলিনৰ ইনজেকচন লব লগীয়া হয়। এইটো জৈিউবিনাইল অনচেট ডায়বেটিজ'ৰ নামেৰেওজনা যায়।এইটোৰোগ প্ৰায়ঃ কোষাৰস্হাত পোৱা যায়। এই ৰোগত অটইমুনিটিৰ কাৰণে ৰোগিৰ ওজন কম হয়।

1. **Type I (IDDM) :- টাইপ-। (ইনচুলিন আশ্ৰিত মধুমেহ)** টাইপ-। মধুমেহত অগ্নাশয় ইনচুলিন নামৰ হৰমন বনিব নোৱাৰে যাৰ পৰা গ্লুকোজ শৰীৰৰ কোষ উজা দিব নোৱাৰে। এই টাইপত ৰোগিক ৰক্তত গ্লুকোজৰ স্তৰ সামান্য ৰাখিবৰ বাবে নিয়মিত ৰূপেৰে ইনচুলিনৰ ইনজেকচন লব লগীয়া হয়। এইটো জৈিউকিনাইল অনচেট ডায়বেটিজ'ৰ নামেৰেও জনা যায়। এইটো ৰোগ প্ৰায়ঃ কোষাৰস্হাত পেৱাযায়। এই ৰোগত অটইমুনিটিৰ কাৰণে ৰোগিৰ ওজন কম হয়।

2. **Type II (NIDDM) :- টাইপ-।। (ইনচুলিন অনশ্ৰিত মধুমেহ)** প্ৰায় 90% মধুমেহ ৰোগী টাইপ-।।। ডায়বেটিজৰে ৰোগ হয়। এই ৰোগত অগ্নাশয় ইনুচলিত বনাই কিন্তু ইনচুলিন কম মাত্ৰাত বনে, নিজৰ প্ৰভাৱ নাইকীয়া কৰে বা আকৌ অগ্নাশয়ৰ পৰা ঠীক সময়ত এৰিব নোৱাৰে যৰ পৰা ৰক্তত গ্লুকোজৰ স্তৰ অনিয়ন্ত্ৰিত হয়। এই ধৰনে মধুমেহত জেনেটিক কাৰণো মহত্বপূৰ্ণ হয়। কোনো পৰিয়ালত এইটো ৰোগ পিঢ়ি দৰপিয়ী পোৱা যায়। এইটো বয়স্ক তথা শকত ব্যক্তিত লাহে-লাহে জড় জমা হয়। অধিকতৰ ৰোগী নিজৰ ওজন কমায়, নিয়মিত আহাৰত জি ধ্যান দি তথা ঔষধি লৈ এই ৰোগত ৰখাব পাৰি।

3. **MRDM (Malnutrition Related Diabetes Mellitus) :- এম.আৰ.ডী.এম. (কুপোষণ জনিত মধুমেহ)** ভাৰতৰ দৰে বিকাসশীল দেশত 15-30 আয়ুহ বৰ্গৰ কিশোৰ তথা কিশোৰিয়া কুপোষণেৰে গ্ৰস্হ হয়। এই দশাও অগ্নাশয় পৰ্য্যাপ্ত মাত্ৰাত ইনচুলিন বনাব নোৱাৰে। ৰোগিক ইনচুলিনৰ ইনজেকচন দিব লগীয়া হয়। মধুমেহৰ টাইপ-। ৰোগীৰ বিপৰীত এই ৰোগত ইনুচলিনৰ ইনজেকচন বন্ধ কৰাত কিটো এচিডোচিচ বিকসিত নহয়।

4. **Impaired Glucose Tolerance (IGT) :- আই.জী.টী (ইং পেয়ৰ্ড গ্লুকোজ টোলৰেঞ্চ)** যেতিয়া ৰোগিক 75 গ্ৰাম গ্লুকোজ সোৱাহ দিয়া যায় আৰু ৰক্তত গ্লুকোজৰ স্তৰ সামান্য তথ্য মধুমেহৰ মাজত হৈ যায় তেতিয়া এইটো স্হিতি আই.টী.জী. বুলি কোৱা হয়। এই শ্ৰেণীৰ ৰোগিত প্ৰায়ঃ মধুমেহৰ লক্ষণ দেখা নিদিয়ে কিন্তু এনেকুৱা ৰোগিৰ ভৱিষ্যতে মধুমেহ হব পাৰে।

5. **Gestational Diabetes during Pragnancy:-**

জেষ্টেচনেল ডায়বেটিজ (গৰ্ভাৱস্হাৰ সময়ত) ঃ গৰ্ভাৱস্হাৰ সময়ত হোৱা মধুমেহক জেটেচনেল ডায়বেটিজ বুলি কোৱা হয়। 2-3% গৰ্ভাৱস্হাত এনেকুৱা হয়। এইটোৰ সময়ত গৰ্ভাৱস্হা মধুমেহৰ লগত সম্বন্ধিত জটিলতা বাঢ়ি যায় তথা ভবিষ্যতও মা তথা সন্তানকো মধুমেহ হোৱাৰ আশংকা বাঢ়ি যায়।-

6. **Secondary Diabetes :** চেকেণ্ডৰী ডায়বেটিজ ঃ যেতিয়া অন্য ৰোগৰ লগত মধুমেহ হয় তেতিয়া সেইটো চেকেণ্ডৰী ডায়বেটিজ বুলি কোৱা হয়। ইয়াত অগ্নাশয় নস্ট হয় যাৰ পৰা ইনচুলিনৰ স্রাৱ অসামান্য হয়, যেনে–

অগ্নাশয়ৰ পৰা সম্বন্ধিত ৰোগ

- অগ্নাশয়ত পূজন
- অগ্নাশয়ৰ কেঞ্চাৰ

2. **এনডোক্ৰোইন** (Endocrime) জমৱস্হা (ৰস প্ৰক্ৰিয়া প্ৰণালীৰ ৰোগ) এক্ৰোমেগ্লে, কুচিং চিনড্ৰোম

3. **ঔষধিৰ কাৰণ**

মাইজাইদ ডায়ুৰেটিকচ, গৰ্ভ নিৰোধক পিল, গ্লুকোৰ্টিকোদ স্টীৰাইদ

4. **ইনচুলিন ৰিচেক্টৰ দোষ** – ইনচুলিন ৰিচেস্টৰ এন্টীবাদী

5. **ইনচুলিন ডিফেক্ট**

ইনচুলিন ডিফেক্ট – ইনচুলিনৰ আসামান্য স্রাৱ।

●●●

মধুমেহৰ লক্ষণ

হব পাৰে যে দীঘল সময়লৈকে মধুমেহৰ লক্ষণ দেখা নিদিয়ে। সাধাৰন পৰীক্ষা নিৰক্ষণৰ পাছত তৎক্ষণাত এই ৰোগৰ গম পাই। যদি কোনো স্বাস্থ্য ব্যক্তিত নিম্ন লক্ষণ দেখা দিয়ে তেতিয়া মধুমেহ হব পাৰে–

1. ৰাতি বাৰে বাৰে মুত্ৰ ত্যাগৰ ইচছা হোৱা (হালধীয়া য়ুৰিয়া)
2. অধিক প্যাস লগা (পোলিডিপচিয়াই
3. অধিক ভোখ লগা (পোলি ফেজিয়া)
4. ভাগৰ
5. ওজনৰ কম হোৱা (টাইপ-I)
6. শকত (টাইপ-II)
7. ঘা বেছিকে হোৱা
8. ভৰি জিনজিনোৱা অনুভৱ হোৱা
9. দৃষ্টি ধোৱা খোৱা হোৱা
10. চালত শুকোৱা
11. চালত সংক্ৰমণ
12. চিকিৎসকীয় পৰীক্ষা নিৰক্ষণত নিম্ন তথ্য প্ৰকট হয়–
    - ☺ গ্লাইকোজিয়ৰিয়া (মুত্ৰত শৰ্কৰা)
    - ☺ হাইপৰগ্লাই চিমিয়া (ৰক্তত বাঢ়ি যোৱা চুগাৰ)
    - ☺ অসাধাৰণ গ্লুকোজ টোলৰেঞ্চ নিৰক্ষণ

মধুমেহ কাৰণ তথা ক্ৰিয়াবিধি

ডৌয়বেটিজ মেলাইটচ'ৰ অৰ্থ হল মৈঠা মুত্ৰ' অথবা মুত্ৰত শৰ্কৰা পোৱা যায়। গ্ৰীক (যি আজিৰ পৰা 500 বৰ্ষ পূৰ্বে এলোপেথি ঔষধৰ আৰম্ভ হয়) বিদ্বানে এইটো এই নাম সেইকাৰণে দিলে যে তেওঁলোকে দেখিলে যে মধুমেহ ৰোগীৰ মূত্ৰত মিঠা হৈছিল।

এই ৰোগত পেংক্ৰিয়াজৰ আইচলেটচ কোষ ইনচুলিনৰ পৰ্য্যাপ্ত নিৰ্মাণ কৰিব নোৱাৰে। ইনচুলিন নামৰ হৰমনে গ্লুকোজক শৰীৰৰ কোষলৈকে পোৱাই। যাৰ কাৰণ ৰক্তত গ্লুকোজৰ স্তৰ বাঢ়ি 180 কি.গ্ৰা./ডে.লি. লৈকে পাব তেতিয়া গূৰ্দা গ্লকোজ উলোৱাৰ কাৰ্য্য আৰম্ভ কৰি দিয়ে। শৰীৰৰ পৰা গধুৰ মাত্ৰাত গ্লুকোজ উলোৱাৰ কাৰণে মুত্ৰত শৰ্কৰা আহি যায়। ৰক্তত গ্লুকোজৰ স্তৰ অধিক হোৱাত কোনো তৎকাল লক্ষণ ওচৰত নাহে কিন্তু এইটো দীঘল সময়ত শৰীৰৰ প্ৰত্যেক অংগক প্ৰভাৱিত কৰে।

পিছৰ দশকত চিকিৎসা বিজ্ঞানৰ খোজো সিদ্ধ কৰি দিছে যে ইনচুলিনৰ অপযাপ্ত স্ৰাৱৰ বাদেও ক্ষমতাত অভাৱ মধুমেহৰ কাৰণ হব পাৰে। বাস্তৱত ইনচুলিনৰ শক্তিহীনতাই মধুমেহৰ প্ৰমুখ কাৰণ বনি ওচৰত আহে।

পিছৰ দশকত চিকিৎসা বিজ্ঞানৰ খোজে সিদ্ধ কৰি দিছে যে ইনচুলিনৰ পৰ্যাপ্ত স্ৰাৱৰ বাদেও ক্ষমতাত অভাৱ মধুমেহৰ কাৰণ হব পাৰে। বাস্তৱত ইনচুলিনৰ শক্তি-হীনতাই মধুমেহৰ প্ৰমুখ কাৰণ বনি ওচৰত আহে।

ইনচুলিন প্ৰেটিনৰ কণা হয় যিটো 51 এমিনো এচিদেৰে মিলি বনে। যাৰ স্ৰাৱ পেংক্ৰিয়াজৰ দ্বাৰা হয়। শৰীৰক প্ৰত্যেক কোষৈ লকে গ্লুকোজ দিয়া হৰমন বহুত মহত্ব ৰাখে।

ইনচুলিন উৎপাদক কোশিকা

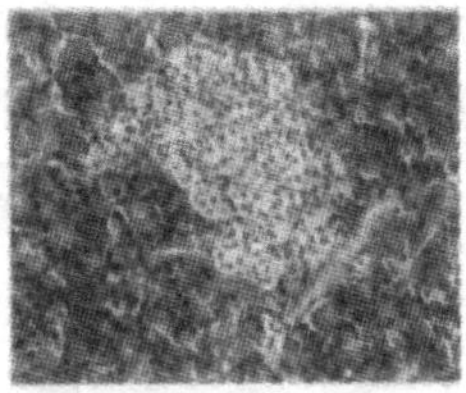

সুক্ষ্ম দৰ্শীৰ দ্বাৰা 130 গুণ বঢ়া দেখা দিয়া পেংক্ৰিয়াজ হালধীয় গুলবৰ দৰে ক্ষেত্ৰ ইনচুলিন কোশিকা উৎপাদন ক্ষেত্ৰ ইনচুলিন কোশিকা উৎপাদন ক্ষেত্ৰ হয়। ডাঠ ৰং দেখুওৱা কোশিকা ক্ষেত্ৰ হয়। ডাঠ ৰং দেখুওৱা কোশিকা পানে এঞ্জাইমক সৃষ্টি কৰে

ভোজন ঘূলাৰ পাছত ৰক্তত অগ্নাশয় ইনচুলিনৰ স্ৰাৱত দ্ৰুততা আনে। পেংক্ৰিয়াজ (অগ্নাশয়) ৰক্তত গ্লুকোজৰ স্তৰৰ অনুসাৰে ইনচুলিনৰ স্ৰাৱ বঢ়োৱা কমোৱা কৰে। ইনচুলিনৰ স্ৰাৱত অভাৱ তথা ইনচুলিনৰ স্ৰাৱ নোহোৱাৰ প্ৰমুখ এতিয়াও অজ্ঞান হয়। কিন্তু নিম্ন তথ্যত ধ্যান দিব পৰা যায়–

বংশানুগত – প্ৰায় 50% মধুমেহ ৰোগি এনেকুৱা হয় যাৰ পৰিয়ালত মা-দেউতাৰে এক অথবা দুটা মধুমেহ ৰোগি হয়।

জীৱনশৈলী ঃ উচ্চ কেলোৰীযুক্ত ভোজন, ব্যায়ামৰ কম, শাৰীৰিক নিস্ক্ৰিয়তা তথা শকতৰ মধুমেহৰ পৰা গভীৰ সম্বন্ধ। অনেক সুবিধাৰ কাৰণ প্ৰতিদিনে আমাৰ শাৰীৰিক শ্ৰম কমে কিন্তু সেই অনুপাতে মধুমেহ ৰোগ বাঢ়ে। প্ৰায়ঃ ধনী বৰ্গত এইটো ৰোগ অধিক পোৱা যায়। এইটোও মানা যায় যে সামান্য ব্যক্তিৰ দ্বাৰা অধিক মিঠা আৰু চেনী খোৱাৰ কাৰণে মধুমেহ নহয়। হয়, শকত ব্যক্তিত মধুমেহৰ চিকাৰ হোৱাৰ

পেংক্ৰিয়াজৰ স্থিতি

ইনচুলিন পেংক্ৰিয়াজত বিশেষ কোশিকা সৃষ্টি কৰে। ইয়াৰ স্থিতি পেটত থাকে। পেট ভোজনৰ স্থিতি পেংক্ৰিয়াজ।

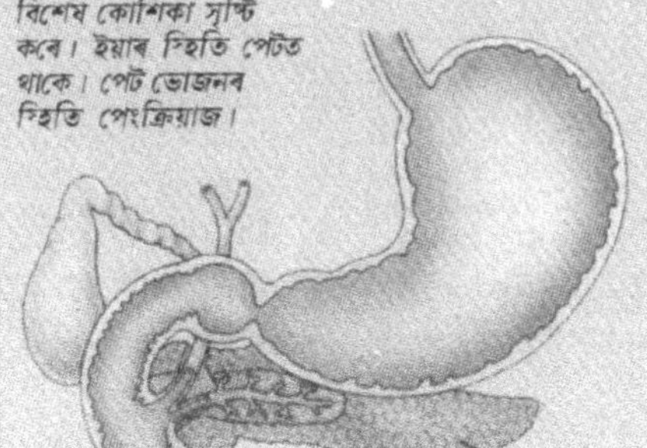

চেনী খোৱাৰ কাৰণে মধুমেহ নহয়।, শকত ব্যক্তিত মধুমেহৰ চিকাৰ হোৱাৰ সম্ভাৱনা অধিক থাকে যদি ওজন কমায় তেতিয়া ডায়বেটিজ ৰখাব পাৰি।

দূৰ্বল ঃ সময়ৰ কম, কাৰ্য্যস্খলত হেচা, পাৰিবাৰিক সমস্যা ধনৰ অভাৱ আদি কাৰ্য্যত মধুমেহৰ গভীৰ সম্বন্ধ থাকে। দূৰ্বলৰ কাৰণে এনড্ৰেনালি তথা কেৰ্টিচেল হৰমনৰ স্ৰাৱো থাকে যত ৰক্তত গ্লুকোজৰ স্তৰত দ্ৰুততৰে বৃদ্ধি হয়। এইটো কাৰণ দৈৰ্বল জনিত মধুমেহ' লোক প্ৰিয় হৈ গৈছে

অন্য কাৰণ ঃ অজ্ঞান সংক্ৰমণ, ঔদ্যোগিক প্ৰদূষণ তথা এন্টীবদীচৰ বৃদ্ধি কাৰণেও মধুমেহ ৰোগ দ্ৰুতগতিৰে বাঢ়িছে। কেবাবাৰ অগ্নাশয়ত আইচলেচ কোষ নষ্ট হোৱা তথা পেটৰ তলৰ ভাগত দুখ পালেও মধুমেহ হয়।

●●●

ৰোগৰ নিদান

যদি ঘা দেৰিলৈ থাকে, ওজন কম হয়, বাৰে-বাৰে মুত্ৰ ত্যাগৰ ইচছা আদি লহণ থাকে দুইপ্ৰকৰৰ ৰক্তৰ নিৰক্ষণেৰে মধুমেহ ৰোগৰ গম পোৱা যায়। মধুমেহৰ নিৰক্ষণৰ বাবে খালী পেট (ফাষ্টিং) তথা (পী.পী.) ভোজনৰ দুই ঘন্টাৰ পাছত নিৰক্ষণ কৰিব পৰা যায়। যদি এই নিৰক্ষণত মধুমেহৰ সন্দেহ থাকে তেয়িা এইটো বাৰে বাৰে কৰি ৰোগৰ পুষ্টি কৰা যায়। ডায়বিটিজ তথা ইয়াৰ নিয়ন্ত্ৰণৰ বাবে ৰেনডম ব্লাদ চুগাৰ, চীৰাম গ্লাইকোচিলেটিদ হীমোগ্লোবিন, মুত্ৰ শৰ্কৰা, চীৰম ফ্ৰকটোচেমাইন গ্লুকোজ টলেৰেঞ্চ টেস্ট তথা মুত কীটোনৰ নিৰক্ষণৰ বাবে টেস্ট কৰা যায়। মধুমেহ গূৰ্দাত প্ৰভাৱ জানিবৰ বাবে মুত্ৰত প্ৰটীন অথবা মাইক্ৰোৱেলবুয়িমিন, ব্লাদ তথা চীৰম ক্ৰিয়েটিনাইনৰ নিৰক্ষণ কৰি পাৰি।

Fasting Blood Sugar (ফাষ্টিং ব্লাদ চুগাৰ) : খালী পেটত থকাৰ বাৰ ঘন্টা পাছত ৰক্তৰ নমুনা লব পাৰে যাৰপৰা ৰক্ত গ্লুকোজৰ স্তৰৰ নিৰক্ষণ কৰিব পাৰে। যদি এইটো নিৰক্ষণত 140 মি.গ্ৰা. (ডে.লি.তকৈ অধিক আহে তেতিয়া মধুমেহ হব পাৰে। অমাৰ শৰীৰত সামান্য ৰূপেৰে এইটো স্তৰ 100-140 মি.গ্ৰা./ডেলি থাকে।

Post prandial Blood Sugar(P.P.) (পোষ্ট প্ৰেডিয়েল চুগাৰ (পি.পি.) : এইটো নিৰক্ষণত ভোজন কৰাৰ দুই ঘন্টাৰ পাছত ব্লাদ চুগাৰৰ স্তৰৰ নিৰক্ষণ কৰা যায়।

Random Blood Sugar (ৰেনদম ব্লাদ চুগাৰ) : যদি অন্য সকলো লক্ষণ স্পষ্ট ৰূপেৰে মধুমেহৰ সংকেট দিয়ে তেতিয়া এক সাধাৰণ ৰক্তৰ নমুন ও ৰোগিৰ পুষ্টি কৰিব পৰা যায়। ৰেনদম ব্লাদ চুগাৰ

নিৰক্ষণ কেতিয়াবাও কৰিব পৰা যায়। যদি নিৰক্ষণৰ স্তৰ 200 মি.গ্ৰা./ডে.লি.তকৈ অধিক হয় তেয়িা মধুমেহৰ পুস্ট কৰিব পাৰি।

Glycosylated HaemoglobinTest (HbAIC) (গ্লাইকোচিলেটিদ হিমোগ্লোবিন নিৰক্ষণ) : যি যি ৰক্তত গ্লুকোজৰ স্তৰ বাঢ়ে এইটো হিমোগ্লোবিনৰ সম্পৰ্কত আহে। এইটো ৰাসায়নিক ভাষাত গ্লাইকোচিলেটিদ হিমোগ্লোবিন বুলি কয়।

এইটো পিছৰ দুই-তিনিটা মাহত ৰক্তত গ্লুকোৰ বিভিন্ন স্তৰক জানকাৰী দিয়ে। সাধাৰণতঃ ব্যক্তিত এইটো 4-7% থাকে যতনেকি মধুমেহত এইটা স্তৰ 8-10% লৈকে থাকিব পাৰে।

Urine Sugar Levels (য়ুৰিন চুগাৰ লেবেল) : *(মুত্ৰ শৰ্কৰাৰ স্তৰ)* – মুত্ৰত গ্লুকোজ আনা গ্লুকোজিয়ুৰিয়া বুলি কয়। যদি ৰক্তত গ্লুকোজৰ স্তৰ 180 mg/d1 লৈকে আহে তেতিয়া এইটো মুত্ৰত আহিব ধৰে। কেবাবাৰ এনেকুৱাও হয় যে ৰক্তত গ্লুকোজৰ স্তৰ সামান্য হোৱাৰ বাবেও এইটো মুত্ৰত আহে। এনেকুৱা বৃক্ক সম্বন্ধীয় সমস্যাৰ কাৰণে হয়।

গৰ্ভাৱস্থাৰ সময়তো গ্লুকোজুৰিয়াৰ সমস্যা পোৱা যায়, সেইকাৰণে মধুমেহ ৰোগৰ নিৰক্ষণৰ বাবে কেৱল মুত্ৰ শৰ্কৰাৰ নিৰক্ষণেই যথেস্ট নহয়, ৰক্তত গ্লুকোজৰ স্তৰৰ নিৰক্ষণ অৱশয় কৰিব লাগে।

য়ৣৰিস্টিক'ৰ সহায়েৰে মুত্ৰত শৰ্কৰাৰ নিৰক্ষণ সহজতে কৰিব পৰা যায়। স্টিক ৰংত অহা পৰিৱৰ্তন শৰ্কৰাৰ স্তৰ কয়।

Serum Fructosamine Levels (চীৰম ফ্ৰুকটোচেমাইন লেবেল) : এই নিৰক্ষণৰৰ পিছৰ পোন্ধৰ দিনত ৰক্তত গ্লুকোজৰ স্তৰৰ গম পোৱা যায়। এইটো গৰ্ভাৱস্হাত লাভদায়ক হব পাৰে কিন্তু এইটো খৰচিয়া হয়।

Glucose Tolerance Test (GTT) (গ্লুকোজ টোলৰেঞ্চ জাঞ্চ) : 12 ঘন্টা খালী পেটত থকাৰ পাছত এইটো নিৰক্ষণ কৰিব লাগে। এই নিৰক্ষণত প্ৰথমে খালী পেটত ৰক্তৰ বিষয়ে জনা যায়। তেতিয়া ৰোগক পানতী 75 গ্ৰাম গ্লুকোজ খোলি খোৱোৱা হয়। আকৌ তিনি ঘন্টাত প্ৰত্যেক আধা ঘন্টাৰ পাছত ৰক্তৰ নমুনাৰ বাবে কৰা যায়।

এই নিৰক্ষণৰ পৰা এক গ্ৰাফ হৈ ওচৰত আহে যাৰ পৰাইনচুধিলন তথা গ্লুকোজৰ বিষয়ে গম পোৱা যায়।

Ketonuria ***(কিটোনিউৰিয়া)*** **ঃ** এজন স্বাস্থ্য ব্যক্তিৰ দ্বাৰা মুত্ৰত উলোৱা কেটোন তত্ত্বৰ বিষয়ে চাম পাব নোৱাৰি কিন্তু যদি মুত্ৰত ইয়াৰ মাত্ৰা বাঢ়ে তেতিয়া সেইটো ঔষধ বা কিটোষ্টিক পেপাৰ ষ্টিকৰ সহায়েৰে জানিব পৰা যায়।

যদি মুত্ৰত কিটোনিউৰিয়া তথা গ্লুকোজোৰিয়া পোৱা যায় তেতিয়া এইটো মধুমেহৰ পুৰা ধৰনে পুষ্টি কৰে। সাধাৰণতে ডায়বিটিজ কিটোয়েচিদিমিয়া আদিতো কিটোন তত্ত মুত্ৰ পোৱা যায়।

Proteinuria (Presence of Protein in Urine) প্ৰোটীন য়ুৰিয়া (মুত্ৰত প্ৰোটীনৰ উপস্থিতি) : ইয়াত গূৰ্দাৰ বেয়া হোৱাৰ প্ৰথম সংকেট পায়। ডিপষ্টিকৰ সহায়েৰে আপুনি নিজে মুত্ৰত প্ৰেটীনৰ নিৰক্ষণ কৰিব পাৰে।

Microalbumin Uria (মাইক্ৰোএলবুয়নিম য়ুৰিয়া) ঃ যদি মুত্ৰত প্ৰেটীনৰ মাত্ৰা এদিন ত30-300 মি.গ্ৰা./ডে.লি. হয় তেতিয়া এইটো মাইক্ৰোয়েলবিউন য়ুৰিয়া বুলি কোৱা হয়।

Blood Uria Test (ব্লাদ য়ুৰিয়া নিৰক্ষণ) : ৰক্তত য়ুৰিয়াৰ নিৰক্ষণৰ বাবে এইটো টেস্ট কৰা যায়। যদি ৰক্তত ইয়াৰ স্তৰ বাঢ়ে তেতিয়া ইয়াৰ অৰ্থ হল যে গূৰ্দাত অপল বেয়া হৈছে।

Serum Creatinine Test (চীমৰ ক্ৰিয়েটিনাইন নিৰক্ষণ) ঃ এই ষ্টেত ক্ৰিয়েটিনাইনৰ ৰক্ত স্তৰৰ নিৰহণ কৰা যায়। এইটোও মুত্ৰৰ লগতে আহিব ধৰে। সামান্য ৰূপেৰে গূৰ্দা কামকৰে তেতিয়া এইটো স্তৰ সামান্য হৈ যায়।- কিন্তু গূৰ্দা বেয়া হোৱাত এইয়ে স্তৰতো প্ৰভাৱিত হয়।

নোট ঃ উপৰত দিয়া টেস্টৰ বাবেও মধুমেহ ৰোগীক নিম্ন নিৰক্ষণো কৰিব লাগে।

(1) Lipid Profile (লিপিদ প্ৰোফাইল) ঃ মধুমেহ ৰোগতি কোলেস্ট্ৰাল তথা ট্ৰাইগ্লিচৰাইদৰ স্তৰ বাঢ়িব পাৰে।

(2) KIFT(Kidney Function Test) (কিদনী ফাংকচন টেষ্ট) : গূৰ্দাৰ

কাৰ্য্য প্ৰণালীৰ নিৰক্ষণৰ বাবে ৰক্তত প্ৰেটিন, ক্ৰিয়েটিন তথা য়ুৰিয়াৰ নিৰক্ষণ কৰা যায়।

(3) X-Ray (এক্স ৰে) : বুকুত সংক্ৰমণৰ নিৰক্ষণৰ বাবে কৰা যায়।

(4) ECG(ই.চি.জি.) : সময়ে সময়ে কাৰ্ত্তিয়ক নিৰক্ষণ হোৱাতো প্ৰয়োজনীয়।

নিৰিক্ষণ কিয় কৰাব লাগে ?

নিম্ন লক্ষণৰ যুক্ত ব্যক্তিক মধুমেহৰ নিৰিক্ষণ কৰিব লাগে।

2. ওজনত কম হোৱা, হাত-ভৰি জিনজিনালে, দূৰ্বলতা, নপুংসকতা, ঘা দেৰিকে থাকিলে।
3. পৰিয়ালত কৰোৱাৰ মধুমেহ হলে।

   BMI > 27 (in men) or >25 (in women).
4. যদি পুৰুষৰ উচ্চাৰ অনুপাত > 0.95 তথ্য স্ত্ৰীৰ 0.85 হয়। যদি মাংস ইনডেক্স > 27 (পুৰুষত) বা > 25 (স্ত্ৰিত)
5. যদি কোনো ৰক্তচাপ তথা ট্ৰাইগ্লিচৰাইদৰ স্তৰ অধিক হয় তথা এচ.দি.এলৰ স্তৰ কম হয়।
6. এনেকুৱা স্হিতিত যোনে অধিক ওজনৰ শিস্ত্ৰ জন্ম দিছে বা জন্মৰ সময়ত নিজে অধিক ওজনৰ হয়।
7. যদি ব্যক্তি ৰক্তত গ্লুকোজৰ স্তৰ বঢ়োৱা নিম্ন ঔষধৰ সেৱন কৰিছে–
   - স্টীৰাইদচ
   - থায়ৰাইদ ডায়ুৰেটিকচ
   - গৰ্ভনিৰোধক পিল
   - ভিটা–ব্লোকৰ্চ
   - ফিনিটন চডিয়াম আদি।

যদি সম্ভৱ হয় তেতিয়া ত্ৰিশ বছৰৰ আয়ুহৰ পাছত বছৰৰ এবাৰ মধুমেহৰ নিৰিক্ষণ কৰাৱক। ●●●

মধুমেহ প্ৰবন্ধন

চিকিৎসাৰ লক্ষ্য

(1) লহণ সমাপ্ত হওক।

(2) দূৰ্বল ৰোগি ওজন বঢ়াব পাৰে।

(3) শকত ৰোগি ওজন কমাব পাৰে।

(4) আহাৰ সময়ে সময়ে নিৰিক্ষণ কৰক।

(5) শৰীৰ অংগততে ভাল হোৱাৰ ভাৱনা বিকসিত হওক।

(6) শৰীৰ তথা দীৰ্ঘকালীন জটিলতাৰ পাৰ বাচিব।

(7) শৰীৰৰ ইছিদত ওজনৰ প্ৰাপ্ত।

(8) হাৰ পৰলিমিদয়মিয়াত অংশোধন হওক।

(9) নিউৰোবাস্কয়ুলাৰ জটিলতাৰ পৰা বাচি।

মধুমেহৰ চিকিৎসা কৰাৰ সহায়ত নিম্ন লক্ষক পোৱাৰ প্ৰয়াস কৰবে–

ম্নাদ চুগাৰ (প্লাজমা)	ভাল	ঠিক	বেয়া
(a) ভোজনৰ পূৰ্ব ফাষ্টিং	100-ৰ কম	121 ৰ পৰা 140	140 ৰ পৰা বেশী
(b) ভোজনৰ দুই ঘন্টৰ পাছত	140-ৰ কম	161 ৰ পৰা 180	180 ৰ পৰা বেশী
(c) গ্লাইকোচিলেহিদ হিমোগ্লবিন (HbA1C) %	7% ভাগেৰ কম	9.5% পৰ্যন্ত	9.5% ৰ পৰা বেশী
(d) চীৰম কোলেস্ট্ৰল	130 ৰ পৰা 150 মিলিগ্ৰাম	150 ৰ পৰা 170	170-ৰ বেশী
(e) এচ.ডি.এল	40 মি.গ্ৰা.-ৰ বেশী	35 থেকে 40	40-ৰ বেশী

(f)	ট্ৰাইগ্লিৰোইদ	প্ৰতি ডে.লি. 130 মি.গ্ৰা.-ৰ কম	130 ৰ পৰা 160	160-ৰ বেশী
(g)	ফ্ৰুকটোচেমাইল	231 ৰ পৰা 260	261 ৰ পৰা 300	300-ৰ বেশী

BMI (Body Mass Index) (বদি মাচ ইনদেকচ (BMI) - ইয়াৰ পৰা গম পাই যে আমাৰ শৰীৰৰ আদৰ্শ ভাৰ কি হয়। এইটো নিম্ন সূত্ৰৰ সহায়েৰে জানক–

কিঃগ্ৰামত ওজন

	ভাল	ঠিক	বেয়া
পুৰুষ	<25	25-27	727
স্ত্ৰী	<23	23-25	>25

নোট ঃ

(1) নিম্নতম সিমা 19 তকৈ কম নহয় কাৰণ এইটো কুপোষণৰ সূচক হয়।

(2) গৰ্ভাৱস্হা আদি স্হিতিত মধুমোহক ভালদৰে নিয়ন্ত্ৰিত কৰিব লাগে। মধুমেহ চিকিৎসাৰ উপায়ক নিম্ন প্ৰকাৰে ভাগ কৰিব পাৰি

মধুমেহ চিকিৎসাৰ উপায়ক নিম্ন প্ৰকাৰেৰে ভাগ কৰিব পাৰি–

(1) আহাৰ

(2) ব্যায়াম

(3) অৰেল হাইপোগ্লাইচিমিক এজেন্ট (পিল)

(4) ইনচুলিন

●●●

মধুমেহৰ তথা ঔষধি

এলোপেথি দৰব

যেনেদৰে আমি আগতে কৈছু যে মধুমেহৰ চিকিৎসাৰ সকলোতকৈ ভাল উপায় এইটোৱেই যে আপুনি আহাৰত ধ্যান দিয়ক নিয়মিত ৰূপেৰে ব্যায়াম কৰকত তথা চিন্তাৰ পৰা দূৰত থাকক কিন্তু আকৌ ৰক্তত গ্লুকোজৰ স্তৰ নিয়ন্ত্ৰিত নহয় তেতিয়া এলোপেথি দৰব আপোনাক সহায় কৰিব। ইনচুলিনৰ ইনজেকচনক শেষ বিকলপ হিচাপে ভাব যায়।

মধুমেহৰ বাবে বেলেগ-বেলেগ ঔষধ থাকে যিটো নিজৰ নিজৰ

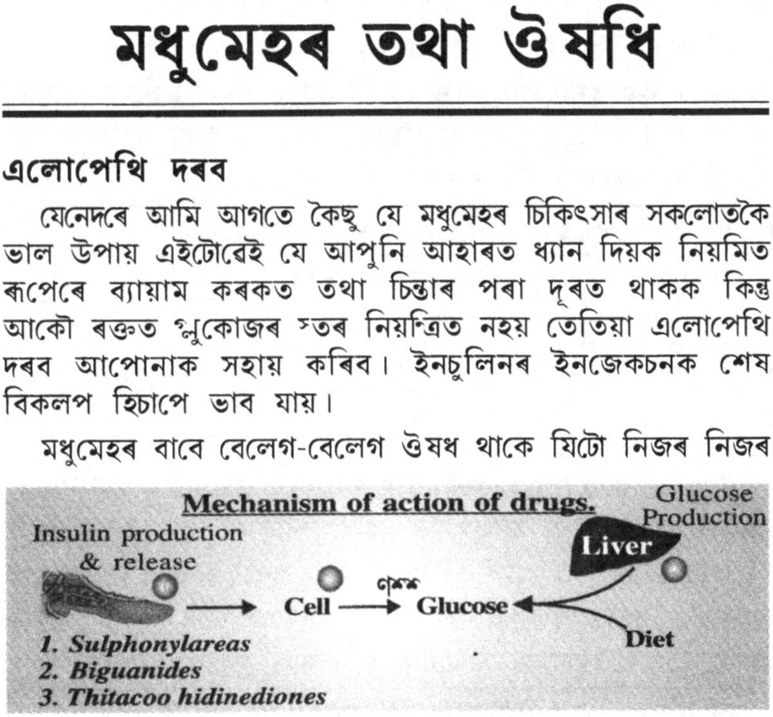

মতে কম কৰে কিন্তু বেলেগ ৰোগিৰ নকলত নিজৰ ঔষধ পৰিৱৰ্তৰ ভুল কেতিয়াও নকৰিব এই ঔষধক আমিকেবা সমুহত ভাগ কৰিব পাৰে। প্ৰথম সমূহ অগ্নাশয়ত ইনচুনিৰ নিৰ্মাণ ক্ৰিয়াক দ্ৰুত কৰাতথা দ্বিতীয় সমূহ যকৃতত গ্লুকোজৰ নিৰ্মাণক নাইকীয়া কথাৰ তথা তৃতীয় সমূহ ইনচুলিনৰ ক্ষমতাত আগতকৈ ভাল হোৱা। ইয়াৰ অতিৰিক্ত আৰু বেলেগ সমূহ তৈয়াৰ কৰিছে যত এই সমূহৰ মিলা-জুলা গুণ অন্তৰ্ভক্ত থাকে। আহক এটা এটা কৰি সেইটোৰ অধ্যয়ন কৰো–

Sulphonylureas(SU) (চলফোনি য়ুৰিয়া (SU) : এইটো

দায়বিটিজৰ দৰব 1957 ৰ বনিছিল তথা আজিলৈকে ব্যৱহাৰ কৰা যায়। এইটো অগ্নাশয় দ্বাৰা ইনচুলিনৰ নিৰ্মাণত দ্ৰুততা আনে। ইনচুলিন গ্লুকোজৰ কোষত প্ৰৱেশ কৰায় যৰ পৰা ৰক্তত গ্লুকোজৰ স্তৰ কমি যায়। এই টো দৰব তেতিয়া কামত আহে যেতিয়া অগ্নাশয় অলপ কাম কৰে তথা ভালদৰে নষ্ট নহয়। এইটো ঔষধ অগ্নাশয়ৰ ক্রিয়া প্ৰণালীক দুৰস্ত কৰে।

চিকিৎসা বিজ্ঞানীয়ে এই সমূহত অনেক দৰব মিলাইছে যাৰ দুষ্প্ৰভাৱ কম হয় তথা লাভ অধিক হয়। এই সমূহৰ সকলোতকৈ ক দাঙৰ হানি এইটোৱেই যে সময়ৰ লগত ঔষধো বঢ়াব লগীয়া হয় তথা ওজনো বাঢ়ি যায়।

ক্লোৰো প্ৰোপামাইদ	ক্লোৰোস্কোৰমিন, কোগামাইদ
গ্লাইবোনেক্লেমাইদ	ভাৱনিল, ইগ্লুকোন
গ্লাইজিদ	গ্লাইদ, গ্লাইনেচ
গ্লাই ক্লাইজাইদ	ডায়েবেণ্ড, ডায়েমইক্ৰোন, গ্লাইজিদ,
	গ্লাইচিগন

Biguanides (BG) (বাইগৱানাইদ দৰব (BG)) - এই সমূহো মধুমেহ ৰোগি তথা চিকিৎসাৰ দ্বাৰা স্বীকৃত হয়। এইটো ললে গ্লুকোজৰ কোষত যাবলৈ সহজ হয় তথা ইনচুলিনৰ প্ৰভাৱ ভালদৰে পৰে। চলফোনিল য়ুৰিক সমূহৰ দৰে এইটো ঔষধ অগ্নাশেয়েৰে ইনুচলিন বনোৱাৰ প্ৰক্ৰিয়াত দ্ৰুততা নানে।

মেটফাৰ্নিন	গ্লাইচিফেজ, গ্লুমেট, গ্লাইকোনেট
ফিনফোমিন	ডি বি আই (ইয়াৰ প্ৰয়োগ নোহোৱাৰ সমান)

অধিক ওজনৰ ৰোগীৰ বাবে এই সমূহ লাভাদায় হয়। মদ সেৱন কৰা ব্যক্তিয়ে এইটো প্ৰয়োগ কৰিব নালাগে। কেবাবাৰ এইটো দৰব চলফোনিল যুৰিয়া সমূহৰ লগত লোৱা যায় যাতে মধুমেহক নিয়ন্ত্ৰণ কৰিব পাৰে।

যদি যকৃত তথা গূৰ্দাৰ ৰোগ হয় তেতিয়া এই দৰবৰ প্ৰয়োগ নকৰিব। বজাৰত উপলব্ধ এই দৰবৰ উদাহৰণ নিম্নলিখিত হয় –

Thiazolidine (থায়াজোলিডাইন সমূহ) :

গ্লাইবেনফ্ৰেইড + টেফার্মিন	গ্লুকোজ, গ্লুকোৰ্ড ফোৰ্ট
গ্লাকলেজাইদন মেটফার্মিন	ডায়বেণ্ড এম, গ্লাইজজাইদ-এম
	গ্লাইকগন--এম
গ্লিপিজাইদ + মেটফার্মিন	গ্লাইমেট, গ্লাইমেট ডিয়েচ

এইটো দৰৱ ইনচুলিন ৰেচেক্টৰ্কো প্ৰভাৱিক কৰে। ইনচুলিন ৰক্তৰ দ্দৱা শৰীৰৰ প্ৰত্যেক কোষত পোৱাই তথা গ্লুকোজকো কোষত প্ৰবেশ কৰায় যাৰ পৰা ঊৰ্জা উৎপন্ন হয়। এইটো দৰৱ ইনচুলিন ৰেচেক্টৰ্ত অনুকূল প্ৰভাৱ দিয়ে যৰ পৰা সেইটো ইনচুলিনৰ প্ৰতি অধিক সংবেদনশীল হৈ যায় তথা ইনচুলিনৰ হেৰুৱা ক্ষমতা ঘূৰাই পায়। এই দৰৱক প্ৰায়ঃ চলফোনিলয়ুৰিয়া তথা ইনুচলিনৰ লগত মিলাই লোৱা হয়, ইয়াৰ প্ৰভাৱ তৎকাল নহয়। এইটো নিজৰ প্ৰভাৱ দেখোৱা কিছু সপতহ লাগে।

Rosiglitazone = ৰোচিগ্লিটাজোল	Rezult = ৰিজল্ট Rosicon = ৰোচিকন
Pioglitazone = পাৱগ্লিয়জেন	Pioglar = পাৱগ্লাৰ, Oglo = অগলো Piozone = পায়োজন

এইটো দৰৱ হৃদয় ৰোগিৰ বাবেও লাভদায়ক। ইয়াৰ কাৰণ শৰীৰক দাঙৰ ধমনিয়াত ডায়বেটিজৰ দুস্প্ৰভাৱ কম হয় তথা লিপিদ প্ৰোফাইলো স্হিৰ থাকে।

অধ্যয়নৰ পৰা এইটোও গম পায়ে যে এই ঔষধৰ প্ৰয়োগেৰে উচ্চ ৰক্তচাপেৰেও কম হয়।

Glimeperides (গ্লিমিপৰাইদচ) ঃ এইটো আধুনিক চলফোনিলয়ুৰিয়া দৰৱ যাৰ কাৰ্য্যক্ষমতা বহুত ভাল কিন্তু ইয়াৰ সমূহ বেলেগ হয়। এইটো কিছুমান সময়ৰ পূৰ্বে বজাৰত আহিছে। ঔষধ লৈয়েহ ঘণ্টাৰ ভিতৰত সেইটোৰ প্ৰভাৱ আৰম্ভ হৈ যায় তথা 20 ৰ পৰা 40 ভঘণ্টালৈকে থাকে

গ্লিমিপৰাইদ	এমৰিল, গ্লিমৰ, গ্লিমপিদ

দিনত ইয়াৰ এটাহে পিল লোৱা যায়। এইটো ইনচুলিন ৰেচেপ্টৰকো

অধিক সংবেদনশীল বনায়। ট্রাইগ্লিচৰাইদৰ স্তৰ কমালে লিপিদ প্রেফাইলো স্হিৰ থাকে।

Benzoic Acid Derivatives ***(বেঞ্জোইক এসিড ডেৰিটিবচ)*** **ঃ** এইটো ঔষধ ভোজনৰ গাছত অগ্নাশয়েৰ ইনচুলিনৰ এৰাৰ ক্রিয়া দ্রুত কৰে। ভোজনৰ পাছতে ৰক্তত গ্লুকোজৰ স্তৰ বাঢ়ি যায়। সামান্য ব্যক্তিত ইনুচলিনৰ স্রাৱো লগ থাকে কিন্তু মধুমেহ ৰোগীত ইনচুলিনৰ স্রাৱ হব নাপায়। এইটো দৰৱ ইনচুলিনৰ স্রাৱত সহায়ক হয় কিন্তু এতিয়া এইটো ভাৰত উপলব্ধ নহয়। মেগ্নীটিনাইদ, ৰেনাগ্নীলাইদ তথা নাটেগ্লীনাইদ আদি এই সমূহৰ দৰৱ হয়।

Alpha Glucosidase Inhibitor ***(অলফা-গ্লকোজৰ বাদ্রেও)*** ঃ এইটো এটা কাৰ্বহাইড্রেট হয় (গ্লুকোজৰ পদেও) এইটো পাচন ক্রিয়াক মন্দ কৰে যাতে বেলেগ কাৰ্বহাইড্রেট লাহে-লাহে ঘূলে যত ভোজনৰ পাছত ৰক্তত গ্লুকোজৰ স্তৰ দ্রুতৰে বাঢ়িব নাপায়।

Guargum (গৱাৰগম) : এইটো গৱাৰৰ ফলীৰে বনে যত আহঁৰ ভৰপুৰ মাত্রা পোৱা যায়। এইটো ললে আতৰে গ্লুকোজ তেজত অৱশোষিত হোৱাৰ গতি কমি যায় তথা ব্লাদ্চুগাৰৰ সন্তুলনো ভাল হৈ যায়। এইটো কোলেস্ট্রলিৰ স্তৰকো কমায়। শৰীৰত পাৰ্শ্ব প্রভাৱৰ ৰূপত ওজন বাঢ়িব পাৰে বা পেটত অধিক ব্যয় বানিব পাৰে।

Insulin (ইনচুলিন) : ইয়াৰ প্রয়োগ তেতিয়া কৰা যায় যেতিয়া ঔষধে কাম কৰা বন্ধ কৰে।

আয়ুৰ্বেদিক ঔষধ

আয়ুৰ্বেদিক ঔষধ তথা নিয়মিত আহাৰৰ পৰা ব্যক্তি মধুমেহত নিয়ন্ত্রণ পাব পাৰে। সকলো স্বাস্হ্য ব্যক্তিকো ইয়াৰ প্রয়োগ কৰিব লাগে।

প্রাকৃতিক ভোজন তথা আয়ুৰ্বেদিক ঔষধ আমি এলোপেথি ঔষধৰ বিকল্পৰ ৰূপত প্রাপ্ত হয়। যদি মধুমেহ অনিয়ন্ত্রিত হয়

তেতিয়া ইয়াৰ প্ৰয়োগেৰে শৰীৰৰ অংগ তথা উত্তকোৰ নষ্ট হোৱাৰ পৰা বচাব পৰা যায়।

সাধাৰণতে মধুমেহ চিকিৎসা কৰাতো টান কিন্তু স্বাদ চুগাৰত নিয়ন্ত্ৰণৰ দ্বাৰা আপুনি আজীৱন এই ৰোগৰ চোৱা-চিতা কৰিব পাৰিব। মধুমেহতেই হওক বা কোনো দীৰ্ঘকালীন ৰোগ, স্বাস্থ্য আহাৰ তথা প্ৰাকৃতিক চিকিৎসা লাভকাৰী হব পাৰে।

Pterocarpus marsupium (Indian Kino, Malabar Kino, vijayasara, venga) (পেট্ৰোকাৰপাচ মাৰচুপিয়ম (ভাৰতীয় কিনো, মালাবাৰকিনো, বিয়াসৰ, বেংগা)

ভাৰতীয় কিনো এটা এনেকুৱা নাম যৰ পৰা আপুনি প্ৰাচীন আয়ুৰ্বেদ গ্ৰন্থৰ পৰা লৈ আধুনিক চিকিৎসাৰ কিতাপতো দেখা পাব পাৰি। প্ৰাচীনকালাৰ পৰাই এইটো মধুমেহ ৰোগত লাভকাৰী হয়। পুৰা সংসাৰত আয়ুৰ্বেদিক ঔষধত ইয়াৰ প্ৰয়োগ কৰা যায়।

Bitter Groud (Momordica Charantia) বিজয়াসাৰ বিটা কোষৰ ৰক্ষা কৰে তথা ৰক্তত গ্লুকোজৰ স্তৰক কমায়। যিকোনো অন্য প্ৰাকৃতিক বনস্পতিত এই গুণ পোৱা নাযায়। টাইপ-I ৰ নতনু মধুমেহ ৰোগীৰ বাবে এইটো বিশেষ ৰূপেৰে লাভদায়ক হব পাৰে।

পানি ঃ তিনি গ্ৰাম শুকান চূৰ্ণ।

কেৰেলা ঃ মেমোৰদিকা চাৰণ্টিয়া–এতিয়া, আফ্ৰীকা তথা দক্ষিণ আমেৰিকাত পোৱা কেৰেলাও মধুমেহ নাশত প্ৰভাৱীত মনা যায়। ইয়াৰ বিজাণু নাশক তত্ত্ব ৰক্তৰ শুদ্ধ কৰায় তথা ৰস ৰক্তত গ্লুকোজৰ স্তৰক কমায়। ইয়াত অধিক মাত্ৰাত পোৱা ভিটামিন-C মধুমেহ নাশক হয়।

খুৰাক ঃ 50-60 মি.লি. কেৰেলাৰ জুচ লোৱাতে লাভদায়ক হব।

GymnemaSylvestre (*Gurmar, Meshasringi, Cherukurinja*) (জিমনেস চিলভেস্ত্ৰে (গুড়মাৰ, মেষশৃংগী, চেৰকুৰিঞ্জী) : এইটো টাইপ-

II মধুমেহ ৰোগীত ইনচুলিন নিৰ্মাণৰ বাবে অগ্নাশয়ৰ সহায় হয়। এইটো টাইপ-I তথা টাইম-II মধুমেহ ৰোগিৰ ৰক্তত গ্লুকোজৰ স্তৰ কমায়। ইয়াৰ সেৱনেৰে মিঠা খোৱাৰ ইচছা কমি যায়। এইটো টাইপ-II মধুমেহ ৰোগিত স্নাদ চুগাৰ কমোৱা ঔষধৰ ভাল বিকল্প হয়।

জিমানেমা চিলভেস্ত্রে লেটিন ভাষাৰ শব্দ হয় যাৰ অৰ্থ শৰ্কৰাক নস্ট কৰা। পাম্পৰিক ৰূপেৰে ইয়াৰ সেৱন পেটৰ বিষয়, কবজ তথা যকৃতৰ ৰোগত কৰা গৈছিল কিন্তু সেইটো টাইপ-II মধুমেহ ৰোগীক দিয়া যায়। অনুসন্ধানেও সিদ্ধ কৰি দিছে ৰক্তত গ্লুকোজৰ স্তৰক কমায়।

পালি ঃ প্ৰতিদিনে 500 গ্ৰাম ৰস লওক বা ও2-4 গ্ৰাম পাতৰ চূৰ্ণ লওক।

Onion and Garlic *(Allium cepa and Allium sativum)* (পিয়াজ তথা নহৰু (এলিয়াম কেপস তথা এলিয়ম সাতিৱম) নহৰু তথা পিয়াজ ৰক্তত গ্লুকোজক কমোৱাৰ ক্ষমতা ৰাখে। মুখীয়া তথা নচোৰ দ্বাৰা কৰা গ্লুকোজ টোলৰেঞ্চ নিৰিক্ষিণতো পিয়াজৰ স্নাদ চুগাৰ কমোৱা সিদ্ধ হয়। ইয়াৰ পালি বঢ়াতকৈ ইয়াৰ প্ৰভাৱো বৃদ্ধি হয়। পিয়াজৰ কেচা তথা সিজোৱা ৰস প্ৰভাৱ পৰে। পিয়াজৰ গ্লুকোজৰ হেপ্টিক চপাচপয়ক বঢ়াই, ইনচুলিনৰ স্ৰাৱ কৰে তথা ইনচুলিনক নস্ট হোৱাৰ পৰা বচায়।

পালি ঃ নহৰ, তথা পিয়াজ হৃদয় ৰোগতো লাভদায়ক হয়। মধুমেহ ৰোগিক পিয়াজ নহৰুৰ প্ৰয়োগ কৰিব লাগে-।

Asian Ginseng : ***(এছিয়ান গিনচেং)*** ঃ পাৰম্পৰিক চেনী চিকিৎসা পদ্ধতিত এইটো মধুমেহৰ চিকিৎসাৰ কামত আহে। ইয়াৰ পৰা ইনুচলিন ৰেচেপ্টৰ্বৰ সংখ্যাত বৃদ্ধি পায় তথা ইনচুলিনৰ গ্ৰাবতো দ্ৰুততা আহে। এইটো স্নাদ চুগাৰক নাইকীয়া কৰাত সহায়ক হয়।

পালি ঃ টাইপ II মধুমেহ ৰোগিক প্ৰতিদিনে 200 গ্ৰাম ৰস লব লাগে যৰ পৰা ৰক্তত গ্লুকোজৰ স্তৰ নিয়ন্ত্ৰিত থাকে।

Stevia (স্তেভিয়া) : এইটো প্ৰাকৃতিক মিঠাৰ ৰূপত ব্যৱহাৰ কৰা যায়। এইটো সেৱন কৰিলে কোনো হানিকাৰক নহয় তথা ৰোগিক মিঠা লোৱাৰ ইচ্ছাও পুৰণ হয়।

খুৰাক ঃ মধুমেহ ৰোগি ভোজনত চেনীৰ বাদে এইটো ব্যৱহাৰ কৰিব পাৰে। প্ৰাকৃতিক বনস্পতিৰ চূৰ্ণ বনাই কেপচুল লওক তথা প্ৰত্যেক ভোজনৰ পাছত লওক।

সাবধানতা

আজিকালী মধুমেহ নাশক বনস্পতি দ্ৰব্যৰে বনা ঔষধো বহুত লোকপ্ৰিয় হৈছে। বাস্তৱত এইটো প্ৰাকৃতিক চিকিৎসা নতুন নহয়। বনস্পতি তথা সেইটোৰ ৰসৰ পৰা বনা ঔষধ আজিৰ পৰা ধৰি বৰ্ষ পূৰ্বেও প্ৰয়োগ কৰছিল। এইটো পদ্ধতি ইমান পুৰনা যে তেতিয়ালৈকে মধুমেক নিয়ন্ত্ৰণ কৰা কোনো আধুনিক ঔষধ বনা নাছিল। এই ব্যৱহাৰত বেয়া নহয় কিন্তু কিছুমান সাৱধানতা ৰাখাতো ভাল–

(1) কিছুমান বনস্পতি দ্ৰব্যৰে বনা ঔষধ স্বাদ চুগাৰ কম কৰে কিন্তু মধুমেহ একেবাৰে নিয়ন্ত্ৰিত কৰিব পাৰে।

(2) এইটো ঔষধ অনিয়মিত হয়, এইটো লবৰ বাবে কোনো জোখদণ্ড বনোৱা নাই, অতঃ লোৱা ঔষধৰ পালীৰ ধ্যান ৰাখক।

(3) আপোনাৰ গম পোৱা নাযায় যে চিচাত লিখা সামগ্ৰী দৰৱত মিলায় বা নিমিলাই, ঔষধ সুৰক্ষিত উপায়েৰে বনিছেনে নাই তাত কোনো হানিকাৰক তত্ত্ব মিলোৱা নাই।

(4) কোনো ব্যক্তি এই দৰৱক সুৰক্ষিত মানি অধিক লব ধৰে যাৰপৰা অধিক হানি হব পাৰে। এইটো ও গম নাপায় যে উক্ত আৰ্য়ুবেদিক ঔষধ ৰোগীক দিব লগীয়া বেলেগ ঔষধৰ লগত প্ৰতিক্ৰিয়া নকৰে।

(5) প্ৰাকৃতিক চিকিৎসা আৰম্ভ কৰিয়েই ৰোগিক অলপ আৰাম আহে তেতিয়া ভাবে যে মধুমেহ নিয়ন্ত্ৰিত হৈছে। দূৰ্ভাগ্যবশত

এইটো এটা ভ্রম হয়। তেওঁৰ ৰক্তত গ্লুকেজৰ স্তৰ নকমে।

(6) মধুমেহৰ বাবে লোৱা বিকল্পিক চিকিৎসা তথা আয়ুৰ্বেদিক ঔষধৰ বিষয়ত নিজৰ চিকিৎসক আৱশ্যে কব লাগে।

আধুনিক যুগত মধুমেহ চিকিৎসাৰ ক্ষেত্ৰত অনেক নবীন ঔষধ বিকসিত কৰিছে সেইকাৰণে নিজৰ চিকিৎসকৰ পৰমৰ্শ লোৱাতো প্রয়োজনীয়।

এই বনস্পতি দ্রব্যৰে তৈয়াৰ ঔষধিৰ অধিক পালিৰে পেটত বিষ তথা ডায়ৰিয়া হব পাৰে। হাইপোগ্লাই চিনিয়াৰ ৰোগি তথা সৰু লৰা ছোৱালীক ইয়াৰ সেৱন কৰিব নালাগে। কাৰণ এইটো ঔষধ ৰক্তত গ্লুকোজৰ স্তৰক কমায় স্হিতিক ভালদৰে বনিব পাৰে।

সাধাৰণতে মধুমেহৰ চিকিৎসাত কোনো প্ৰকৃতিক বনস্পতি কাৰগাৰ থাকে। বৈজ্ঞানিক কাৰ্য্যও অনেক ঔষধক মধুমেহ ৰোগ নাশক সিদ্ধ কৰি দিয়ে এইটো ঔষধ বিষেলী নহয় তথা মধুমেহক নিয়ন্ত্ৰিত কৰাত সহায় কৰে।

●●●

ইনচুলিন

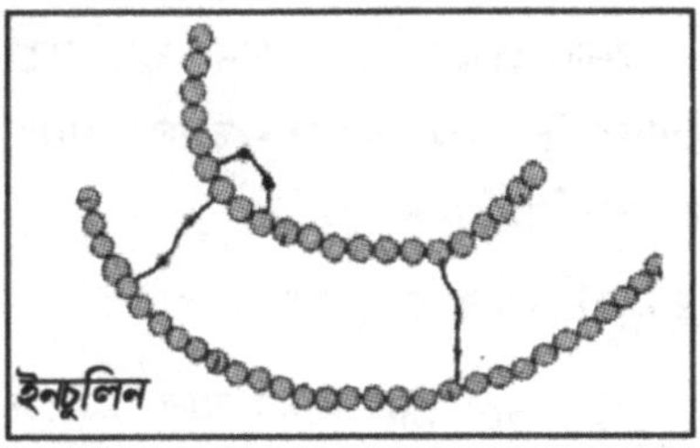

শৰীৰৰ পেংক্ৰিয়াজ (অগ্নাশয়)ত ইনচুলিন নামৰ হৰমন বনে। এইটো এটা প্ৰেটিন হয়। এইটো 51 এমিনো এচিদেৰে মিলি বনে যাক দীঘল শৃংখলা পোলিপেটাইদ কোৱা হয়। এইটো কোষ যদি পৰ্য্যাপ্ত মাত্ৰা ইনচুলিন বনিব নাপায় তেতিয়া মধুমেহ হৈ যায়। এইটো কাৰ্বহাইড্ৰেট, প্ৰেটিন, চৰ্বি তথা ইলেকট্ৰোলাইট্চৰ চয়াপচশক প্ৰভাৱিক কৰে। শৰীৰ আইচললেট্চ স্হিত বিটা কোষেৰ ইনুচলিন বনে যিটো আমাৰ ভোজনক কোষৰ বাবে ইনধনত পৰিৱৰ্তন কৰে। প্ৰত্যেক গ্লুকোজৰ ঊৰ্জাত পৰিৱৰ্তনৰৰ বাবে ইনচুলিন লাগে।

শ্ৰোত ঃ প্ৰথমে-প্ৰথমে গৰু তথ্য গাহৰী আদি ইনচুলিনৰ প্ৰাকৃতিক শ্ৰোত আছিল কিন্তু এতিয়া মাংস ইনচুলিনো বজাৰত উপলব্ধ হয়। ইয়াৰ ৰাসায়নিক সংৰচনা আমাৰ ইনচুলিনৰ নকল হয়। এইটো বায়ু ইঞ্জিনিয়াৰিং (Bio-engineering) দ্বাৰা ঔষধ কম্পেনি বনে।

জন্তুৰ পৰা প্ৰাপ্ত ইনচুলিনো মানস ইনচুলিনৰ দৰে হয়। ইয়াৰ এটাহে লুকচান, বিদেশী প্ৰেটিন হোৱাৰ কাৰণ কোনো ৰোগীক ইয়াৰ পৰা এলাৰ্জী হয়।

এইটো নিম্নলিখিত জৰ্য্যৰ বাবে আৱশ্যক হয় ঃ

1) প্ৰোটীন সংশ্লেষণৰ বাবে

2) চেলুলাৰ পটেচিয়ামৰ বাবে

3) গ্লুকোজক ট্ৰাইগ্লিচৰাইদত পৰিৱৰ্তনৰ বাবে

4) যকৃত তথা অস্হিপঞ্জৰৰ মাংসপেশিত গ্লুকোগোন বনাবৰ বাবে।

5) গ্লুকোজ তথা এমিনো এচিদৰ ট্ৰানচমেমব্ৰেন ট্ৰাংসপোৰ্টৰ বাবে।

ইনচুলিনৰ সহায়েৰে গ্লুকোজ সহজতে কোষণ প্ৰবেশ কৰে। ইয়াত ইঞ্জিনৰ ৰূপত লোছা যায় যাতে ৰক্তগ্লুকোজৰ স্তৰ লাহে-লাহে নিয়ন্ত্ৰিত হয়।

ইনচুলিনৰ প্ৰকাৰ

1) Soluble *(ৰেগুলাৰ ইনচুলিন এক্টৰেপিদ)* ঃ এইটো টাইপ-I মধুমেহ ৰোগ তথা আপাতকালত দিয়া যায়। নতুন ৰোগীকো ৰেগুলাৰ ইনুচলিন দিব পাৰি। এই ইনচুলিনৰ প্ৰভাৱ 6 ৰ পৰা 8 ঘন্টালৈকে থাকে।

2) Intermediate (NPH, Lente) (ইন্টাৰমিটিয়েট (এন.পি.এচ.লেট) : ইয়াৰ প্ৰভাৱ 14 ৰ পৰা 28 ঘন্টালৈকে থাকে।

3) Delayed Onset (দীঘল সময়লৈকে কাম কৰা ইনচুলিন) : ইনচুল্টাৰ্ড, অলট্ৰোদ তথা মিকচ্ট্ৰাদ আদি। ইয়াৰ প্ৰভাৱ 24 ৰ পৰা 40 ঘন্টালৈ থাকে।

যিকোনো ৰোগৰ ওজন, জীৱনশৈলী তথা ব্লাদ চুগাৰৰ অনুসাৰে দিয়া ইনচুলিনৰ টুপালাত অন্তৰ থাকে।

ইনচুলিন কি ধৰণৰ হয়। ইয়াৰ নিৰ্বাচন বহুত কথাৰ ওপৰত নিৰ্ভৰ কৰে। যেনে যদি ৰোগৰ অপাৰেচন হয় তেতিয়া কম সময়লৈকে কাম কৰা ইনচুলিন দিব।

কোনো ৰোগীক ইনচুলিনৰ মিশ্ৰণৰ ইনজেকচনো দিয়া যায় যত 70% ইন্টাৰমিদিয়েট তথা 30% চৰ্ট এক্টিং ইনচুলনৰ মাত্ৰা থাকে।

ইনচুলিন কেনেকৈ লব ?

ইনচুলিনক ইনলেশকচনৰ দ্বাৰা শৰীৰত বেজিৰে চালৰ ভিতৰ (Sabeataneom) লোৱা যায়। আজিকালী বজাৰত আধুনিক তেকনীকেৰে বনা বেজি পায় যাৰ ব্যৱহাৰত বিষ নহয় আৰু সহজে মাংসত যায়। নতুন চিৰিজত মাত্ৰা দেখুৱা চিহ্নও স্পষ্ট হয়।

ভাৰতত ইনচুলিন 40 বা 80 য়ান/মি.লি. ৰ হিচাবেৰে পাই। সেইটোৰ অনুসাৰে চিৰিঞ্জো চেট কৰা যায়। ইনজেকচন এনেকুৱা ঠাই লগোৱা যায় যত চৰ্বিৰ শকত ঠাইত যেনে কৰঙণ, বাহুৰ উপৰৰ ভাগ বা পেটৰ তলৰ ভাগত। যদি এটা স্হানত ইনজেকচন থাকে তেতিয়া পিছৰ দিন লগাব লগীয়া ইনজেকচন কমেও এটা আঙুলিৰ দুৰত হব লাগে।

প্ৰত্যেক ব্যক্তিৰ ব্লাদ চুগাৰৰ নিয়ন্ত্ৰণ বেলেগ বেলেগ উপায়েৰে হব পাৰে। এইটো সকলোৰে বাবে একে নহয়। ধ্যান ৰাখিব লাগে যে ভোজনৰ একেবৰে পাছত ব্লাদ চুগাৰ দ্ৰুতৰে নাবাঢ়ে তথা দুটাসময়ৰে ভোজনৰ অন্তৰ একে থাকে। এইটোৰ অনুসাৰে ইনচুলিনৰ মাত্ৰ ঠিক কৰিব পৰা যায়।

ইনচুলিন লোৱাৰ আধুনিক উপায়

1) বজাৰত ইনচুলিন ভৰা চিৰিঞ্জ উপলব্ধ হয় যিটো বহুত সুবিধাজনক হয়।
2) ইনচুলিন পেন এটা পেনৰ দৰে ইয়াতো ইনচুলিনৰ কাৰ্টৰীজ থাকে। ইয়াত 150 য়ুনিট ইনচুলিন ভৰাই থব পাৰি। ইয়াৰ পৰা যতে ততে কোনো সময়তে সহজে ইনুচলিন লব পৰা যায়।
3) জেট ইনজেক্টৰত বেকিজ নাথাকে। প্ৰথমে বিষ নহয় কিন্তু বিষ তথা ৰক্তস্ৰাৱ হব পাৰে।
4) ইনচুলিন পাম্প এইটো পেজৰৰ আকাৰৰ ইনচুলিন পাম্প বেল্টত বান্ধা যায় যাৰ পৰা অলপ মাত্ৰাত ইনচুলিন উলিয়াই কিন্তু ইয়াৰ নিজৰ দুস্প্ৰভাৱ থাকে।
5) মুখীয়া তথা ইহলাৰ ইনচুলিন এতিয়াও প্ৰায়োগিক অৱস্হাত আছে।

মধুমেহত জটিলতা

আপোনাৰ নেত্ৰ ঃ মধুমেহ আপোনাৰ নেত্ৰক কেবা প্ৰকাৰে হানি কৰিব পাৰে। অস্থায়ী দৃষ্টি দোষৰ পৰা আৰম্ভ হৈ এই প্ৰক্ৰিয়া ৰেটিনোপেথীলৈকে পোৱাব নেত্ৰত দোষ উৎপন্ন হৈয়েই নেত্ৰ-বিশেষজ্ঞৰ ওচৰত যাওক কাৰণ অধিক দেৰি হলে ৰেটিনোপেথীৰ কাৰণে নেত্ৰৰ ভিতৰত ৰক্তস্ৰাৱ হব পাৰে। ইয়াৰ পৰা চকুৰ পৰ কমকে দেখা হয়।

মধুমেহ জটিলতাৰে ভৰা ৰোগ হয়। যদি এইটো নিয়ন্ত্ৰণত নাথাকে তেতিয়া সকলো অঙ্গাৰ লুকচান হব পাৰে। এইটো নেত্ৰ, স্নায়ু, গূৰ্দা হৃদয় নলিকা কামেচছা, চাল, ভৰি আৰু মস্তিষ্ককো প্ৰভাৱিত কৰে। হাওঁ ফাউৰ মাধ্যমেৰে এইটো বেলেগ অংগকো লুঁকচান কৰায়। এই ৰোগত সংক্ৰমণৰ বিদপো বাঢ়ে স্বাস্থ্য ব্যক্তিৰ তুলনাত মধুমেহ ৰোগি টি.ভি. নিমুনিয়া, চেপ্টিচীমিয়া আদি ৰোগ চিকাৰ সোনকালে হয়।

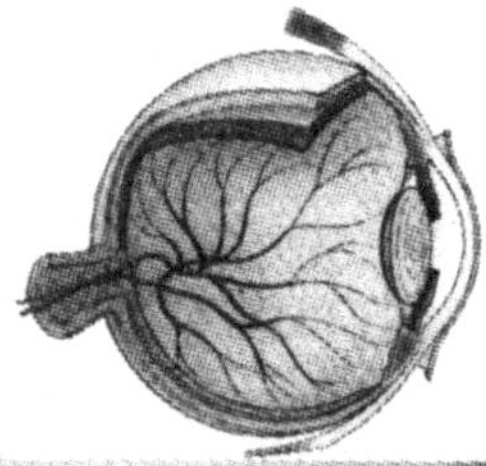

চকুৰ সংৰচনা
চকুৰ সতহ তিনিটাৰে বনে। সকলোতকৈ বাহিৰত স্কেলৰা মাজত কোৰাইদ আৰু ভীতৰত ৰেটিনা বুলি কয়।

আপোনাৰ গূৰ্দা ঃ গূৰ্দা আমাৰ শৰীৰৰ ব্যৰ্থ পদাৰ্থক বাহিৰত উলিওৱাৰ কাম কৰে। মধুমেহ

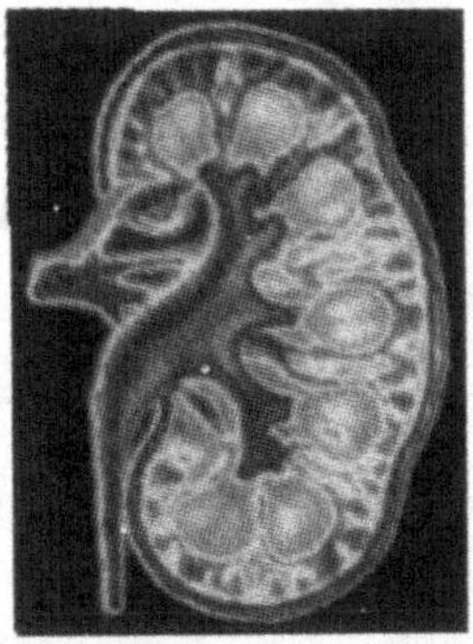

এইটো বেয়াকে হানি কৰিব পাৰে। এইটো এনেকুৱা হয় ধৰক চাহৰ ছাননীৰ ছেদক দাঙৰ কৰি দিয়ে। যাৰ কাৰণে মুত্ৰত ব্যৰ্থ পদাৰ্থৰ লগতে অন্য পদাৰ্থও প্ৰবাহিত হব ধৰে। মধুমেহত এইটো অৱস্হাৰ নেফৰোপেথি বুলি কয়।

আপোনাৰ স্নায়ুতন্ত্ৰ ঃ মধুমেহ স্নায় তন্ত্ৰক দুই ধৰনেৰে প্ৰভাৱিত কৰে বা নেত্ৰ আৰু গূৰ্দাৰ দৰে ৰক্ত প্ৰবাহত বাধা আহিব পাৰে বা ৰক্তত গ্লুকোজৰ বঢ়া স্তৰৰ কাৰণে নাড়ি নষ্ট হৈ যায়। এইটো অৱস্হা অনিউৰোপেথী বুলি কয়। যি দৰে নাড়ি নষ্ট হয়, সেই ধৰনৰ পৰিণাম ওচৰত আছে।

স্নায়ু তন্ত্ৰ

উচ্চ ব্লাড শুগাৰ ৰক্তেৰ মিলা স্নায়ু তন্ত্ৰকে তিন প্ৰকাৰে ক্ষতিগ্ৰস্ত কৰে। 1. মস্তিস্ক 2. স্পাইনাল কৰ্ড আৰু 3. মাংসপেশী

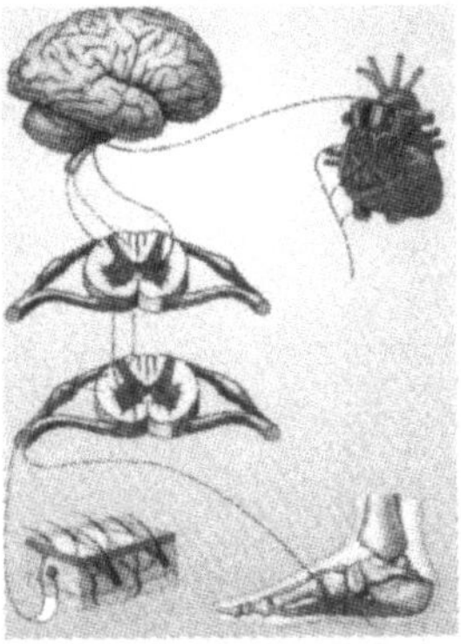

আপোনাৰ চাল ঃ সৰু পৰত নলিকা নষ্ট হোৱাৰ কাৰণে কিছুমান মধুমেহ ৰোগী চাল ৰোগী আৰু সংক্ৰমণৰ চিকাৰ হয়। ইয়াত চালৰ উপৰ পৰাত পাতল হব ধৰে। এইটো অৱস্হা নৈকৰোবায়োচিচ লিপোইদিকা' বুলি কয়।

আপোনাৰ ভৰি ঃ ৰক্ত প্ৰবাহ কম হৈ যায় কাৰণ ৰক্ত নলিকা সংকৰি হৈ যায়। ভৰি বিষ তথা তাপমানৰ প্ৰতি সংবেদনশীলতা হেৰাই যায় ইয়াৰ দ্বাৰা ভৰিত জলনো হব পাৰে।

ভৰি দুটোকে সুস্থ ৰখাৰ বাবে প্ৰতি দিন পায়েৰ যত্ন লওক। ইয়াৰ বাবেও কোনো প্ৰকাৰৰ পৰিবৰ্তনেৰ প্ৰতি সজাগ থাকক।

যদি আপোনাৰ ভৰিত বাৰে বাৰে দোষ পায় অথবা সংক্ৰমণ হয় তথা ঘা ঠিক নহয় তেতিয়া জানি লব যে বিপদ বাঢ়িছে। ভৰিক শুকানো অনুভৱ হব পাৰে। ডায়বেটিজ গেংগ্ৰীন এটা এনেকুৱা অৱস্হা যত ৰোগীৰ ভৰি কাটিব লগীয়া হয়।

●●●

হাইপোগ্লাইচিণীয়া

ৰক্ত গ্লুকোজৰ স্তৰত অহা অভাৱক হৌইপোগ্লাইচিণীয়া' বুলি কয়। এইটো ৰক্ত গ্লুকোজৰ উচ্চ স্তৰ হৌইপোগ্লাইচমীয়া'ৰ পৰা ঠিক বিপৰীতে থাকে। শৰীৰৰ প্ৰত্যেক কোষক গ্লুকোজৰ আৱশ্যকতা পাৰে কিন্তু মস্তিষ্কৰ কোষৰ বাবে এইটো সকলোতকৈ আৱশ্যক হয় সেইকাৰেণ যদি ৰক্তত গ্লুকোজৰ স্তৰ 60-70 মি.গ্ৰা./ডে.লি. তকৈ কম হয় তেতিয়া মস্তিষ্ক আৰু তন্ত্ৰিকা তন্ত্ৰত অনেক লক্ষণ প্ৰকট হয়। ৰোগিক বাৰে বাৰে পিয়াস লাগে, মুৰ ঘূৰাই, দৃষ্টি ধোৱাঁ খোৱা হয়, হাত-ভৰি জিনজিনায় তথা ঘাম উলায়।

যত শীঘ্ৰ সম্ভব হৌইপোগ্লাইসেমীয়া"-ৰ লক্ষণ চিনি লোৱাতো আপুনাৰ পক্ষে গুৰুত্বপূৰ্ণ।

এনেকুৱা তেতিয়া হয় যেতিয়া ইনচুলিন অথবা দৰব লোৱা মধুমেহ ৰোগী ভোজন নলয় বা ভোজন দেৰিকে কৰে। ইনচুলিন বা দৰবৰ অধিক পালৰ পৰাও হব পাৰে। আমাৰ অনেক ৰোগী যেতিয়া কঠোৰ দিনচৰ্য্যা আৰম্ভ কৰে দৰব তথা ইনচুলিন দিব নালাগে। মধুমেহ ৰোগী যদি কোনো নতুন দৰব আৰম্ভ কৰে তেতিয়াও এইটো লহা দেখা দিব পাৰে।

হাইপোগ্লাইচিমীয়াৰ তৎক্ষণাত চিকিৎসাৰ বাবে ৰোগীক চেনী, গ্লুকোজ অথবা টফী দিব পৰা যায়। গম্ভীৰ স্হিতিত গ্লুকোজৰ ইনজেকচনো দিয়া যায়। ৰক্ত গ্লুকোজৰ স্তৰত আগতকৈ ভাল হয় লক্ষণ সমাপ্ত হৈ যায় তথা ৰোগীক আৰাম পাব ধৰে।

অধ্যায় দ্বিতীয়

চাঅ'ল কি হয় ?

জীয়াই থকাৰ বিজ্ঞান

আধুনিক চিকিৎসা বিজ্ঞানৰ অনুসন্ধানে সিদ্ধ কৰিছে যে কিছুমান নিয়মক ভালদৰে পালন কৰা যায় তেতিয়া হৃদয় ৰোগ তথা মধুমেহৰ বিপদৰ পৰা বাচিব পাৰি।

বিজ্ঞানে আমাক কয় যে মধুমেহৰ চীধা সম্বন্ধ দূৰ্বল তথা ওজনৰ অধিকতাৰ পৰা, যিটো আমি ঠিক কৰিব পাৰে। বিজ্ঞানে অনেক এনেকুৱা ঔষধ বনাইছে যিটো নিশ্চিত ৰূপেৰে প্ৰভাৱিত হয়। বিজ্ঞান কেৱল দূৰ্বলতৰ প্ৰবন্ধত অসফল হৈছে। এনেকুৱা কোনো ফত্ৰ নাই যিটো দূৰ্বলতাক জুখিব পাৰে বা উৎপাদনৰ প্ৰক্ৰিয়া ৰখাব পাৰে।

জীয়াই থকাৰ কলা ঃ

জীয়াই থকাৰ পুৰনা কলাৰ অনুসাৰে ফল তথা চবজিৰ মেলেৰে বনা ভোজন স্বাস্থ্যৰ বাবে ভাল বুলি মানিছিল। কোলেস্ট্ৰাল, ট্ৰাইগ্লিচৰাইদ তথা এন্টীঅকচিদেন্ট আদি শব্দত কোনেও জনা নাছিল। গাখীৰ তথা গীখীৰেৰে বনা পদাৰ্থ লবৰ বাবে বিশেষ ৰূপেৰে বল দিয়া হৈছিল। আহাৰ সম্বন্ধী ধাৰনা আধুৰ তথা অপৰ্যাপ্ত আছিল।

জীয়াই থকাৰ এই কলাত যোগৰ নিজৰ মহত্ব আছিল। যোগৰ জনক কোৱা মহৰ্ষি পতঞ্জলিয়ে যোগৰ মাধ্যমেৰে জীয়াই থকাৰ কলা

শিকাই। বছৰ গল আৰু যোগ-নিজৰ পৰিভাষা পাহৰিলে।এতিয়া যোগৰ অৰ্থ বুজা যায়–ধ্যান তথা আসন'। যম তথা নিয়ম আদিও ইয়াৰ মহত্বপূৰ্ণ অংগ আছিল যাৰ এতিয়া লুপ্ত হল।

চাঅ'লৰ অৱধাৰণা ঃ

চাইঞ্চ এণ্ড আৰ্ট অফ লিভিং (চাৱল)য়ে কলা তথা বিজ্ঞানৰ এটা এনেকুৱা মেল প্ৰস্তুত কৰে যত ইয়াৰ দোষক নাইকীয়া কৰি গুণৰ মহত্ব দিয়া গৈছে। যদি কলা তথা ঔষধি বিজ্ঞানক একেলগে লয় তেতিয়া ইয়াৰ লাভ আৰু বাঢ়িব। ইয়াৰপৰা শৰীৰৰ শুধৰণি ক্ষমতাত দ্ৰুততা আহে। ৰোগীৰ ৰোগত শুধৰণিৰ লগতে পৰিয়ালৰ জীৱন কাৰ্য্যক্ষমতা তথা বাতাবৰনতো অনুকূল প্ৰভাৱ পৰে।

সাৰাংশ ঃ

এই আধুনিক তেকনিক যুগত বিজ্ঞানৰ উপেক্ষা কৰিব নোৱাৰে কিন্তু দূৰ্বলৰ বোজাত জনসংখ্যাক যোগৰ প্ৰচীন কলাৰ পৰা লাভ হব পাৰে। নবীন তথা প্ৰাচীনৰ এইটো মেল নিশ্চয়েই প্ৰভাৱীত হব।

●●●

চাঅ'ল মধুমেহ কাৰ্য্যক্ৰম

চাঅ'লত পিছৰ দশৰ বছৰৰ পৰা আমি হৃদয় ৰোগীৰ চিকিৎসা কৰিছো। ইয়াৰে অনেক মধুমেহ ৰোগীয়েও আমাৰ কাৰ্য্যক্ৰমৰ পৰা লাভ উঠায়। অনেক ৰোগি ঔষদৰ বিনা নিজৰ ৰক্তত গ্লাকোজৰ স্তৰ কামোৱাত সফল হয়। আজি তেওঁলোক সকলোৱে স্বাস্থ্য জীৱন জীয়াই আছে।

আমি কিছুমান সময় আগতে চৌৱল মধুমেহ কাৰ্য্যক্ৰম' তৈয়াৰ কৰিছিলো যত আমি নিম্ন তত্ত্ব অন্তৰ্ভূত্ত কৰিছিলো।

- মধুমেহৰ বিষয়ত শিক্ষা
- দূৰ্বল প্ৰৱন্ধন
- যোগ তথা ধ্যান
- নিয়মিত খোজকঢ়া তথা ব্যায়াম
- আহাৰ

❑ **সম্পূৰ্ণ শিক্ষা ঃ** নিজৰ স্বাস্থ্য ৰক্ষাৰ বাবে শিক্ষিত হোৱাতো প্ৰয়োজনীয়। যদি নিজকে মধুমেহৰ পুৰা জানকাৰী দিয়ে, নিয়মিত ৰূপেৰে নিৰিক্ষণ কৰে তেতিয়া এই ৰোগৰ পৰা বাচিব পাৰি। মধুমেহ সম্বন্ধিত কিতাপ আৰু চিকিৎসকৰ সহায়েৰে আপুনি জ্ঞান পাব পাৰিব।

❑ **দূৰ্বল প্ৰৱন্ধন ঃ** মধুমেহৰ দূৰ্বল প্ৰবন্ধনৰ ভূমিকাও কম হভনহয়। বিষ বা বেমাৰৰ দৰে শাৰীৰিক তথা ঘৰ বা কাৰ্য্যালিয়ত মানসিক কাৰণে দূৰ্বলতাৰ শ্ৰোত হব পাৰে। এই দুটাই আপোনাক

লুকচান কৰায় কাৰণ দূৰ্বলতাই ৰক্তত গ্লুকোজৰ স্তৰো বাঢ়ি যায়।

❑ **যোগ তথা ব্যায়াম ঃ** মধুমেহ প্ৰবন্ধনত যোগ তথা ধ্যানো সহায়ক হয়।

❑ **নিয়মিত খোজ কঢ়া তথা ব্যায়াম ঃ** মধুমেহ ৰোগত নিয়মিত খোজ কঢ়া এক ৰামবান ঔষধ হয়। ব্যায়াম আপোনাৰ ৰক্তত গ্লুকোজৰ স্তৰক নিয়ন্ত্ৰিত কৰে তথা ইনচুলিনৰ স্ৰাৱতো দ্ৰুততা আনে। ব্যায়ামৰ সহায়ত মাংসপেশিক ভৰপুৰ অক্সিজেন দিবৰ বাবে শৰীৰক অনেক চয়াপচয় হাৰ্মন তথ্য কাৰ্ত্তিয়োবাস্কিউলৰক পৰিৱৰ্তন আনে। গ্লাইকোজন, ম্লাদ গ্লুকোজতথা চৰ্বিযুক্ত অম্লই ঊৰ্জৰ প্ৰমুখ শ্ৰোত হয়। প্ৰথমে গ্লাইকোজন মাংসপেশিক ইন্ধন দিয়ে আকৌ 5 ৰ পৰা 10 মিনিটৰ ভিতৰত ম্লাদ গ্লুকোজ তথা চৰ্বিযুক্ত অম্লই ঊৰ্জা প্ৰদান কৰিব ধৰে।

নিয়মিত ৰূপেৰে ব্যায়াম কৰিলে ইনচুলিনৰ ৰিচেপ্টৰ্চত অনুকূল প্ৰভাৱ পৰে। ইনচুলিনৰ প্ৰতি অধিক সংবেদনশীল হৈ যায় যাৰ পৰা ইনুচলিনৰ হেৰুৱা ক্ষমতা ঘূৰি আহে। ইনচুলিনৰ প্ৰয়োজন কমি আহে তথা ম্লাদচুগাৰ সামান্যৰ ফালে ঘূৰি যায়। এই ধৰণে ব্যায়ামৰ পৰা তাৎকালিক লাভ প্ৰাপ্ত হয়।

ব্যায়াম কৰিলে ট্ৰাইগ্লিচৰাইদৰ স্তৰ কমে তথা এচ.ডি.এল.ৰ স্ৰাৱ বাঢ়ে। এইটো হৃদয়ক শক্তি দিয়ে তথা ৰক্ত প্ৰবাহক সূচাৰু বনাই। হৃদয় তথা মাংসপেশিত ব্যায়ামৰ বিপৰীত প্ৰভাৱো পৰিব পাৰে।

মনত ৰখাৰ যোগ্য তত্ত্ব

- যদি চিকিৎসকৰ পৰামৰ্শ লোৱাৰ বিনা মধুমেহ ৰোগী ব্যায়মে কৰিব ধৰে তেতিয়া বিপদ হব পাৰে। অধিক শাৰীৰিক শ্ৰমৰ পৰা হাইপোগ্লাইচিমীয়া হব পাৰে। গূৰ্দা বেয়া হব পাৰে তথা চকুৰ ৰেটিনাৰ ৰক্ত উলাব পাৰে।
- যিকোনো ব্যায়াম কৰাৰ আগতে যদি ডাক্টৰৰ পৰামৰ্শ লোৱা যায় তেতিয়া এইটো বিপদৰ পৰা বাচিব পাৰি।

ব্যায়ামৰ প্ৰকাৰ

- মধুমেহ ৰোগীক নিজৰ শাৰীৰিক ক্ষমতাৰ অনুসাৰ সাধাৰণ

ব্যায়াম কৰিব লাগে।

- মুখ্য ব্যায়াম কৰাৰ আগতে শৰীৰ ভালে ৰাখিবৰ বাবে ব্যায়াম কৰিব লাগে যাৰ পৰা শৰীৰত স্হিৰে থাকে আৰু বিষ হোৱাৰ ভয় কম হৈ যায়।
- ৰোগীয়ে যিকোনো ব্যায়াম কৰিব পাৰে কিন্তু মধুমেহ ৰোগীৰ বাবে খোজকঢ়াতো বিশেষ ৰূপেৰে লাভদায়ক হয়।

এজন ব্যক্তিক কিমান ব্যায়াম কৰিব লাগে ?

- এজন ব্যক্তিক প্ৰতিদিনে 35 ৰ পৰা 40 মিনিটলৈকে ব্যায়াম কৰিব লাগে কিন্তু ব্যক্তিগত ইচ্ছাৰ আধাৰত এই সহায়ক কমাব-বঢ়াব পৰা যায়।
- প্ৰথমে ৰোগীক সাধাণৰ ব্যায়াম কৰিব লাগে পাছত টান ব্যায়াম কৰিব পাৰিব।

ব্যায়াম কেতিয়া কৰিব নালাগে ?

- যদি টাইপ-1 ত ৰক্ত শৰ্কৰাৰ স্তৰ 300 মি.প্ৰা./ডে.লি তথ্য টাইপ-11 ও 400 মি.গ্ৰা./ডে.লি. হৈ যায় তেতিয়া ব্যায়াম কৰিব নালাগে কাৰণ ইয়াৰ পৰা আপোনাৰ ৰক্ত শৰ্কৰাৰ স্তৰ আৰু বাঢ়িব পাৰে তথা হানি হব পাৰে।

  যেতিয়া আপুনি ব্যায়াম কৰে তেতিয়া ইনচুলিন প্ৰবাহিত হয় তথা যকৃত সঞ্চিত গ্লুকোজৰ স্ৰাৱ কৰে যিটো মাংসপেশিৰ ইন্ধন হিচাপে ব্যৱহাৰ কৰিব পাৰে কিন্তু যদি ব্যায়ামৰ পূৰ্বে আপোনাৰ ব্লাদ চুগাৰৰ স্তৰঅধিক হয় তেতিয়া ইয়াৰ অৰ্থ হল যে আপোনাৰ ওচৰত পৰ্য্যাপ্ত মাত্ৰাত ইনচুলিন নাই। এনেকুৱা দশাত কোষ গ্লুকোজৰ উপযোগ কৰিব নোৱাৰে তথা ব্লাদ গ্লুকোজৰ স্তৰ বাঢ়ি যায়।

  যদি ব্যায়ামৰ সময়ত মুত্ৰত কিটোন তত্ত্ব উৎপন্ন হয় তেতিয়া আমি গ্লুকোজ তথা চৰ্বিৰ উপযোগ কৰো। যদি চৰ্বি জলিব ধৰে তেতিয়া কিটোন সৃষ্টি হয়। যদি ৰক্তত পৰ্য্যাপ্ত মাত্ৰাত ইনচুলিন থাকে তেতিয়া কিটোনৰ ইন্ধনৰ ৰূপত প্ৰয়োগ কৰিব পাৰে কিন্তু ইনচুলিনৰ মাত্ৰা অপৰ্য্যাপ্ত থাকে তেতিয়া কিটোন মুত্ৰৰ লগত

বাহিৰত উলাব ধৰে। মুত্রত কিটোনৰ উপস্হিতিৰ এইটো অর্থ যে ৰক্তত ইনচুলিন পর্য্যাপ্ত মাত্রা নাই।

বেমাৰৰ সময়ত ঃ ব্লাদ চুগাৰৰস্তৰ বাঢ়ে তেতিয়া ব্যায়ামৰ সময়ত ইয়াৰ স্তৰত উঠা-নমা হব পাৰে।

- যদি বিষৰ অনুভৱ হয় বা কম দেখা হয়, যদি মুৰ বিষ হয় আৰু উপাহ লওঁতে কঠিনতা হয় তেতিয়া ব্যায়াম নকৰিব। এইটো হৃদয় ৰোগ হব পাৰে। ইয়াৰ পৰা ডায়বিটিক নেত্ৰ ৰোগো বেয়া হব পাৰে।
- ভৰিত সংক্রমণৰ সময়তো ব্যায়াম কৰাৰ পৰা বাচিব লাগে।

সাৱধানতা

- ব্যায়ামৰ পাছত নিজৰ ভৰি ভালদৰে চাই লওক।
- যদি আপুনি ব্যায়াম কৰিছে তেতিয়া হাইপোগ্লাইচিমীয়াৰ বাচিবৰ বাবে পর্য্যাপ্ত মাত্রাত কার্বহাইড্রেট লওক।
- সঠিক জুখৰ জোতা পিন্ধক।

আহাৰ ঃ

মধুমেহৰ প্রবন্ধনত আহৰো মহত্বপূর্ণ ভূমিকা পালন কৰে। মধুমেহ হোৱাৰ এইটো অর্থ নহয় যে ৰোগীক সামান্য আহাৰ লব নালাগে। ডায়বিটিক আহাৰ এনেকুৱা হব লাগে যিটো ব্লাদ চুগাৰক নিয়ন্ত্রিত কৰিব পাৰে তথা পোষক তত্ত্বও পর্য্যাপ্ত মাত্রাত পাওক।

যদি নিম্ন তত্ত্বৰ ধ্যান ৰখা যায় তেতিয়া চুগাৰৰ পৰাৰ বাচিব পাৰি–

- সামান্য ওজন বনায় ৰাখক।
- সঠীক ধৰনেৰে কাৰ্হাইড্রেটৰ নির্বাচন কৰক।
- ভোজনত আহঁজাকীয় পদার্থ লওক।
- এন্টী অকচডিন্টৰ মাত্রা বঢ়াৱক।
- ভোজনৰ সময় নিধাৰিত কৰক।
- ভোজন একে লগে নলব কিস্তিত লওক।
- প্রাকৃতিক মিঠাৰ প্রয়োগ।

সামান্য ওজন বনায় ৰাখক ঃ

অধিকতৰ মধুমেহ ৰোগী শকতৰ চিকাৰ বনে। তেওঁলোকে

নিজৰ শৰীৰৰ আদৰ্শ ওজন বনাবৰ প্ৰযত্ন কৰিব লাগে। যদি ওজন কম হয় তেতিয়াও আদৰ্শ ওজন পাবৰ প্ৰযত্ন কৰিব লাগে। চাৱল প্ৰতিদিনে আৰামদায়ক জীৱনশৈলী জীয়াই থকাৰ 1600 কেলোৰী, অকি ওজনৰ 1200/1400 কোলোৰী তা কম ওজনৰ ব্যক্তি 1800 কেলোৰী ভোজন লোৱাৰ পৰামৰ্শ দিয়ে।

সঠিক ধৰণৰ কাৰ্বহাইড্ৰেটৰ নিৰ্বাচন ঃ

সৰল কাৰ্বোহাইড্ৰেট

আমাৰ শৰীৰৰ অধিকতৰ কোষ গ্লুকোজেৰে উৰ্জা প্ৰাপ্ত কৰে। কাৰ্বহাইড্ৰেট গ্লুকোজৰ মুখ্য শ্ৰোত হয়। এইটো দুই প্ৰকাৰৰ হয় 1. সাধাৰণ কাৰ্বহাইড্ৰেট 2. জটিল কাৰ্বহাইড্ৰেট।

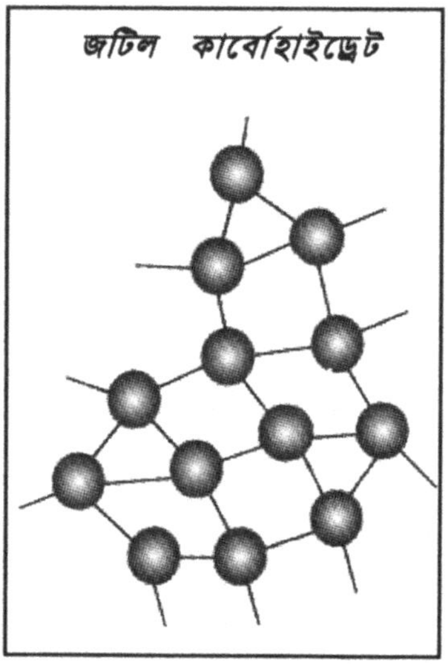

জটিল কাৰ্বোহাইড্ৰেট

সাধাৰণ কাৰ্বহাইড্ৰেটত গ্লুকোজ ইকাইয়া এটা চীধা শৃংখলাত জুৰি থাকে। যি হয় সেইটো পাচন তন্ত্ৰত যায় তেতিয়া শীঘ্ৰে ভাঙি যায় তথা গ্লুকোজৰ কপাৰ কাৰণে ষ্নাদ চুগাৰ গ্লুকোজৰ স্তৰ বাঢ়ি যায়।

জটিল কাৰ্বহাইড্ৰেটত গ্লুকোজৰ ইকাইয়া শাখাত জৰিত থাকে। যিটো সেই পাচনতন্ত্ৰত যায় তেতিয়া ইয়াৰ পৰা লাহে-লাহে গ্লুকোজ প্ৰবাহিত হয় থাকে যাৰ পৰা ৰক্তত গ্লুকোজৰ স্তৰ নাবাঢ়ে তথা ইনচুলিনক নিজৰ কাম কৰিবৰ বাবে পৰ্য্যাপ্ত সময় পায়।

এটা ডায়বেটিকক এনেকুৱা কাৰ্বহাইড্ৰেটৰ প্ৰয়োগ কৰি লাগে যিটো ৰক্তত গ্লুকোজক প্ৰবাহিত কৰি থাকে কিন্তু ৰক্তত গ্লুকোজৰ স্তৰ একেবাৰে নাবাঢ়ে। বেলেগ শব্দত মধুমেহ ৰোগীক সাধাৰণ অপেক্ষা কমপ্লেকচ (জটিল কাৰ্বহাইড্ৰেট) খাব লাগে।

এই দুটা কাৰ্বহাইড্ৰেটৰ নিৰিক্ষণৰ বাবে ভোজনক প্ৰয়োগশালাত

লৈ যোৱাৰ কোনো আৱশ্যকতা নাই। ইয়াৰ বাবে সাধাৰণ কাৰ্বহাইড্ৰেট হয়, যেনে-চেনী, গুৰ আদি। যি ভোজন সোৱাদত মিঠা নাথাতে তাত জটিল কাৰ্বহাইড্ৰেট বুলি কয়, যেনে–ৰুটি আৰু চবজি আদি।

ভোজন কিস্তিত লওক ঃ মধুমেহ ৰোগীক দিনত কমেও 6-7 বাৰ ভোজন লব লাগে। ইয়াৰ পৰা ৱাদৰ গ্লুকোজৰ স্তৰ নিয়ন্ত্ৰিত থাকে। ৰোগীক হাইপোগ্লাইচিমীয়াৰ পৰা বাচিবৰ বাবে ভোজন এৰিব নালাগে আৰু ব্ৰতো ৰাখিব নালাগে।

প্ৰাকৃতিক মিঠাৰ প্ৰয়োগ ঃ জীভাৰ পৰা আমি সোৱাদ গম পাওঁ। ইয়াত সোৱাদেন্দ্ৰিয় থাকে যিটো মস্তিষ্কক সোৱাদৰ সূচনা দিয়ে। সেইটোৱেৰি কয় যে খাদ্য পদাৰ্থ টেঙা, মিঠা, নিমখিয়া বা মিশ্ৰিত সোৱাদৰ। মৰ্ধুমেহ ৰোগত আমি চেনী আৰু সাধাৰণ কাৰ্বহাইড্ৰেটৰ প্ৰয়োগৰ পৰা বাচিব লাগে কিন্তু মগজ সদায় মিঠা খোৱাৰ ইচ্ছা প্ৰকট কৰে। এই ধৰণে অনেক মধুমেহ ৰোগি মিঠা খোৱা লালসাক ৰখাব নোৱাৰে। তেওঁলোকৰ বাবে আমাৰ ওচৰত ঐচপাৰটেম' আছে। ইয়াৰ প্ৰয়োগেৰে মিঠা খোৱাৰ ইচ্ছাও পুৰা হয় তথা কোনো হানী নকৰে। এদিনত 10-15 পিলৰ সেৱন কৰিব পৰা যায়। চাঅ'ল আপোনৰ ঐএস্পাৰটেম' লোৱাৰ ৰেহাই দিয়ে।

স্পোৰটেম' কি হয় ?

স্পোৰটেম' কম কেলোৰী থকা কৃত্ৰিম মিঠা হয় যিটো জীভাক মিঠাপনৰ অনুভৱ কৰায়। কম কেলোৰী যুক্ত ভোজন, পেয় পদাৰ্থ, শৰ্কৰা বিকল্প, ইকুৱেল আৰু চুগাৰ ফ্ৰীত ইয়াৰ প্ৰয়োগ কৰিব পৰা যায়। এচপেৰেটিদ এদি তথা ফেনিলালাইন নামৰ এমিনো এচিদৰ পৰা বনা এচপাৰটেমত মিথনোলো পোৱাযায়। এইটো তত্ত্ব প্ৰাকৃতিক ৰূপেৰে ফল, চবজি আৰু গাখীৰতো পোৱা যায়। পাচন ক্ৰিয়াৰ সময়ত এচপাৰটেম, এচপেৰেটিক, ফেনিলালানাইন আৰু মিথানোলত পৰিৱৰ্ত্তৰ্ন কৰি ৰক্তত ঘূলি যায় তথা শৰীৰৰ সাধাণৰ প্ৰক্ৰিয়াৰ কাম আহে। এইটো শৰীৰত এই ধৰণে কাম আহে যেনে সামান্য ভোজনৰে অংগ হয়। এচপাৰটেমৰ প্ৰয়োগেৰে মধুমেহ ৰোগিও মিঠা খাই তৃপ্তি হৈ যায়। আপুনি মোৰ কিতাপ জৈৰো আয়ল মিঠা' ৰ সহায়েৰে অনেক মিঠা ব্যঞ্জন বনাব পাৰিব।

এচপাৰটেমৰ লাভ ঃ

এচপাৰটেম (কম কেলোৰীৰ মিঠা) শাৰীৰিক তথা মানসিক দুটা প্ৰকাৰেৰে লাভদায়ক হয়। ইয়াৰ লাভ নিম্নলিখিত হয়–

এইটো ওজন কৰোৱাত সহায় হয় ঃ এচপাৰটেম যুক্ত মিঠা পদাৰ্থত শৰ্কৰা যুক্ত মিঠাপদাৰ্থৰ তুলনাত কেলোৰী কম মাত্ৰাত পোৱা যায়। যদি এচপাাৰটেমৰ নিয়মিত প্ৰয়োগৰ লগত ব্যায়ামো কৰি থাকে তেতিয়া ওজনো সহজে কমিব পাৰে।

এইটো দন্ত ক্ষয় ৰখাত সহায়ক হয় ঃ চেনী দাতত বিজাণু সৃষ্টি কৰে, লুকচান কৰিব পাৰে কিন্তু এচপাৰেটম যুক্ত পদাৰ্থত এনেকুৱা কেনো বিপদ নহয়।

এইটো সোৱাদ তথা সুগন্ধ বঢ়াই ঃ এচপাৰেটম ভূল, পেট পদাৰ্থ আৰু ব্যঞ্জনৰ সোৱাদ বঢ়াই। পুদিং, পায়হ আৰু কষ্টৰ্দ আদিতো ইয়াৰ ব্যৱহাৰ কৰি পৰা যায়। সাধাৰণতে আপুনি বেকিংৰ সময়ত এইটো প্ৰয়োগ কৰিব নোৱাৰিব কাৰণ অধিক গৰমৰ সম্পৰ্কত আহিলে এইটো ভাঙি নিজৰ মিঠা হেৰুৱাই দিয়ে।

●●●

জিৰো অয়িলৰ অৱধাৰণা

আধুনিক যুগত মানুহে এনেকুৱা আৰামদায়ক জীৱনশৈলী নিজে ৰখিছে, যত শাৰীৰিক ব্যায়াম নকৰাৰ সমান। আমি কষ্টও নকৰো, ব্যায়ামো নকৰো, আমাৰ খোৱা-লোৱাৰ অভ্যাসো বেয়া হয়, মুঠ মিলাই আমি আৰামদায়ক জীৱনশৈলীৰ এটা অংগ হয়।

এইটো আপুনিও জানে যে চৰ্বি আমাৰ ধমনিত ৰখায় দিয়ে। এইটো চৰ্বি কৈালেষ্ট্ৰাল' তথা টৈাইগ্লিচৰাইদ' বুলি কোৱা হয়। অনেক বছৰলৈকে এইটো ধমনিত পৰত দৰপৰত জমা থাকে। যেতিয়া এইটো সিমাতকৈ অধিক হয় তেতিয়া ধমনিৰ ৰক্ত প্ৰবাহত বাধা আহে যা ৰপৰা কোৰোনৰী ৰোগ (এনজাইনা, হাৰ্টএটেক) জন্ম লয়।

পিছৰ পঞ্চাশ বছৰৰপৰা কেৱল চৰ্বিকে ধমনিৰ ৰক্ত প্ৰভাবে বাধা মানিছিল। পিছৰ এক দশকৰ পৰা ট্ৰৈাইগ্লিচৰাইদ' (বনস্পতি তেল)ও দোষী মনা যায়। বনস্পতি তেলসেইটোৱেই যিটো আপুনি কৈুকিং অয়িল'ৰ নামত জানে। তেল উৎপাদক কম্পেনি মানুহৰ অভাৱক পুৰা লাভ উঠায় আৰু কয় যে সেইটো হানিকাৰক হয়। কৈালেষ্ট্ৰাল ফ্ৰী তেল' বা জিৰো কৈালেষ্ট্ৰাল তেল' আদিৰ দৰে বিজ্ঞাপনে আপুনিও দেখিছে ছাগে। এইটো ঠীক যে বনস্পতিৰ পৰা প্ৰাপ্ত চৰ্বি, গাখীৰ তথা কণী আদি পদাৰ্থৰ পৰা প্ৰাপ্ত চৰ্বিৰ তুলনাত কম হানিকাৰক হয় কিন্তু মানুহ বিজ্ঞাপনৰ পৰা প্ৰভাৱিত হৈ এই তেলৰ ভৰপুৰ প্ৰয়োগ কৰে। এই তেলত পোৱা কেলোৰীৰ মাত্ৰা

শকত, মধুমেহ তথা উচ্চ ৰক্তচাপৰ কাৰণ কয়, অতঃ এইটোৱেই ভাল যে চৰ্বিযুক্ত ভোজনৰ প্ৰয়োগ কাম হওক।

প্ৰত্যেক খাদ্য পদাৰ্থত কোনো ৰূপত চৰ্বি পোৱা যায়। ইয়াৰ অৰ্থ হল যে চৰ্বিৰ সকলো শ্ৰোত সমাপ্ত কৰি দিব লাগে।এতিয়া প্ৰশ্ন এইটো উঠে যে বিনাতেলৰ ভোজনক সোৱাদদায়ক কেনেকৈ বনোৱা যায় ?

যদি বিনা তেজৰ ভোজন সিজায় তেতিয়া সোৱাদ কেনেকুৱা হব ? যদি আপুনি বুদ্ধি লগায় তেতিয়া উত্তৰটো হৈয়' হব কাৰণ সোৱাদ মচলাত থাকে। তেলৰ কোনো সোৱাদ নাথাকে। বছৰৰপৰা আমি এইটো ভাবি আহিছো যে তেলৰ পৰা ভোজন সোৱাদ আহে। যেতিয়া আমি তেল নাইকীয়াৰ কথা কওঁ তেতিয়া লাগে যে ভোজনৰ পৰা মচলাও থাকে কাৰণ অধিকতৰ গৃহিণী এইটো নাজানে যে কেৰাহীত তেলৰ বিনা মচলা কেনেকৈ তৈয়াৰ হব সেইকাৰণ চৌঅ'ল ৈজিৰো অয়িল তেল'ৰ বিচাৰ দিছে। ৈজিৰো অয়িল তেল'ৰ অৰ্থ হল বিনা তেলৰ ভোজন বনোৱা। চাঅ'ল মচলা তথা ভোজন পানীত সিজায় যত মচলা সোৱাদ তথা সুগন্ধৰে বিয়পি থাকে।

চাৱল বুজি পায় যে তেলৰ বিষয়ে মানুহৰ ধাৰণা ইমান সহজে পৰিৱৰ্তন হয় সেইকাৰণে আমি পানীক চৌঅ'ল তেল'ৰ সজ্ঞা দিছে। যদি আপুনি জিৰো অয়িলত ভোজন সিজাই তেতিয়া ভোজনত চৰ্বিৰ কোনো বিপদ নহয়। ইয়াৰ পৰা ওজন কমোৱাত সহায় হয়।

আমি গৰ্ভও এইটো কব পাৰে যে স্বাস্থ্যবৰ্দ্ধক চাঅ'ল তেল চৰ্বিত ৰহিত হয়

জিৰো অয়িল ভাজাৰ উপায়

1. কেৰাহী গৰম কৰক (যদি নানস্টিক হয় তেতিয়া ভাল)
2. জীৰো হল্কা হোৱালৈকে ভাজক।
3. কেৰাহীত পিচা পিয়াজ দি ভাজক। যদি এইটো বাচনত লাগি

ধৰে তেতিয়া অলপ পানী দিয়ক।

4. নিজৰ সোৱাদ তথা ইচছানুসাৰে আদা নহৰুৰ পেষ্ট মিলাৱক।
5. পিয়াজ, আদা তথা নহৰুক ভাজক। অধিক পানী নিদিব।
6. আকৌ কেৰাহীত পিচা বিলাহী দিয়ক তথা পানী ছেটিয়াই ভাজক।
7. পানীত বাগ বনালৈকে ভাজক।
8. আকৌ হালধী দি অলপ দেৰিলৈকে সিজাৱক কাৰণ হালধী সিজিবলৈ অলপ সময় লাগে।
9. অন্তত নিজৰ সোৱাদ অনুসাৰে নিমখ, ৰঙাজলকীয়া আৰু ধনিয়া পাউদাৰ দিয়ৰ।
10. আপোনাক জৈিৰো অয়িল' মচলা তৈয়াৰ হব।
11. যদি চবজি বনাব বিচাৰে তেতিয়া মচলা চবজিত দিয়ক। যদি দাল বনাব বিচাৰে তেতিয়া ভিজোৱা বা সিজোৱা দালি মিলাই দিয়ক।
12. লং, দালচেনী, শকত ইলাচী আদিৰে বনোৱা গৰম মচলা দিয়ক।
13. বাৰীক সেউজীয়া ধনিয়া দি সিজাৱক।

●●●

অধ্যায় তৃতীয়

মধুমেহৰ যোগৰ দ্বাৰা চিকিৎসা

পিছৰ কিছুমান দশকৰ পৰা উচ্চ ৰক্তচাপ তথা কোৰোনৰী হৃদয় ৰোগীৰ বাবে যোগ এটা বৰদান প্ৰমাণিত হয়। আধুনিক খোজে সিদ্ধ কৰি দিয়ে যে যোগ চিকিৎসা ৰক্তত গ্লুকোজৰ স্তৰ, চীৰম ট্ৰাইগ্লিচৰাইদ স্তৰ, হৃদয় ৰোগ, শৰীৰত ইয়াৰ চমৎকাৰ প্ৰভাৱ ওচৰত আহে। এই পদ্ধতিৰ কোনো দুষ্প্ৰভাৱো নাথাকে। শাৰীৰিক স্বাস্থ্য ভাল হয়, ব্যক্তিগত ক্ষমতাও উজলি আহে।

চৌঅ'ল' অভ্যাসৰ বাবে নিম্নলিখিত পাচটা সমূহক পৰামৰ্শ দিয়ে।

1. স্বাস্থ্যবৰ্দ্ধক ব্যায়াম।
2. আসন তথা যোগ।
3. প্ৰণায়াম তথা উশাহৰ লগত জৰিত ব্যায়াম।
4. কাৰ্য্যৎসৰ্গ
5. ধ্যান ঃ প্ৰেক্ষা ধ্যান

প্ৰশিক্ষণ তথা সময় ঃ যোগভ্যাস প্ৰতিদিনে 40 ৰ পৰা 60 মিনিটলৈকে কৰিব লাগে। যদি ইচ্ছা থাকে তেতিয়া ধ্যান দীঘল সময়লৈকে কৰিব পাৰে। যোগ কৰাৰ সকলোতকৈ ভাল সময় প্ৰাতঃ কাল হয় কাৰণ প্ৰত্যেক ব্যক্তিক নিজৰ কামতো যাব লাগে। যোগ কৰাৰ সময়ত পেট খালী হব লাগে। ইয়াৰ বাদেও যোগ কৰাৰ সময়ত আৰামদায়ক বস্ত্ৰ, একান্ত বাতাবৰণ তথা বতাহ মৰা কোঠাকো ধ্যান ৰাখিব লাগে।

নিয়ম তথা কায়দা

(1) অভ্যাস নিয়মিত ৰূপেৰে কৰিব লাগে।

(2) অভ্যাসৰ বাবে সময় নিশ্চিত কৰক। এনেকুৱা অভ্যাসৰ বাবে ৰাতিপুৱাৰ সময় ঠীক থাকে কাৰণ এই সময় পেট খালী হয়। কিছুমান মানুহৰ বাবে গধূলীৰ সময়ে ঠীক হয়। ভোজন তথা অভ্যাসৰ মধ্য কমেও দুই ঘন্টাৰ অন্তৰ হব লাগে।

(3) সাধকক চা-কফি এৰি দিব লাগে। কিন্তু ইচ্ছা হলে আসন আৰম্ভ কৰাৰ আধা ঘন্টা আগতে একাপ চাহ, কফি তথা গাখীৰ লব পৰা যায়।

(4) আসন তথা অভ্যাসৰ বাবে কোঠাৰ খুলা তথা বতাহ অহাতো আৱশ্যক হয়। যত কোনো হুলস্থূল নহয়।

(5) এটা বয়স্ক ব্যক্তিৰ বাবে 6 ৰ পৰা 8 ঘন্টাৰ শুব লাগে।যদি আপুনি ৰাতি সঠিক সময় শুৱে তেতিয়া শুৱে আৰু ৰাতি পুৱা সোনকালেও উঠিব পাৰিব। তেতিয়া আপুনি যোগভ্যাসৰ বাবে নিয়মিত ৰূপেৰে সময়ে উবিলয়াব পাৰি।

(6) যদি আসন কৰাৰ সময়ত ভাগৰ অনুভৱ হয় তেতিয়া আৰাম কৰক নিজৰ ক্ষমতাতকৈ অধিধক ব্যায়াম নকৰিব। আপোনাৰ ক্ষমতা লাহে-লাহে বাঢ়িব। আসনৰ পাছত পাচ মিনিটলৈকে কাৰ্য্যৎসৰ্গ কৰক। ইয়াৰ পাছত ধ্যান লগাব পৰা যায়।

●●●

স্বাস্থ্যবৰ্দ্ধক ব্যায়াম

আসন কৰাৰ পূৰ্বে আপুনি নিম্নলিখিত ব্যায়াম কৰিব লাগে। যোগ-প্ৰশিক্ষণৰ আগতে এইটো কৰাটো প্ৰয়োজনীয় সেই কেইটা হল–

1. চকুৰ বাবে
2. গলাৰ বাবে
3. কানৰ বাবে
4. চেহেৰাৰ বাবে
5. কান্ধৰ বাবে
6. বুকুৰ বাবে
7. ককালৰ বাবে
8. কৰম্ভাৰ বাবে
9. আঠুৰ বাবে
10. ভৰিৰ গাঠিৰ
11. পঞ্জ তথ্য এৰিয়াৰ বাবে

(1) চকুৰ বাবে

(A) *মুদ্ৰা আৰামত ঠিক হওক।*

(B) *বিধি ঃ*

(1) মুৰ এটা স্হানত ৰাখক, এবাৰ উপৰ তথা তলত চাৱক।

(2) তেতিয়া নিজৰ বাওঁ-সোঁফালে চাওক তথা নেত্ৰ গোল কৰক। দৃষ্টিৰ বিস্তাৰ কৰাৰ প্ৰয়াস কৰক।

(3) নিজৰ হাত পৰস্পৰ ঘৰ্ষক তথা দুটা চকুত কিছু দেৰি ৰখক।

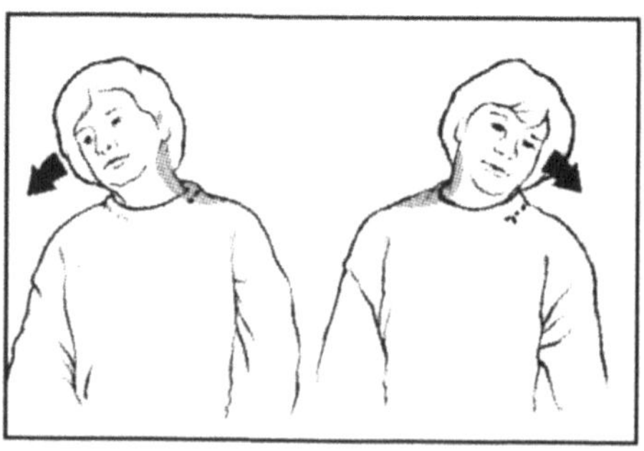

(2) গলাৰ বাবে

(A) ***মুদ্ৰা ঃ*** আৰামত চিধা ঠিক হওক।

(B) ***বিধি ঃ***

(1) হাতক কমেও

দশবাৰ জোৰে জোৰে ঘৰ্ষক তথা লগত গৰ্দনৰ পিছৰ ভাগক ঘৰ্ষক।

(2) গৰ্দনত আগৰ ভাগতো সঠিক প্ৰক্ৰিয়া পাচ বাৰ কৰক।

(3) যিমান সম্ভৱ হব পাৰে,গৰ্দনক তলৰ ফালে ৰাখক তথা চিবুকক বুকুত লগাওৱক। এইটো প্ৰক্ৰিয়াও পাচ বাৰ কৰক।

(4) গৰ্দনক বাওঁফালে ঘূৰায় কান্ধৰ ফালে আনক এই ধৰনে দিশাত কৰক।

(5) গৰ্দনক তলৰ ফালে কৰক তথা কানক বাওঁফালে তথা সোঁ কান্ধৰে স্পৰ্শ কৰক।

(6) চকু বন্ধ কৰক, চিবুক বুকুৰে মিলই গৰ্দন হিলাৱক। আকৌ চকু খুলি সোঁফালে কৰক। কানক কান্ধৰে চুই গৰ্দন ঘূৰাই উপৰৰ ফালে চাওক তথা বাওঁ কানক কান্ধৰে স্পৰ্শ কৰক তথা চিবুকলৈকে আহি চকু বন্ধ কৰক। এইটো প্ৰক্ৰিয়া বেলেগ ফালেও কৰক।

(3) কানৰ বাবে

(A) ***মুদ্ৰা ঃ*** চিধা ঠিক হওক তথা দুটা কানৰ উপৰৰ ভাগক আঙুলি তথা তৰ্জনীৰে ধৰক।

(B) ***বিধি ঃ***

(1) দুটা কান উপৰৰ ফালে টানক।

(2) কানৰ মাজত ভাগক উপৰৰ ফালে টানক।

(3) তলৰ ভাগক তলৰ ফালে টানক।

(4) দুনা কান হাতেৰো ঢাকি ঔষধ দিয়ক যাতে কানত বতাহৰ হেঁচা দিয়ক।

(5) তিনিটা আঙুলি তথা বুঢ়া আঙুলি একেলগ কৰি মুঠি বনাই লওক। আৰু তৰ্জনীৰে জ্ঞানৰ আগৰ ভাগক মলক।

(6) এই ধৰণে কানৰ পিছৰ ভাগক মলক।

(4) চেহেৰাৰ বাবে ঃ

(A) ***মুদ্রা ঃ*** আৰামদায়ক মুদ্রাত চিধা ঠিক হওক।

(B) ***বিধি ঃ***

(1) দুটা হাতেৰে চেহেৰাক ভালদৰে ঘৰ্ষক।

(5) কান্ধৰ বাবে

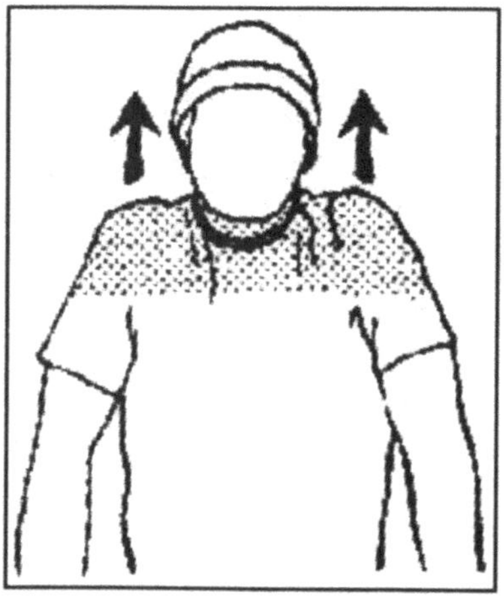

(A) ***মুদ্রা ঃ*** চীধা ঠিক হওক।

(B) ***বিধি ঃ***

(1) দুটা বাহু কোচাই লৈ তল মুৰ কৰক। কোহনিয়া তল কৰি বিনা উশাহ লোৱা সময়ত কান্ধ উপৰ কৰক তথা উশাহ এৰাৰ সময়ত প্ৰথম স্হিতিত আহিব।

(2) বাহু ঢীলা কৰক তথ্য কান্ধক আগৰি পৰা পিছলৈ তথা পিছৰ পৰা আগৰ ফালে ঘূৰাৱাক। এইটো প্ৰক্ৰিয়া পাচ বাৰ কৰক।

(3) নিজৰ বাহু, আঙুলি, তথা বুঢ়া আঙুলি ঘূৰাই কান্ধক চুৰক। গভীৰ উশাহ লোৱা সময়ত বাহু আগৰ পৰ পিছফালে তথা পিছৰ পৰা আগফালে ঘূৰাৱক।

(6) শুৱৰ বাবে

(A) ***মুদ্রা ঃ***

(B) ***বিধি ঃ***

(1) দুটা বাহু ভিতৰৰ ফালে ঘূৰাৱাক তথা হাওক প্ৰথমৰ স্হিতিত লৈ যাৱক। এইটো ব্যায়াম সোঁ হাতেৰেও কৰক (প্ৰক্ৰিয়া পাচ বাৰ কৰক)

(2) হাতক কৰঙণত ৰাখক। গভীৰ উশাহ

লওক, বাওঁ বাহু নুঘোৰাকে কানক চুই উচ্চ কৰক। বাহু তলত আনক তথা উশাহ এৰি দিয়ক। এইটো সোঁ বাহুৰোও আকৌ কৰক। আকৌ দুটা বাহুৰ পাচ বাৰকৰক।

(7) *কাকলৰ বাবে ঃ*

(1) **মুদ্রা ঃ** কান্ধৰ উচ্চতা যিমনা ভৰি খোলি লয়। বাহু শৰীৰৰ দুটা তলমুৰ কৰক।

(2) **বিধি ঃ** উশাহ ভিতৰৰ ফালে লৈ হাতৰ উপৰ ফালে উঠাৱক, উশাহ এৰক।

(B) বিধি ঃ

(1) উশাহ ভিতৰ ফালে লৈ হাত উপৰৰ ফালে উঠাৱক, উশাহ এৰি ককালক 30^0 লৈকে বাওঁফালে তলমুৰ কৰক। বাওঁ হাত গাঠফীৰ সমীপ অনেক, গৰ্দনো বাওঁফালে ঘূৰাৱক, বাওঁ হাত মুৰৰ উপৰত লৈ যাওক। তিনিবাৰ উশাহ লওক তথা এৰক। এই প্ৰক্ৰিয়াৰ বিপৰীত কৰি সামান্য মুদ্রাত আহিব। এইটো প্ৰক্ৰিয়া দুইবাৰ সোঁফালৰ পৰাও কৰক।

(2) আঙুলি একেলগে মিলাই হাত উপৰফালে উঠাৱক।

ক) হাত আকাশৰ ফালে থওক।

খ) ককালক 30^0 লৈকে বাওঁফালে তলমুৰ কৰক, বাহু কানৰ ফালে চীধা বাওঁফালে ৰাখক।

গ) প্ৰথম মুদ্রাত ঘূৰি আহক।

ঘ) প্ৰথম মুদ্রাত ঘূৰি আহক।

ঙ) বাহু তলত আনক তথা এইটো প্ৰক্ৰিয়া সোঁফালেও কৰক।

(3) দু-হাত একেলগ কৰক

ক) উশাহ লৈ বাহু উপৰৰ ফালে আনক, বাহু কানলৰ চীধা উচ্চ হৈ ৰাখক।

খ) উশাহ এৰোতে প্ৰায় 30^0 লৈকে বাওঁফালে তল কৰক (5 বাৰ উশাহ লওক তথা এৰক)

গ) মুদ্ৰাত ঘূৰি আহক।

ঘ) বাহু তলত আনক তথা এইটো সোঁফালে আকৌ কৰক।

(4) ক) উশাহ লওঁতে বাহু কান্ধলৈকে উঠাৱক, হাত একেলগ কৰক।

খ) ককাল এই ধৰণে ঘূৰাৱক যে সোঁ হাত বাওঁ কান্ধ তথা বাওঁ হাত সোঁ নিতম্বলৈকে যাব পাৰে। পাচবাৰ উশাহ লওক তথা এৰক)।

গ) উশাহ ভিতৰত লৈমুদ্ৰা

ঘ) আকৌ ঘূৰি আহক।

ঙ) উশাহ এৰোতে হাত তলত লওক তথা এই প্ৰক্ৰিয়া তিনিবাৰ বাওঁফালে আকৌ কৰক।

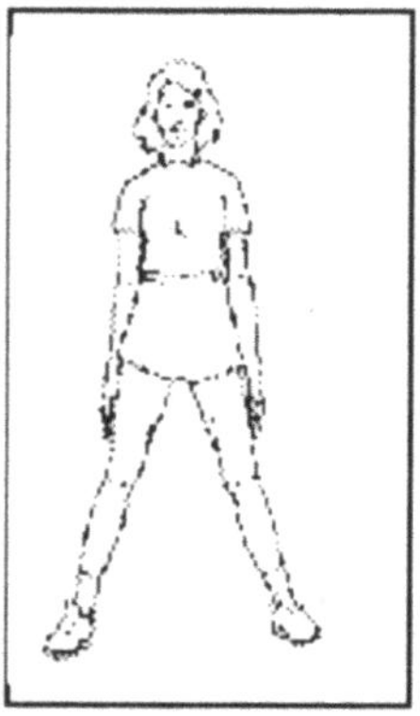

(8) কৰঙণ তথা নিতম্বৰ বাবে

(A) *মুদ্ৰা ঃ*

(1) 15 ৰ পৰা 20 ছে.মি. দুৰত ভৰি বহল কৰি ঠিয় হওক।

(B) *বিধি ঃ*

(1) ভৰিৰ এৰিৰে নিতম্বত চাৰিবাৰ কৰক।

(9) আঠুৰ বাবে

(A) *মুদ্ৰা ঃ*

(1) উপৰত কোৱা মুদ্ৰাত ঠিয় হওক।

(B) *গতিবিধি ঃ*

(1) বাওঁ ভৰি এৰিৰ পৰা নিতম্বৰত প্ৰহাৰ কৰক তথা আঠুত হেচোদি উঠা বহক কৰক। এইটো বাওঁ

ভৰিৰেও কৰক তথা এইটো প্ৰক্ৰিয়া পাচ বাৰ কৰক।

(2) দুটা আঙুলি আগফালে ৰখি ককালত হাত ৰাখক। দুটা ভৰি 30 চে.মি.ৰ দুৰত ৰাখক। শৰীৰৰ চীধা ৰাখি লাহে-লাহে আঠুক ঘূৰাৱাক আৰু উপৰফালে আহক। এইটো পাচ বাৰ কৰক।

(10) ভৰিৰ গাঠিৰ বাবে

(1) বাওঁ ভৰিক মাটিৰ পৰা অলপ উপৰত উঠাৱক। ভৰিৰ গাঠিক পাচবাৰ উপৰত তথা তলৰ ফালে ঘূৰাৱক। আকৌ সোঁ তথা বাওঁফালে ঘূৰাৱক। এনেকুৱা সোঁ ভৰিতো কৰক।

(11) হাতৰমুঠি তথা এৰিয়াৰ বাবে

প্ৰথমে নিজৰ হাতৰ মুঠিৰ বলত চলক নিজৰ এৰিয়াৰ বলত চলক।

●●●

যোগাসন

(ঠিয়া হোৱা মুদ্ৰাত)

পড়াসন

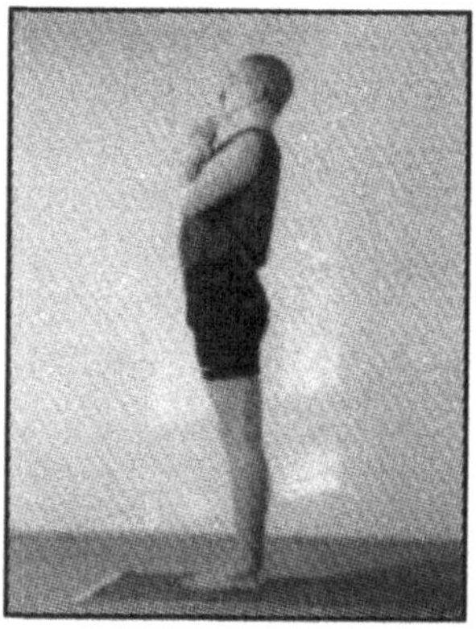

মুদ্ৰা ঃ দুটাৰ ভৰিৰ মুঠি তথা এড়িয়া 10 চে.মি.ৰ দুৰৰ সমনা অন্তৰত ৰাখক। বাহু দুটাৰ ফালে তল মুৰ কৰক।

বিধি ঃ উশাহ লওক 1 বাহু উপৰৰ ফালে উঠাৱক। লাহে-লাহে পেট তথা বুকু ফুলি উঠিব।- দুটা হাত একেলগ কৰক তথা শৰীৰৰ ভৰ ভৰিৰ গাঠিত আনক। এই মুদ্ৰাক কিছু দেৰ বা এনেকৈ ক বনায় থাকক। আঠুৰ চীধা ৰখাক তথা উশাহ এৰি এড়িয়া তথা বাহু তললৈ যাৱক।

সাৱধানতা ঃ যিটো স্লিপ ডিস্কৰ বেমাৰ হয়, সেইটো আসন নকৰিব।

পাদহস্তান

মুদ্ৰা ঃ দুটা ভৰি চীধা কৰি ঠিয় হওক।

বিধি ঃ বাহু উপৰত উঠাৱক তথা উশাহ ভিতৰৈল লওক। তলৰ ফালে ৰখাৰ সময়ত, লাহেকৈ উশাহ এৰক। হাতৰ পৰা ভৰিৰ গাঠী চুৱক তথা আঠুৰে মাথা স্পৰ্শ কৰক। আঠু তথা গাঠী চীধা

ৰখাৰপ্ৰয়াস কৰক। কেৱল সেই সিমালৈকে তেল কৰক, লৈকে আপুনি সহজতে তলত ৰাখক তথা মনত ৰাখক যে আপোনাক মাথাৰ আঠুৰে স্পৰ্শ কৰাৱক। উশাহ লৈ শৰীৰক উপৰত উঠাৱক তথা বাহু উপৰত ৰখাৰ সময়ত উশাহ এৰক আৰু আকৌ বাহু তললৈ লৈ যাৱক।

বহা মুদ্ৰাত

বজ্ৰাসন

মুদ্ৰা ঃ আঠু কঢ়ি বহক।

বিধি ঃ আঠুৰ বলত বহক। এৰিয়া খুলিব লাগে, মুঠি মিলক তথা তলুৱা বাহিৰৰ ফালে ৰাখক। দুটা আঠু একেলগ কৰক তথা ভৰিৰ তলুৱাত বহক। লাহেকৈ লয়বদ্ধ উশাহ লওক।

শশাংকাসন

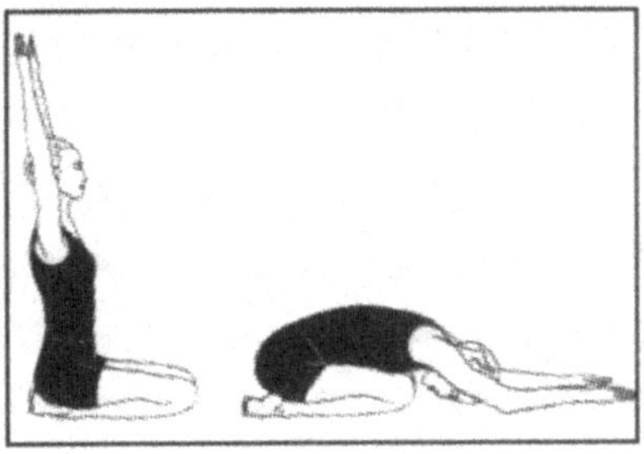

মুদ্ৰা ঃ বজ্ৰাসনৰ মুদ্ৰাত বহক। দুটা বাহু চীধা কৰি আঠু হাতত ৰাখক।

বিধি ঃ উশাহ লওক তথা দুটা বাহু উপৰত উঠাই মিলাৱক। ধ্যান ৰাখকয়ে বাহু কানক স্পৰ্শ কৰে। উশাহ এৰিতো তেলত ৰাখক তথা হাতৰ পৰা মাটি চুৱক। পাচবাৰ উশাহ লৈ তথা এৰোতে এইটো মুদ্ৰা বনায় ৰাখক। আকৌ উশাহ লৈ বাহু উপৰৰ ফালে উঠাৱক। উশাহ এৰক তথা বাহু তললৈ লৈ আনক। এইটো প্ৰক্ৰিয়া দুইবাৰ কৰক।

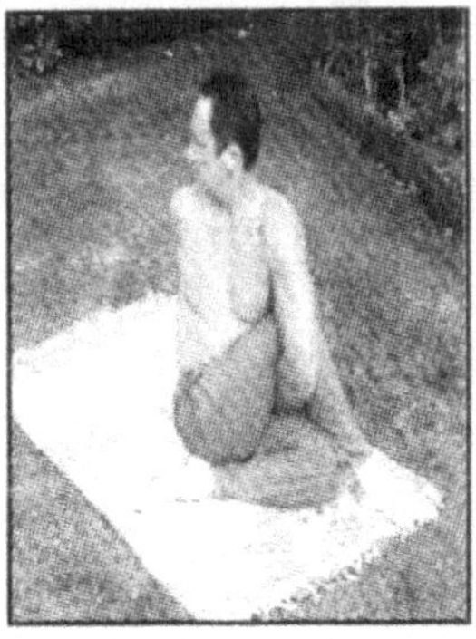

আৰ্দ্ধমস্তয়েদ্ৰাসন

মুদ্ৰা ঃ মাটিত আগফালে ভৰি মেলি বহক।

বিধি ঃ সোঁ ভৰিক অলপ উঠাৱক। বাওঁ ভৰি এই ধৰণে ঘূৰাৱক যে এড়ী সোঁ নিতম্বৰ স্পৰ্শ কৰে।

সোঁ ভৰিক, বাওঁ আঠৰ বাহিৰৰ ফালে লৈ যাৱক। ভৰিমাটিত লাগি থাকিব দিয়ক। বাওঁ বাহুক সোঁ। আঠুৰে লৈও আনি, বাওঁ হাতেৰে সোঁ ভৰিৰ গাঠিক ধৰক। উশাহ বনায় ৰাখক। উশাহ লৈ সোঁ ভূজা সোঁফালে লৈ আহক। উশাহ এৰক, বাওঁ ভৰি তথা হাতকো মুক্ত কৰক। এইটো প্ৰক্ৰিয়া বেলেগ ফালেও কৰক।

(বুকুৰ বলত শুৱাৰ মুদ্ৰাত)

সংশোকি ভূজগাসন

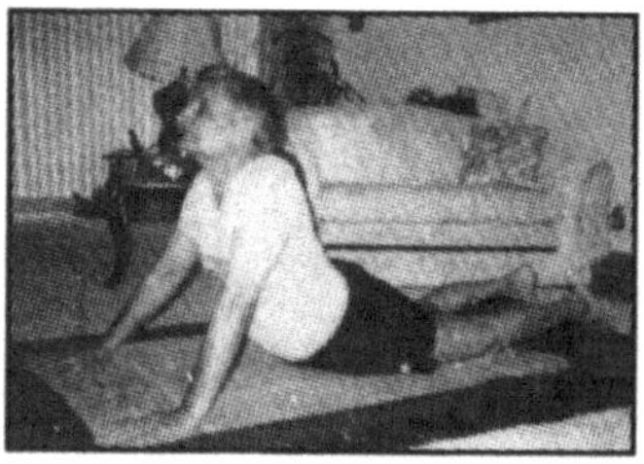

প্ৰথম মুদ্ৰা ঃ–মাটিত মুখৰ বলত শুই বাওক। দুটা ভৰি গাঠী তথা এৰিয়া একেলগ কৰক। হাত শৰীৰৰ পৰা 30 চে.মি০. দুৰত ৰাখক।

বিধি ঃ উশাহ লওঁতে 15 চে.মি. উপৰৰ ফালে উঠক। মুখৰ পৰা ফুৰাই উশাহ এৰক তথা নাভিক ভিতৰৰফালে টানক। গভীৰ উশাহ লৈ ধড়ক হাতেৰে তথা কৰঙণৰ সহায়কত উঠাৱক তথা আকাশৰ ফালে চাওক। মুখৰ পৰা ফুৰাই উশাহ এৰক তথা ধড়ক মাটিলৈ আনক।

দ্বিতীয় মুদ্ৰা ঃ হাতক শৰীৰৰ পৰা 15 চে.মি. দুৰত লৈ আহক।

বিধি ঃ শেষ বিধি প্ৰথম মুদ্ৰাৰ দৰে হয়।

তৃতীয় মুদ্ৰা ঃ হাতক শৰীৰৰ সমীপ লৈ আহক।

বিধি ঃ উশাহ লৈ শৰীৰক মাটিৰ পৰা 15 চে.মি. উপৰত উঠাৱক। মুখৰ পৰা ফুৰাই উশাহ ওৰক। উশাহ লৈ ধড়ক উপৰত উঠাৱক কিন্তু নাভি মাটি চুই থাকে। ফুৰাই থাকোতে উশাহ এৰক তথা ধড় তললৈ আনক। মুখৰ সোঁফালে মুৰৰ তলত হাত ৰাখক, হাতৰ মুঠি একেলগ হওক তথা এড়িয়া বেলেগ ৰাখক। পুৰা শৰীৰক বিশ্ৰাম মুঠি একেলগ হওক তথা এড়িয়া বেলেগে ৰাখক। পুৰা শৰীৰক বিশ্ৰাম দিয়ক।

শলভাসন

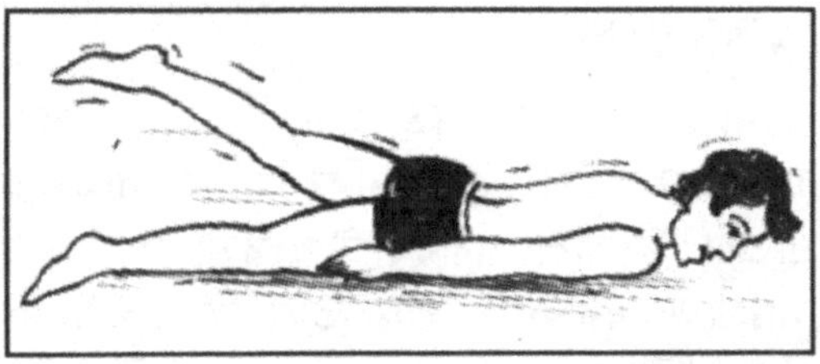

মুদ্ৰা **:** বুকুৰ বলত মাটিত শুৱক। বাহু দুটা চিধা হওক তথা মাটিত চুৱে।

বিধি :

1. উশাহ লওঁতে মুঠি তলত ৰাখক। উশাহ এৰক সোঁ ভৰি মাটিৰ পৰা ওপৰত উঠাৱক। এই মুদ্ৰাত এক মিনিট ৰখক। উশাহ লওক তথা এৰক। উশালৈ ভৰিক লাহেকৈ থওক থকা উশাহ এৰক।

2. এইটো প্ৰক্ৰিয়া বাওঁ ভৰিতো কৰক।

3. আকৌ দুটা ভৰিৰে কৰক।

(পিঠিৰ বলত শুৱাৰ মুদ্ৰাত)

উত্তানপাদাসন

মুদ্ৰা : মাটিত পিঠিৰ বলত শুৱক। আঙুলি গৰ্দনৰ তলত জুৰা হওক তথা পিঠি মাটিত স্পৰ্শ কৰে। ভৰি 15 চে.মি. দুৰত ৰাখক।

বিধি : নিয়মিত ৰূপেৰে উশাহ লওঁতে দুটা ভৰি মাটিৰ পৰা প্ৰায় 15U চে.মি. উপৰত উঠৱাক। পাচ মিনটিলৈকে উশাহ ভিতৰত লওক তথা তৰক। (উশাহ লৈ ভৰি তললৈ আনক আৰু আকৌ উশাহ এৰক)

দ্বিতীয় মুদ্ৰা : দুটা ভাৰত 25 চে.মি. ৰ দুৰত ৰাখক।

বিধি : এড়িয়া বাহিৰ, মুঠি ভিতৰৰ ফালে ৰাখক আৰু ভৰি মাটিৰ পৰ 15 চে.মি. উপৰত উঠাৱক। মিনিটলৈকে উশাহ ভিতৰত লওক আৰু এৰক। উশাহ ভিতৰত লৈ ভৰি তলত ৰাখক আৰু উশাহ এৰক। আকৌ বিশ্ৰাম কৰক।

তৃতীয় মুদ্ৰা : দুটা ভৰিত 45 চে.মি.ৰ দুৰত ৰাখক।

বিধি : উপৰত কোৱা বিধিক আকৌ কৰক।

মেৰুদণ্ডাসন ঃ

মাটিত পিঠিৰ বলত শুৱক। বাহু শৰীৰৰ দুটা আৰু চিধা ৰাখক। বাওঁ এড়ি উঠাই সোঁ ভৰিৰ মুঠিত ৰাখক। দুটা ভৰি চিধা ৰাখক। এতিয়া উশাইল শৰীৰৰ উপৰৰভাগক বাওঁফালে তথা তলৰ ভাগক সোঁফালে ঘূৰাৱক। বাহু তথা কন্ধ প্ৰথমৰ স্হিতিত ৰাখক। বাওঁ মুঠি মাটিৰ স্পৰ্শ কৰাৱক। এতিয়া উশাহ এৰি প্ৰথমৰ মুদ্ৰাত ঘূৰি আহক। বেলেগ ফালেও এইটো প্ৰক্ৰিয়া আকৌ কৰক।

ভৰিৰ স্হিতি পৰিৱৰ্তন কৰিও প্ৰক্ৰিয়া আকৌ কৰক।

কিছুমান অন্য যোগাসন আছে যিটো মধুমেহ লাভদায়ক হয় -

(1) সৰ্বাঙ্গাসন

(2) মৎস্যাসন

(3) অৰ্দ্ধমৎস্যাসন

(4) ধনুৰাসন

(5) পশ্চিমোত্তাসন

(6) পবনমুক্তাসন

সৰ্বাঙ্গাসন ঃ

মাটিত পিঠিৰ বল শুৱক। দুটা ভৰি তথা শৰীৰৰ চিধা ৰাখক। নাভি ভিতৰৰ ফালে টানক। হাত মাটিত ৰাখ। উশাহ উলিয়াই নিজৰ ভৰি উপৰত উঠাৱক। আঠু মাটিত পৰিব নিদিব। আকৌ পিঠিৰ যিটো ভাগ মাটিত থাকে সেইটো দুটখা হাতৰ সহায়েৰে দি উপৰত উঠাৱক। শৰীৰক চিধা ৰখাৰ প্ৰযত্ন কৰক। এই মুদ্ৰাত লাহে লাহে উশাহ লওক।

এই ধৰনে লাহে-লহে মুদ্ৰাত শুই যাৱক। শৰীৰক কোনো ধৰণৰ লোকচান নকৰে।

মৎস্যাসন

পদমাসনৰ মুদ্ৰাত বহক তথা পিঠিৰ বলত শুৱক। মাথাৰ সহায়ত

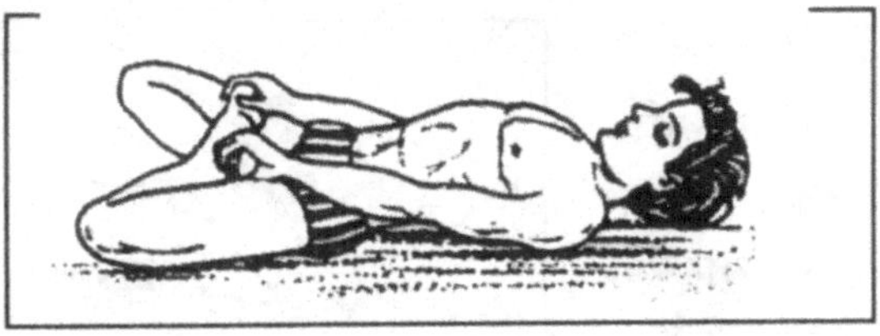

ধড়কমাটিৰ পৰা উপৰত উঠাৱক। দুটা মুঠি হাতেৰে ধৰক। তৃতীয় ধড়ক মুৰ তথা নিতম্বৰে বিশ্ৰাম দিয়ক।

অৰ্দ্ধমৎস্যাসন

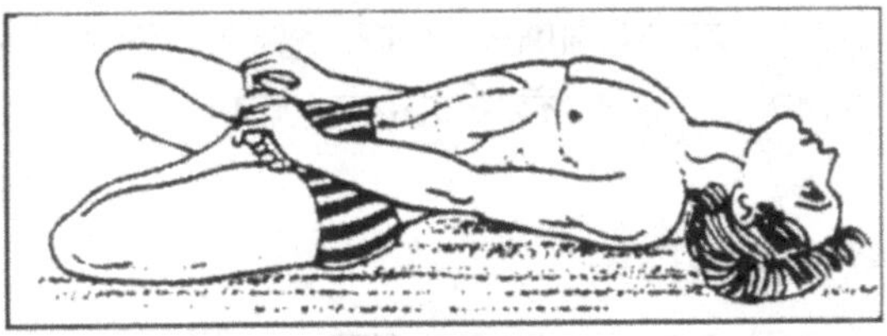

যিটো মৎসয়াসন নকৰে ভৰিৰে অৰ্দ্ধমৎস্যাসন কৰিব পাৰে। পদমাসনৰ মুদ্ৰাত বহাৰ বাদে ভৰি বহল কৰক। কোহনিয়াৰ সহায়ত শৰীৰ উপৰ উঠাৱক তথা গৰ্দন পিছফালে ঘূৰাৱক। মূৰৰ মাটিৰ পৰা স্পৰ্শ কৰক তথা হাত কৰঙণত ৰাখক। কোহনিয়াৰ সহায়েৰে মূৰ চিধি কৰি বিশ্ৰাম কৰক।

ধনুৰাসন

মুখ তল কৰি শুৱক। হাত-ভৰিদৰে বহল কৰি চিধা ৰাখক। মুঠি তথা এড়িয়া একেলগ কৰক।

বিধি ঃ উশাহ লওক তথা এৰক, গাওঁ ভৰি ঘূৰাৱক আৰু বাওঁ হাতেৰে ধৰক। এই ধৰণে সোঁ ভৰি ঘূৰাই সোঁ হাতেৰে ধৰক। হাতেৰে ভৰিক উপৰৰ ফালে টানক। এই মুদ্ৰাত পাচ বাৰ উশাহ লওক তথা এৰক।

পশ্চিমোত্তাসন

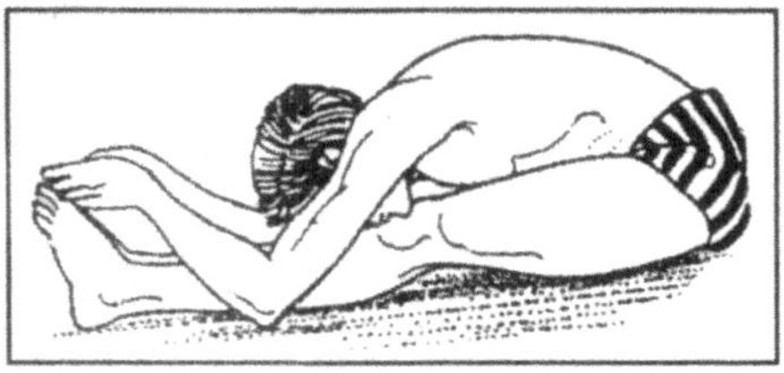

মুদ্রা ঃ মাটিত বহি ভৰি চিধা কৰক। ভৰিৰ মুঠিক যিমান পাৰে। শৰীৰৰ পৰা দুৰত ৰাখক।

বিধি ঃ তেতিয়া উশাহ লৈ আকাশৰ ফালে উঠক। হাত একেলগ কৰক তথা বাহুক কাণেৰে চুৱক। উশাহ এৰোতে হাত তললৈ আনক আৰু তৰ্জনীৰ পৰা মুঠিক চুৱক। যদি এনেকুৱা কৰে তেতিয়া হাতেৰে এড়িয়াক টানক তথা কোহনিয়া মাটিত থৈ দিয়ক। আকৌ আঠুৰে মাথাক চুৱাৰ প্ৰয়াস কৰক কিন্তু আঠু মাটিৰ পৰা নুঠাৱক। এইটো দুই তিনিবাৰ কৰক।

পবনমুক্তাসন

মুদ্রা ঃ মাটিত পিঠিৰ বলত শুৱক।

বিধি ঃ দুটা ভৰি বহল কৰক। বাওঁ ভৰি মাটিত ৰাখক, সোঁ ভৰি আঠুৰ পৰা ঘূৰাৱক তথা আঠু বুকুৰ ওচৰত আনক। এতিয়া উশাহ লৈ ঘূৰোৱা ভৰিক বুকুত হেচা দিয়ক। ভৰিত হেচা দি গভীৰ উশাহ লওক। উশাহ এৰি মুৰ উপৰত উঠাৱক। উশাহ লৈ মাথাক সামান্য মুদ্ৰাত লৈ আনক। ভৰি তললৈ আনি উশাহ এৰক। এইটো প্ৰক্ৰিয়া বাওঁ ভৰি আৰু আকৌ দুটা ভৰিৰে আকৌ কৰক।

●●●

প্ৰাণাম, প্ৰেহা ধ্যান বিধি আৰু কাৰ্য্যৎসৰ্গ

প্ৰাণায়াম (নাভী শোধন প্ৰাণায়াম)

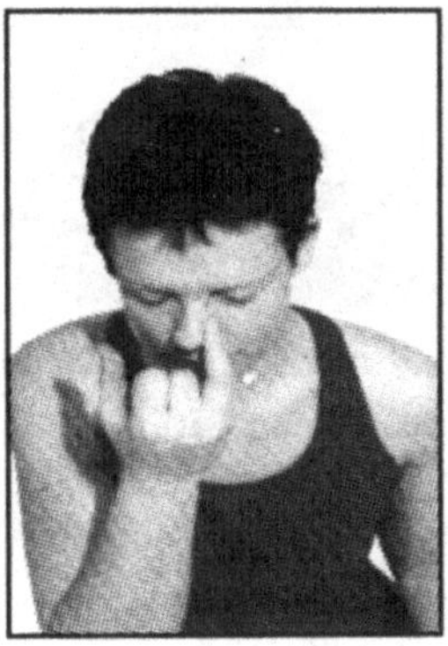

আৰামদায়ক মুদ্ৰাত বহি সামান্য গতিকে উশাহ লওক। সোঁ নথুনোক আঙুলিৰে বন্ধ কৰক, বাওঁ নথুনে ৰ পৰা লাহে লাহে উশাহ লওক। উশাহ লোৱাৰ পাছত বাওঁ নথুনাও বন্ধ কৰক তথা দুই তিনি ক্ষণৰ বাবে উশাহ ৰখাৰক। এতিয়া সোঁ নথুনেৰে আঙুলি গুচাই দিয়ক, বাওঁ নথুনা বন্ধ ৰাখি লাহেকৈ উশাহ এৰক। বাওঁ নথুনোৰ পৰা উশাহ লৈ তথা সোঁ নথুনোৰ পৰা উশাহ এৰি এইটো প্ৰক্ৰিয়া আকৌ কৰক। এইটো নাভী শোধন প্ৰাণায়মৰ এটা চক্ৰ হয় ।ইয়াৰ দহটা চক্ৰৰ অভ্যাস কৰক।

প্ৰেক্ষা ধ্যান বিধি ঃ

জৈন সন্ত আচাৰ্য্য শ্ৰী মহাপ্ৰজ্ঞই ধ্যানৰ বাবে প্ৰৈক্ষাধ্যান'ৰ লোকপ্ৰিয় বিধা বিকসিত কৰিছে। এই ধ্যান-পদ্ধতিৰ সময়ত সাধকক আৰামদায়ক মুদ্ৰাত বহি নেত্ৰ বন্ধ কৰিব লাগে তথা শৰীৰৰ অংগক এক এক কৰি

আৰাম দিব লাগে। ইয়াৰ পাছত নিজৰ ধ্যানেৰে পেংক্রিয়াজ (অগ্ননাশয়)ত কেন্দ্রিত কৰি দিব লাগে। অগ্নাশয়ক নির্দেশ দিব লাগে। যে সেইটো অধিধকতকৈ অধিক মাত্রাত ইনচুলিনৰ নির্মাণ কৰে। ইনচুলিন বনোৱা ভিটা কোষণ বৃদ্ধিৰ পৰামর্শও দিব লাগে। মধুমেহত এইটো বিধি আশ্চার্য্যজনক ৰূপেৰে লাভদায়ক হয় কাৰণ ইয়াত আমাৰৰ চাইকো ইময়ুন চিষ্টেমৰ ব্যৱহাৰ কৰা যায়। প্রতিদিনে 10 ৰ পৰা 15 মিনিটলৈকে প্রেক্ষা ধ্যান উপযোগী সিদ্ধ হব পাৰে।

কায়োৎসর্গ

কায়োৎসর্গ, প্রেক্ষা ধ্যানৰ এটা মহত্বপূর্ণ অভ্যাস হয়। ইয়াৰ অর্থ হল শৰীৰৰ ত্যাগ কৰা। কার্য্য অর্থাৎ শৰীৰ তথা উৎসর্গ অর্থাৎ

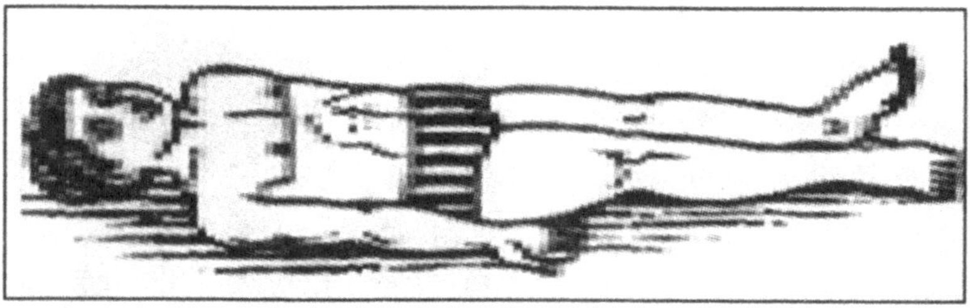

ত্যোগ দিয়া', এই অভ্যাসত সাধক শৰীৰৰ সকলো গতিবিধিক শান্ত কৰে। ঘৰ পৰা মাংসপেশিক আৰাম পায় তথা চয়াপচয়ো প্রভাৱিত। হয়। এই অভ্যাসৰ দ্বাৰা মানসিক দূর্বলতাৰ পৰা মুক্তি পাব পাৰে। এইটো অনেক চাইকোমেটিক ৰোগত লাভ কৰে তথা টোপনিৰ পৰা অধিক সুখকাৰী হয়। যত সকলো মাংসপেশি এক-এক কৰি বিশ্রামাবস্থাত আহিব পাৰে।

বিধি ঃ ঠিয় হয়, বহি অথবা শুই যিকোনো মুদ্রাত এইটো অভ্যাস কৰিব পৰা যায়। ধ্যান দিবৰ বাবে বহাৰ আৱশ্যকতা পৰে কিন্তু মানসিক দূর্বলতাৰ পৰা মুক্তি পাবৰ বিচাৰে তেতিয়া শুৱাৰ মুদ্রা অধিক আৰামদায়ক হব।

প্রতিজ্ঞা ঃ সকলোতকৈ প্রথমে ঠিয় হৈ এইটো প্রতিজ্ঞা মনত পেলায় শৌৰীৰিক মানসিক তথা ভাবনাত্মক দূর্বলতাৰ পৰা মুক্তি

পৰা মুক্তি পাবৰ বাবে কৌয়্যেৎসৰ্গ'ৰ ধ্যান কৰিম। মই প্ৰতিজ্ঞা লওঁ যে অভ্যাসৰ সময় পুৰা সজাগতা বনায় ৰাখিম।' হাত একেলগ কৰি মুঠিৰ বলত উপৰৰ ফালে উঠক যাতে সকলো মাংসপেশিত অকড়ন হব পাৰে।

প্ৰথম চৰণ ঃ ৰীঢ়ৰ হাড় অথবা গৰ্দন চিধা ৰাখক, বহক অথবা শুই যাওক তথা লাহেকৈ চকু বন্ধ কৰক। শৰীৰৰ সকলো মাংসপেশিক বিশ্ৰামাবস্হাত আনক।

দ্বিতীয় চৰণ ঃ শৰীৰৰ সকলো অংগত এক-এক কৰি ধ্যান দিয়ক। নিজকে কওক যে শৰীৰৰ প্ৰত্যেক অংগ বিশ্ৰামবস্হাত আহিছে।

তৃতীয় চহণ ঃ শৰীৰ তথা মগজুক ঠাণ্ডা অনুভব কৰাৰ এইটো প্ৰক্ৰিয়া সোঁ ভৰিৰ মুঠিৰ পৰা আৰম্ভ কৰক। অনুভৱ কৰক যে আপোনাৰ মাংসপেশি শিথিল হৈছে। এটা-এটা কৰি মুঠি, তলুৱা, এড়ি আদি অংগত শিথিলতা অনুভৱ কৰক। এইটো প্ৰক্ৰিয়া বাওঁ ভৰিতো কৰক।

চতুৰ্থ চৰণ ঃ পেটৰ তলৰ ভাগ, উপৰৰ ভাগ, বুকু আৰু গৰ্দনৰ মাংসপেশিকো শিথিল হব দিয়ক। এই ধৰণে সোঁ আৰু বাওঁ হাতক কান্ধলৈকে বিশ্ৰাম দিয়ক।

পঞ্চম চৰণ ঃ গলা, ওঁঠ, জীভা, মুখ, গাল, নাক, চকু, কান মুৰক বিশ্ৰামৱস্হাত আনক।

ষষ্ঠ চৰণ ঃ অনুভৱ কৰক যে আপোনাৰ পুৰা শৰীৰ বিশ্ৰামাবস্হাত আহিছে। এই স্হিতিক কিছু সময়লৈকে বনাই ৰাখক।

সপ্তম চৰণ ঃ শৰীৰত শাৰীৰিক, মানসিক তথা ভাবনাত্মক সহজতাৰ কল্পনা কৰক। যদি শৰীৰৰ কোনো অংগত দূৰ্বলতা উৎপন্ন হয় তেতিয়া সেইটো সহজ হব দিয় তথা এইটো মুদ্ৰা কিছু মিনিটলৈকে বনাই ৰাখক।

অষ্টম চৰণ ঃ কাযোৎসৰ্গৰ সমাপ্তিৰ আগতে শৰীৰত ঊৰ্জাৰ সংচাৰ কৰা যায়। শৰীৰৰ উপৰৰ ভাগৰ পৰা আৰম্ভ কৰি মূৰ, চেহেৰা, গৰ্দন, পিবীৰ মধ্য ভাগ, সোঁ হাত, বাওঁ ভৰি, বাওঁ হাত তথা বাওঁ ভৰিলৈকে তলত আহক। গভীৰ উশাহ লৈ গৰ্দনৰ তলত কোহনী লগাই বাওঁ কৰবট লওক তথা আৰোমেৰে উঠক। দুই-তিনিবাৰ গভীৰ উশাহ লওক। ●●●

অধ্যায় চাৰ

নিদান, সংকেত তথা লক্ষণ

প্ৰশ্ন (1) ঃ মধুমেহ কোনটোক কয় ?

উত্তৰ ঃ মধুমেহ এটা এনেকুৱা অৱস্হা হয় যত ৰক্তত শৰ্কৰাৰ স্তৰ সামান্যতকৈ অধিক হয়। অগ্নাশয়ত ইনচুলিন নামৰ হৰমন বনিব নোৱাৰে বাকম বনাৰ কাৰণে এনেকুৱা স্হিতি আহে। ৰক্ত শৰ্কৰাৰ সামান্য স্তৰ হয় –

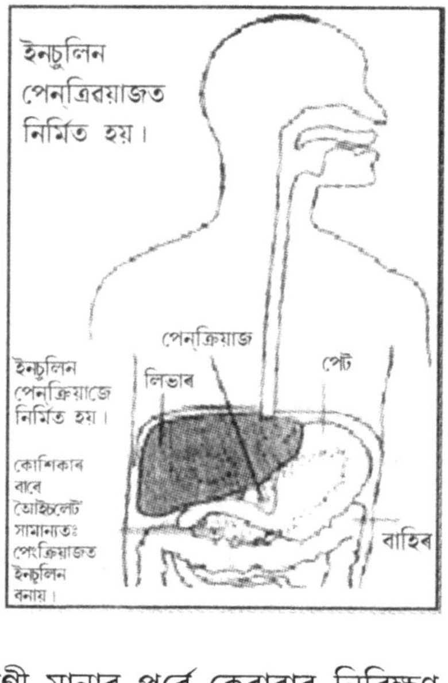

ফাস্টিং (খালী পেট) 70-100 মি.গ্ৰা./ডে.লি.

পোস্ট প্ৰেডিয়েল (P.P) (ভোজনৰ দুই ঘন্টাৰ দুই ঘন্টাৰ পাছত) 100-140 মি.গ্ৰা./ডে.লি. ৰেনদন ব্লাদ চুগাৰ < 140 মি.গ্ৰা./ডে.লি.

যিকোনো ব্যক্তিক মধুমেহৰ ৰোগী মানাৰ পূৰ্বে কেবাবাৰ নিৰিক্ষণ কৰিব লাগে। কমেও তিনিবাৰ নিৰিক্ষণ কৰা যায় তথা ফলাফলো যোগাত্মক হব।

আজিকালি মধুমেহ ৰোগ এক আধাৰ বেমাৰ বনে। কেৱল ভাৰতত প্ৰায় 20 কেটি মানুহ মধুমেহ গ্ৰস্হ তথা এইটো বাঢ়ি যায় ?

প্ৰশ্ন (2) ঃ কি লক্ষণৰ পৰা মধুমেহৰ চিনিব পৰা যায় ?

উত্তৰ ঃ মধুমেহ এটা এনেকুৱা ৰোগ হয় যত বৰ্ষলৈকে তৎকাল লক্ষণ ওচৰলৈ নাহে তথা ৰোগ গম পোৱা নাযায়। এইটো ৰোগ জটিলতাৰ পৰা ভৰপুৰ হোৱাৰ কাৰণে শৰীৰৰ প্ৰত্যেক অংগক যিকোনো ৰূপত লুকাচন কৰায়।

বাৰে বাৰে মুত্ৰ ত্যাগৰ ইচছা হলে, পিয়াস লাগিলে, বাৰে-বাৰে ভোখ লগা আৰু ওজনত কমি আহে এই ৰোগৰ প্ৰমুখ লক্ষণ মানিব পৰা যায়। মধুমেহ ৰোগী প্ৰায়ঃ তেওঁক বাৰে-বাৰে সংক্ৰমণৰ চিকাৰো হয়। বাৰে-বাৰে মুত্ৰ ত্যাগৰ কাৰণে শৰীৰত পানীৰ কমি হৈ যায় যাৰ পৰা পিয়াস লাগে। অধিক মুত্ৰ ত্যাগৰ কাৰণে ওজনো কম হয় কাৰণ মুত্ৰৰ লগতে গ্লুকোজ ব্যৰ্থ যায়। ৰোগি ভাগৰ লাগে, মাংসপেশি কোচ খোৱাৰ অনুভৱ হয়। নপুসতা ৰোগো হব পাৰে।

যদি ৰোগ অনিয়ন্ত্ৰিত হৈ যায় তেতিয়া ৰোগিৰ নিউৰোপেথী, নেফৰোপেথী তথা ৰেটিনোপেথী আদি জটিলতাও হব পাৰে।

প্ৰশ্ন (3) ঃ এন.আই.ডী.ডী.এম. ইনচুলিন আশ্ৰিত মধুমেহ কোনটোক কয় ?

উত্তৰ ঃ এইটো টাইপ-।। মধুমেহৰ নামেৰেও জনা যায়। এইটো মধুমেহ সামান্যতঃ পোৱা যায়। এই ধৰণৰ ৰোগি 40 বছৰতকৈ অধিক হয় বা শকতৰ পৰা গ্ৰস্হ হয়। এই ৰোগত ইনচুলিন কম মাত্ৰাত বনে তথা নিজৰ প্ৰভাৱো হেৰুৱাই যাৰ পৰা ৰক্তত গ্লুকোজৰ স্তৰ নিয়ন্ত্ৰিত হব নোৱাৰে। এইটো ঔষধৰ সেৱনেৰে স্হিৰ কৰিব পাৰি। টাইপ-।। মধুমেহৰ জীৱনশৈলীত শুধৰনি আহে, যোগ দুৰ্লভ প্ৰবন্ধন, ওজনত কমি, আহাৰ, নিয়মিততা তথা ধ্যান আদি বিশেষ ৰূপেৰে সহায়ক হয়।

প্ৰশ্ন (4) ঃ এন.আই.দি.দি.এম ইনচুলিন আশ্ৰিত মধুমেহ কোনটোক কয়।

উত্তৰ ঃ এইটো টাইপ-। মধুমেহো কোৱা যায়। এইটো ৰোগ প্ৰায়ঃ 18 বছৰৰ পৰা

কম আয়ুহত পোৱা যায়। এনেকুৱা ৰোগিৰ অগ্নাশয় (পেংক্রিয়াজ) ইনচুলিন বনিব নোৱাৰে ফলাফল সেইটো নিয়মিত্ত ৰূপেৰে ইনচুলিনৰ ইনজেকচন লব লগীয়া যাতে ৰক্তত গ্লুকোজৰ স্তৰ নিয়ন্ত্রণত থাকে। এনেকুৱা ৰোগিক দৰৱেৰে আৰাম নাহে।

প্রশ্ন (5) ঃ কয় যে মধুমেহ ৰোগিক বুকুত বিষ আৰুএঞ্জাইনাৰ গম পোৱা নাযায়। এনেকুৱা কিয় হয়?

উত্তৰ ঃ যদি মধুমেহ ৰোগ দীৰ্ঘকালীন হয় তথা নিয়ন্ত্রণত নাথাকে তেতিয়া ৰোগী ডায়বিটিক নিউৰোপেথিৰ চিকাৰ হব পাৰে। এই ৰোগত নাভি কমজোৰহৈ যায় তথা মস্তিস্কলৈকে খবৰ দিব নোৱাৰে আৰু ৰোগিকী বিষ হোৱাৰ অনুভৱ নহয়। প্রায়ঃ হৃদয় ৰোগিক বুকুৰ বাওঁফালে এঞ্জাইনৰ বিষ হয়। এইটো বিষ কেৱল চলা সহায়ত অনুভৱ হয় কিন্তু মধুমেহ ৰোগী নিউৰোপেথিৰ কাৰণে এইটো বিষক অনুভৱ কৰিব নোৱাৰে। হয়, সেই চলা সহায়ত উশাহ লোৱাৰ কঠিনতা অনুভৱ কৰে। যদিও এইটো গুৰুত্বপূৰ্ণ নহয় যে সকলো মধুমেহ ৰোগিৰ বুকুত বিষ অনুভৱ নকৰে। এইটো মধুমেহ হৃদয়ৰোগিত চাইলেন্ট হৃদয় ৰোগৰ কাৰণ বনি যায়।

প্রশ্ন (6) ঃ এইটো গুৰুত্বপূৰ্ণনেকি যে মধুমেহ ৰোগীৰ মুত্ৰত শৰ্কৰা পোৱা যায়?

উত্তৰ ঃ এইটো গুৰুত্ব নহয় যে সদায় মধুমেহ ৰোগীৰ মুত্ৰত শৰ্কতা থাকে। ভোজনৰ পাছত আমাৰ ব্লাদ গ্লুকোজৰ সামান্য স্তৰ 120 মি.গ্রা. % থাকে। এইটো মুত্ৰত তেতিয়া প্রকট হয় যেতিয়া ৰক্তত ইয়াৰ স্তৰ 180 মি.গ্রা. % তকৈ অধিক হয়। এইটে ৰৈনল থ্রেচ হোল্ড'' (Rewal Thresh Hold) নাম জনা যায়। যদি ৰক্তও গ্লুকোজৰ স্তৰ 180 মি.গ্রা. % তকৈ অধিক হয় তেতিয়া মুত্ৰত শৰ্কৰা আহিব ধৰে। যদি ইয়াৰ স্তৰ 120 ৰ পৰা 180 মি.গ্রা. % ৰ মাজত হয় তেতিয়াও এইটো মুত্ৰৰ সাধাৰণ নিৰিক্ষণৰ নাহে।

প্রশ্ন (7) ঃ যদি ৰক্তত গ্লুকোজৰ স্তৰ বাঢ়ি যায় তেতিয়া আমি কি অনুভৱ কৰিব পাৰো?

উত্তৰ ঃ যদি ৰক্তত গ্লুকোজৰ স্তৰ বাঢ়ি যায় তেতিয়া আমি যিকোনো অনুভৱ নকৰো। বছৰলৈকে মধুমেহ ৰোগৰ গম পোৱা নাযায়। তৎক্ষণাত এইটোৰোগ ধৰা পৰে। এনেকুৱা ৰোগীৰ ঘা দেৰিকে থাকে, বাৰে বাৰে মুত্ৰ আহি থাকে সংক্ৰমিত হোৱাৰ বাদেও আৰু বেলেগ লক্ষণ ওচৰত নাহে। কিছুমান এনেকুৱা ৰোগো হয় যাৰ ৰক্তত গ্লুকোজৰ স্তৰ 400 মি.গ্ৰা % লৈকে পায় কিন্তু যদিও ৰোগৰ গম পোৱা নাখায়। যদি ৰক্তত গ্লুকোজৰ স্তৰ 70% মি.গ্ৰা % লৈকে পায় কিন্তু যদিও ৰোগৰ গম পোৱা নাযায়। যদি ৰক্তত গ্লুকোজৰ স্তৰ 70 মি.গ্ৰা. % তকৈ কম হয় তেতিয়া হাইপোগ্লাইচিমীয়াৰ লক্ষণ সোনকালে প্ৰকট হৈ যায়।

প্ৰশ্ন (8) ঃ হাইপোগ্লাইচিমীয়াক কি লক্ষণৰ পৰা গম পাব পাৰি ?

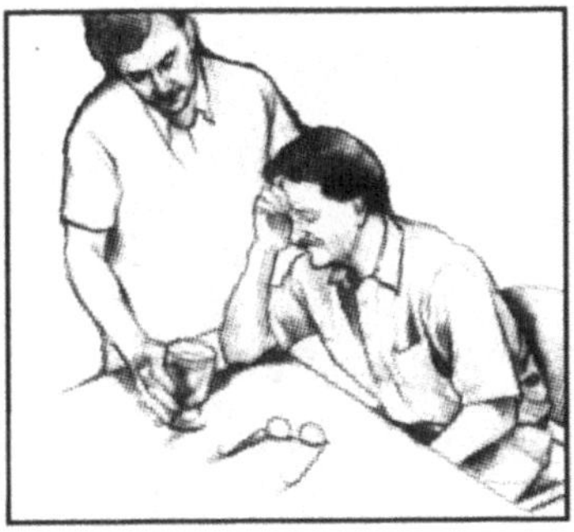

উত্তৰ ঃ হাইপোগ্লাইচিমীয়াৰ সময়ত ৰোগিৰ ব্লাদ চুগাৰ 75 মি.গ্ৰা% তকৈ কম হৈ যায়। এনেকুৱা ৰোগিক বাৰে-বাৰে পিয়াস লাগে। পেটৰ তলৰ ভাগত বিষ হয়, ঘাম আহিব ধৰে, দূৰ্বলতা আহে তথা বস্তু দুটা-দুটা দেখিব ধৰে। মাংসপেশিত জিনক্সি জনাব ধৰে। এনেকুৱা গম্ভীৰ ৰোগী অচেতন হৈ কোমাও যাব পাৰে।

হাইপোগ্লাইচিমীয়াৰ পৰা পিড়িত ৰোগীক শীঘ্ৰেই চেনী বা গ্লুকোজ খাই আগতকৈ ভাল হব পৰে। এনেকুৱা অৱস্হা প্ৰায়ঃ সেই ৰোগীৰ পোৱা যায় যে যি দৰব বা ইনচুলিনত আশ্ৰিত থাকে। যদি ভুলতে ইনচুলিনৰ অতিৰিক্ত পালিলৈলে তেতিয়াও এনেকুৱা স্হিতি উৎপন্ন হব পাৰে। যদি নিজৰ ইনুচলিনৰ পালি বিনা বঢ়াই অধিক ব্যায়াম কৰে বা শাৰীৰিক শ্ৰম কৰে তেতিয়াও হাইপোগ্লাইচিমীয়া হব পাৰে। যদি এই ৰোগিক ভোজন কৰাত দেৰি হয় তেতিয়াও এই ৰোগৰ লক্ষণ দেখিব পাৰে।

প্ৰশ্ন (9) ঃ এই ৰোগক ডৌয়বিটিজ মেলাইট্চ' কিয় কোৱা হয় ?

উত্তৰ ঃ ডায়াবিটিজৰ শাব্দিক অৰ্থ হল বৌহানা' তথা মেলইট্চৰ

অৰ্থ মৈঠা'। যদি মধুমেহত ৰক্ত গ্লুকোজৰ স্তৰ 180 মি.গ্ৰা. % তকৈ অধিক হয়। তেতিয়া গ্লুকোজৰ মাত্ৰা মুত্ৰতো আহিব ধৰে তথা বাৰে-বাৰে মুত্ৰ ত্যাগৰ ইচছা হয়। মধুমেহৰ ৰোগিৰ মুত্ৰৰ সোৱাদ মিঠা হয় সেইকাৰণে এইটো ডায়বিটিজ মেলাইটচো বুলি কয়।

প্ৰশ্ন (10) ঃ গ্লুকোমাৰ মধুমেহৰ লগত কোনো সম্বন্ধ আছেনেকি ?

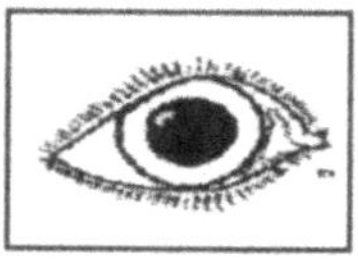

উত্তৰ ঃ যদি কোনো মধুমেহ ৰোগী নহয় তেতিয়া সেইটোও গ্লুকোমা হব পাৰে। কিন্তু মধুমেহৰ এই ৰোগৰ সম্ভাৱনা বাঢ়ে। এই স্হিতি সেই ৰোগীতে পোৱা যায় যাৰ ৰোগ বহুত বাঢ়ি যায়। যদি আপোনাৰ নেত্ৰত গ্লুকোমা হৈ যায় তেতিয়া নেত্ৰ ৰোগ বিশেষজ্ঞক দেখুওৱাত দেৰি কৰিব নালাগে কাৰণ ইয়াৰ নিদান সম্ভৱ হয় কিন্তু দেৰি হলে গম্ভীৰ হানি হব পাৰে।

●●●

মধুমেহৰ কাৰণ

প্ৰশ্ন (11) ঃ মধুমেহ ৰোগ কিয় হয়?

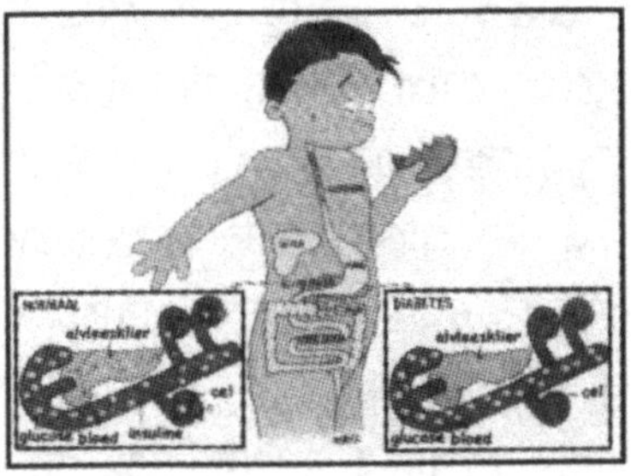

উত্তৰ ঃ অগ্নাশয়ত ইনচুলিনৰ নিৰ্মাণ হয়। মধুমেহত বা ইনচুলিন বনিব নোৱাৰে বা কম মীাত্ৰাত বনে যাৰ পৰা গ্লুকোজৰ ভালদৰে উপযোগ হব নোৱাৰে তথা ৰক্ত গ্লুকোজৰ স্তৰ বাঢ়ি যায় সাধাৰণতে মধুমেহৰ বাস্তৱিক কাৰণ এতিয়াও অজ্ঞান হৈ আছে। এইটো ৰোগ সেই ব্যক্তিত অধিক পোৱা যায় যিটো দূৰ্বলযুক্ত, আৰামদায়ক তথা শাৰীৰিক শ্ৰমৰ পৰা ৰহিত জীৱন জীৱাই থাকে। এইটোও হব পাৰে যে তেওঁলোকৰ মা-দেউতাৰেও কোনো মধুমেহৰে পিড়িত হব।

প্ৰশ্ন (12) ঃ কেচুৱাক মধুমেহ ৰোগ কিয় হয়?

উত্তৰ ঃ ইনচুলিন নবনাৰ কাৰণে কেচুৱাৰ গাত এইটো ৰোগ পোৱা যায়। ইয়াৰে অধিকতৰ কেচুৱাৰ পেংক্ৰিয়াজ (অগ্নাশয়) ভালদৰে নষ্ট হয়। কেবাবাৰ অগ্নাশয় ভালদৰে লবনে যাৰ পৰা মধুমেহ হয়।

এই ধৰণৰ ডায়বিটিজ 100M ইনচুলিন আশ্ৰিত মধুমেহ' বুলি

কোৱা হয়। সাধাৰণতে এই ৰোগীৰ শতাংশ বহুত কম হয় কিন্তু প্ৰায়ঃ টাইপ-I বা ইনচুলিন আশ্ৰিত মধুমেহৰ ৰোগো হয়। এনেকুৱা ৰোগিৰ চিকিৎসা ইনচুলিনৰ ইনজেকচন দ্বাৰাই হব পাৰে। এইটো প্ৰতিদিনে ৰক্তত শৰ্কৰাৰ স্তৰৰ নিয়ন্ত্ৰিত কৰে। যদি এনেকুৱা ৰোগী নিজৰ খোৱা-লোৱাত শুধৰনি আহে, ব্যায়াম তথা খোজকঢ়া কৰি ইনচুলিনৰ পালি কমাব পাৰে কিন্তু এই ৰোগৰ দৰব নাই।

প্ৰশ্ন (13)ঃ যদি মা-দেউতাক ডায়বিটিজ হয় তেতিয়া কেচুৱাকো এইটো ৰোগ হব পাৰেনেকি ?

উত্তৰ ঃ যদি মা দেউতাৰ মধুমেহ ৰোগ পোৱা যায় তেতিয়া কেচুৱাকো এইটো ৰোগ হোৱাৰ সম্ভাৱনা থাকে। যদি মা-দেউতাৰে কোনো এজনৰ এইটো ৰোগ হয় তেতিয়া ভৱিষ্যত কেচুৱাক মধুমেহ হোৱাৰ বিপদ 4 ৰ পৰা 5% লৈকে বাঢ়ি যায়। যদি মা-দেউতাক দুটাৰে হয় তেতিয়া এইটোৰ শতাংশ আৰু বাঢ়ি যাব।

যদি কেচুৱাক আহাৰত ধ্যান দিয়া যায়, নিয়মিত ব্যায়াম, যোগ ধ্যান তথা খোজকঢ়াৰ অভ্যাস কৰে আৰু দূৰ্বলতাৰ পৰা দুৰত ৰখা যায় তেতিয়া নিশ্চিত ৰূপত এই ৰোগৰ পৰা বাচিব পৰা যায়।

প্ৰশ্ন (14)ঃ কোন গম্ভীৰ ৰোগৰ পৰাও মধুমেহ হক পাৰেনেকি ?

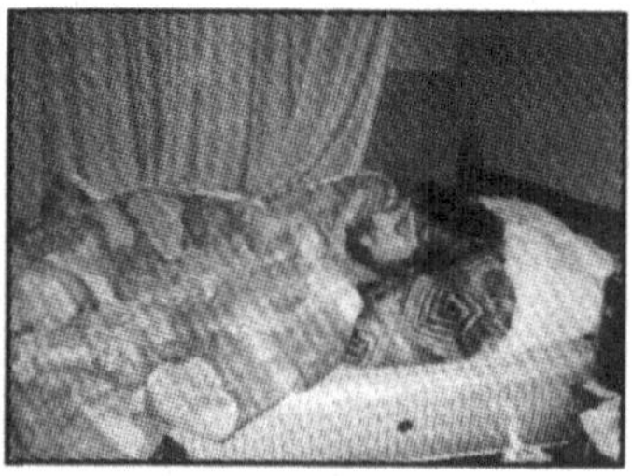

উত্তৰ ঃ এনেকুৱা নহয়। চেপ্টিচিমীয়া, মেনিনজাইটিচ, তথা টাইফয়দ আদিৰ দৰে ৰোগীৰ ৰোগ মাহলৈকে বিচনা পাৰি থাকে তথা শাৰীৰিক শ্ৰমো নকৰাৰ সমান হয়, তেতিয়াও মধুমেহৰ ভয় নাথাকে।

হয়, যদি ভবিষ্যত কোনো মধুমেহেৰে গ্ৰস্ত হোৱা সেইটো শীঘ্ৰে এইটো কাৰ্য্যত আহিব পাৰে।

প্ৰশ্ন (15) ঃ অন্য ৰোগতো মধুমেহৰ বিপদ বাঢ়েনেকি ?

উত্তৰ ঃ হয়, শকতৰ পৰাগ্ৰস্হ ব্যক্তিক মধুমেহ হব পৰে। হৃদয় ৰোগ, উচ ৰক্তচাপ, সহায়ক হয়। যদিও অন্য ৰোগৰ পৰা মধুমেহ হোৱাৰ কোনো বিপদ নহয়।

প্ৰশ্ন (16) ঃ শকতৰ পৰা মধুমেহ হব পাৰেনেকি ?

উত্তৰ ঃ হয়, শকতৰ পৰা মধুমেহ হব পাৰে। যদি আপেনাৰ ওজন, শৰীৰৰ আদৰ্শ ওজনৰ পৰা 10% অধিক হয় তেতিয়া মধুমেহ হোৱাৰ সম্ভাৱনা বাঢ়ি যায়। শকত ব্যক্তি ইনচুলিন ব্লাদ গ্লুকোজৰ স্তৰত ভালদৰে কম কৰিব নোৱাৰে। প্ৰায়ঃ দেখা গৈছে যে শকত ব্যক্তিৰ খোৱা-লোৱা অভ্যাসো বেয়া হয়। সেইটো চৰ্বিযুক্ত ভোজন লয় যত আহঁৰ মাত্ৰা নোহোৱাৰ সমান হয়।

প্ৰশ্ন (17) ঃ হাইপাৰটেনচনৰ পৰা মধুমেহ হব পাৰেনেকি ?

উত্তৰ ঃ হাইপাৰটেনচন তথা মধুমেহত কোনো চিধা সম্বন্ধ নাথাকে। ইয়াৰ আচল কাৰণ গম পোৱা নাযায়, ইমান কব পৰা যায় যে মধুমেহৰ কাৰণ, উচচ ৰক্তচাপত কিছুমান এনেকুৱা কেশিকাৰো নষ্ট হৈ যায় ছাগে যিটো ইনচুলিন বনায়।

●●●

মধুমেহ ৰোগীৰ নিৰিক্ষণ

প্ৰশ্ন (18) ঃ ফাষ্টিং ব্লাদ চুগাৰ কোনটোক কয় ?

উত্তৰ ঃ এই নিৰিক্ষণত ৰক্তত গ্লুকোজৰ স্তৰ তেতিয়া জুখা যায় যেতিয়া ৰোগীয়ে পিছৰ 10-12 ঘণ্টাৰপৰা একো খোৱা নাই। এই নিৰিক্ষণত গ্লুকোজৰ স্তৰ 100% মি.গ্ৰা./ডে.লি.তকৈ বেছি হব নালেগে। সামান্য স্তৰ 70-100 মি.গ্ৰা./ডে.লি. হয়। এইটো টেষ্ট প্ৰায় গোটেই ৰাতি খালীপেটত থকাৰ পাছত মানে ৰাতিপুৱা-ৰাতিপুৱা কৰা যায়।

প্ৰশ্ন (19) ঃ 'পোষ্ট প্ৰেণ্ডিয়াল ব্লাদ চুগাৰ' কোনটোক কয় ?

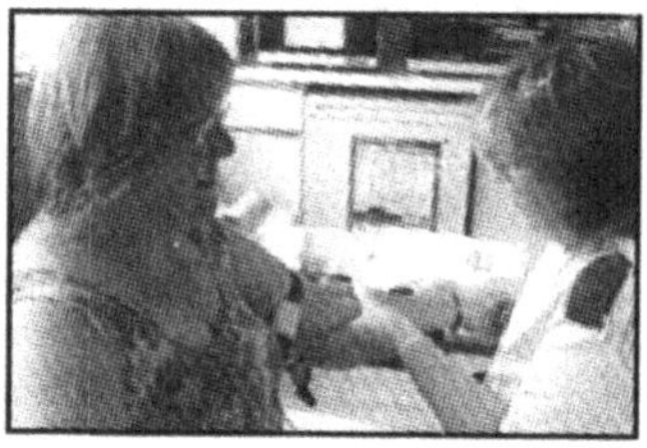

উত্তৰ ঃ এই টেষ্টত ভোজন কৰাৰ দুই ঘণ্টা পাছত নিৰিক্ষণ কৰা যায়। এই টেষ্টত ৰোগী ভোজন কৰাৰ দুই ঘণ্টা পাছত নিজৰ ৰক্তৰ নমুনাৰ নিৰিক্ষণ কৰায়। কেবা বাৰ ৰোগীক 75 গ্ৰাম গ্লুকোজ লোৱাৰ দুই ঘণ্টাৰ ভিতৰত ভোজন খুলাই ৰক্তত গ্লুকোজ বনাই পোৱাব পাৰে। ইয়াৰ সামন্য স্তৰ 100-140 মি.গ্ৰা./ডে.লি. হয়।

প্ৰশ্ন (20) ঃ ৰেনডম ব্লাদ চুগাৰ মানে কি ?

উত্তৰ ঃ এইটো নিৰিক্ষণ দিনত কেতিয়াবা কৰিব পৰা যায়। যদি বিচাৰে ৰোগিয়ে ভোজন কৰায় অথবা নহয়। ইয়াৰ স্তৰ 140 মি.গ্ৰা. % তকৈ অধিক হব নালাগে।

প্ৰশ্ন (21) ঃ সামান্য ৰূপেৰে ব্লাদ চুগাৰ কিমান হব লাগে ?

উত্তৰ ঃ আমাৰ ব্লাদ চুগাৰ (ৰক্তত গ্লুকোজৰ স্তৰ) সামান্যয়তঃ

70-100 মিঃগ্রাঃ % থাকে। প্ৰত্যেক ব্যক্তিক ৰক্তত গ্লুকোজৰ সঠিক স্তৰ বনায় ৰাখিব লাগে। এইটোক আমি ফাস্টিং ব্লাদ চুগাৰ স্তৰো কাৰণ ভোজন কৰাৰ 10-12 ঘণ্টাৰ পাছত ৰক্তত গ্লুকোজৰ স্তৰ আদৰ্শ নিৰিক্ষণ হয়। এই সময়ত আমাৰ শৰীৰত গ্লুকোজৰ স্তৰ সামান্য থাকে।

দিনৰ যিকোনো সময়ত যেতিয়া 10-12 ঘণ্টা প্ৰথমে কিছু খাইছে তেতিয়া ৰেন্দম ব্লাদ চুগাৰ নিৰিক্ষণ কৰা যায়। ভোজনৰ পাছত যোৱা নিৰিক্ষণ পোস্ট প্ৰেনদিয়ল ব্লাদ চুগাৰ কোৱা হয়। এইটো স্তৰ 140 মি. গ্ৰা % অধিধক হব লাগে।

ৰক্ত শৰ্কৰা (প্লাজমা)	*ভাল*	*ঠিক*	*বেয়া*
ভোজনৰ আগতে (ফাস্টিং)	<100	121-140	>140
ভোজনৰ পাছত (পি.পি.)	<140	161-180	>180

প্ৰশ্ন (22) ঃ গ্লুকোজ টোলাৰেঞ্চ টেষ্ট কোনটোক কয় ?

উত্তৰ ঃ এইটো মধুমেহৰ নিৰিক্ষণৰ বিশ্বসনীয় উপায় হয়। এইটো প্ৰায়ঃ ৰাতিপুৱাৰ সহায়ত কৰা যায়। এই নিৰিক্ষণ কৰিব পাৰে। আকৌ 75 গ্ৰাম গ্লুকোজৰ ঘূলা বনায় ৰোগীক খোওৱা যায়। তিনি ঘণ্টাৰ ভিতৰ প্ৰত্যেক আধা ঘণ্টাৰ পাছত ৰক্তৰ নমুনাৰ নিৰিক্ষণ কৰা যায়। এই নিৰিক্ষণৰ পৰা এফালৰ গ্ৰাফ উলাই আহে। এইটো নিৰিক্ষণ সেই ৰোগিৰ বাবে লাভদায়ক হব যিটো ৰোগৰ আৰম্ভণি হয়।

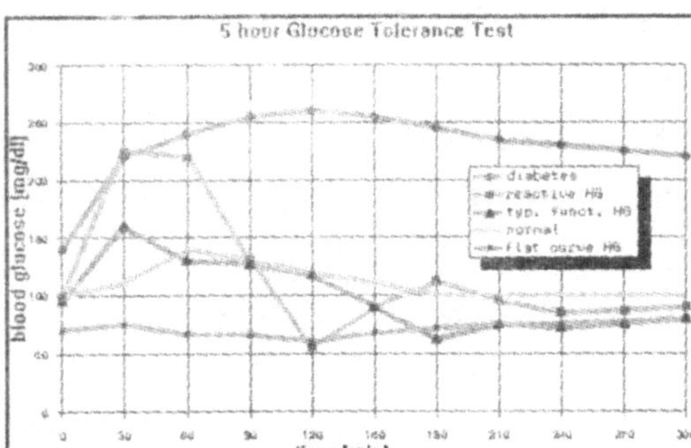

প্ৰথমে-প্ৰথমে এইটো টেস্ট প্ৰচলন আছিল কিন্তু ইয়াত কেবাবাৰ আঙুলীত চিৰিঞ্জ দি ৰক্ত লব লগীয়া হয় অতঃ এতিয়া ইয়াৰ তুলনাত বেলেগ বিশ্বসনীয় টেষ্ট কৰা যায়।

প্ৰশ্ন (23) ঃ চিৰম গ্লাইকোচিলেটিদ হিমোগ্লোবিন কোনটোক কয় ?

উত্তৰ ঃ হিমোগ্লোবিন প্ৰতিদিনে আমাৰ শৰীৰত বনে তথা বনাৰ

পাছত 90 দিনলৈকে থাকে। যদি কোনো দিনত ৰক্তত গ্লুকোজৰ স্তৰ বাঢ়ি যাব তেতিয়া সেই দিনত বনা হিমোলোবিনও গ্লুকোজৰ কণও আহি যায়। ফাস্টিং ব্লাদ চুগাৰৰ নিৰিক্ষণৰ ইয়াৰ গম পোৱা যায়। যদি ব্লাদ চুগাৰ নিয়ন্ত্রণৰ পৰা বাহিৰ হৈ যায় তেতিয়া গ্লাইকোচিলোটিদ হিমোগ্লোবিন হৈ যায়। সামান্য স্হিতিত ইয়াৰ স্তৰ 6% লৈকে হব লাগে। যদি মধুমেহত স্হিৰ হব নোৱাৰে তেতিয়া এইটো স্তৰ বাঢ়ি যায়। প্ৰতিদিনে গ্লাইকোচিলেটিদ হিমোগ্লোবিন স্তৰ 0.1% পৰা বাঢ়ে। পিছৰ তিনিটা মাহত ৰক্ত গ্লুকোজৰ স্তৰৰ নিৰিক্ষণৰৰ বাবে এইটো টেস্ট কৰা যায়।

সাধাৰণ	4-6%
ঠিক	6-7%
নিয়ন্ত্রণ ঠিক নহলে	7-8%
নিয়ন্ত্রণ বেয়া হলে	8-10%
নিয়ন্ত্রণ বহুত বেয়া হলে	<10%

প্ৰশ্ন (24) ঃ মুত্ৰৰ নিৰিক্ষণৰ পৰা মধুমেহ ৰোগীৰ কেনেকৈ গম পোৱা যায় ?

উত্তৰ ঃ গূৰ্দা আমাৰ শৰীৰৰ এটা মহত্বপূৰ্ণ অংগ হয়। সেইটো ৰক্তত উপস্হিত শৰ্কৰাৰ অধিক মাত্ৰাক মুত্ৰৰ দ্বাৰা বাহিৰত উলিয়াই দিয়ে। এইটো আমাৰ শৰীৰত চেফটী ভাল্বৰ কাম কৰে। যদি ৰক্তত শকৰাৰ স্তৰ 180 মি.গ্ৰা. % বা ইয়াৰ দ্বাৰা অধিক হৈ যায় তেতিয়া এইটো মুত্ৰত আহিব ধৰে কাৰণ ইয়াৰ পৰা অধিক গূৰ্দা সহ্য কৰিব নোৱাৰে।এই সময়ত মুত্ৰৰ নিৰিক্ষণৰ শৰ্কৰাৰ গম পোৱা যায়।

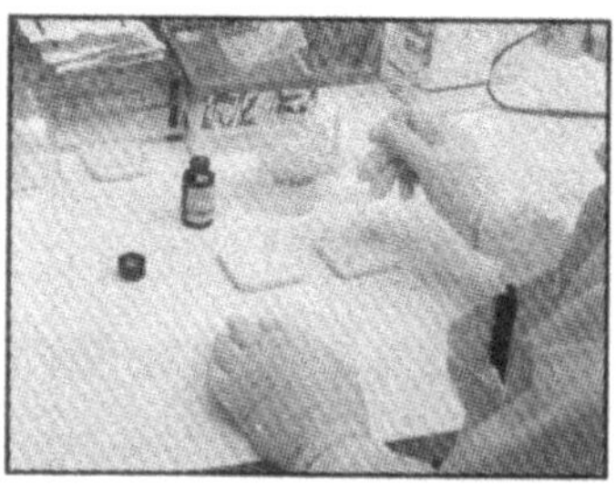

যদি ৰক্তত শৰ্কৰাৰ স্তৰ 180 মি. গ্ৰা.% তকৈ অধিক হব তেতিয়া মুত্ৰৰ নিৰিক্ষণত শৰ্কৰা আহিব বনে মধুমেহ ৰোগিৰ মুত্ৰৰ নিৰিক্ষণো

যোগাত্মক হব নালাগে। যদি কোনো মধুমেহ ৰোগী নিজৰ মুত্ৰৰ নিৰিক্ষণ কৰিব বিচাৰে সেইটোৰ বাবে বজাৰত পেপাৰ চুইট্চ উপলব্ধ হয় যোনে মুত্ৰত ডুবাই মধুমেহৰ নিৰিক্ষণ কৰিব পৰা যায়। যদি মুত্ৰত ডুবোৱাত ষ্টিকৰ ৰং সলনি হব তেতিয়া এইটো শৰ্কৰাৰ উপস্হিতি মানিব লাগে।

প্ৰশ্ন (25) ঃ ৰক্তত গ্লুকোজৰ স্তৰ নিৰিক্ষণৰ বাবে শৰীৰৰ কোনটো ভাগৰ পৰা ৰক্ত লব লাগে ?

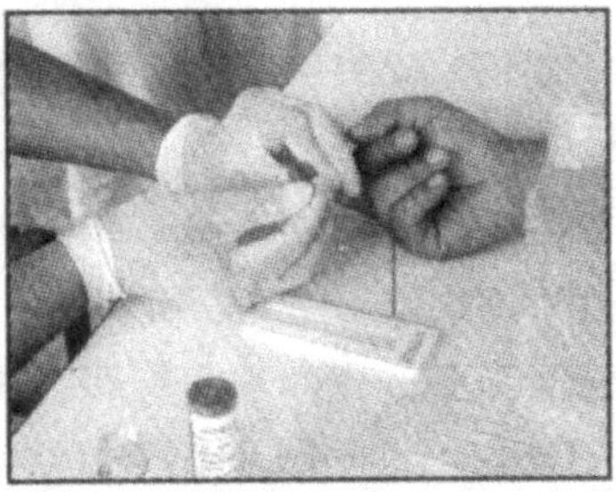

উত্তৰ ঃ ৰক্তত গ্লুকোজৰ স্তৰ দুটা উপায়েৰে জুখা যায়। আঙুলীত চিৰিঞ্জ দি ইয়াৰ গ্লুকোমিটাৰৰ দ্বাৰা তথা শিৰৰ পৰা তেজ উলিয়াই প্ৰয়োগশালাত নিৰিক্ষণ কৰিব পৰা যায়। গ্লুকোমিটাৰৰ দ্বাৰা ঘৰতো সহজে ব্লাদ গ্লুকোজৰ স্তৰ জুখিব পৰা যায়-। এই নিৰিক্ষণত তেজৰ এটা টুপাল বহুত হয়। প্ৰয়োগশালাত নিৰিক্ষণৰ বাবে শিৰাৰ পৰা তেজ লোৱা যায়। এই দুটা নিৰিক্ষণত 10% ৰ অন্তৰ হব পাৰে। আঙুলীৰ পৰা তেজৰ টুপালৰ নিৰিক্ষণত স্তৰ কম হব পাৰে।

প্ৰশ্ন (26) ঃ মধুমেহ ৰোগৰ পুষ্টি তৎক্ষণাত হব পাৰে নেকি ?

উত্তৰ ঃ হয়, মধুমেহ ৰোগিক আৰম্ভণিত কোনো লক্ষণ দেখা নিদিয়ে। নিয়মিত নিৰিক্ষণৰ সময়ত এইটো ৰোগ দেখা দিব।

প্ৰশ্ন (27) ঃ নিৰিক্ষণৰ বাবে আঙুলীৰ পৰা তেজ লওঁতে ঘাঁ দেৰিলৈকে থাকেনেকি ? আঙুলিত সংক্ৰমণ হব পাৰেনেকি ?

উত্তৰ ঃ আঙুলীৰ পৰা তেজ লবৰ বাবে আপোনাক স্পিৰিটেৰে চাফা কৰিব লাগে তথা স্টৰলাইজদ চিৰিঞ্জৰ উলোৱাৰ পাছত সেই স্হানক জোৰেৰে ঢাকি থৈয়ো সংক্ৰমণৰ পৰা বাচিব পাৰে।

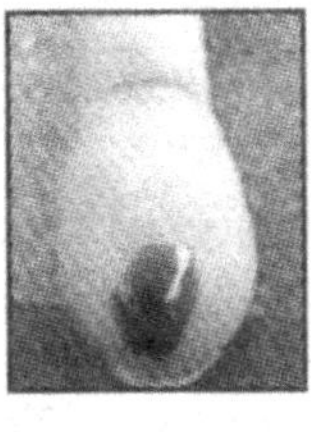

এই ধৰণে যদি আপুনি কিছু সাবধানতা ৰাখে তেতিয়া সংক্ৰমৰ ভয়ৰ পৰা বাচিব পাৰি।

আহাৰ তথা মধুমেহ

প্ৰশ্ন (28) ঃ মধুমেহ ৰোগীৰ বাবে কি ভোজন খাব নালাগে ?

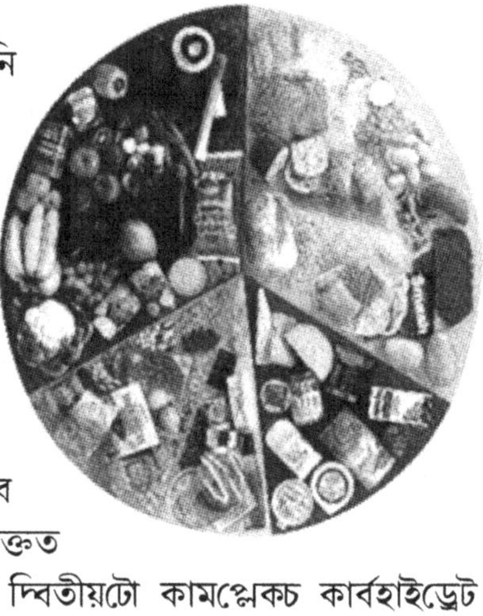

উত্তৰ ঃ ভোজনৰ দ্বাৰা আপুনি 60% মধুমেহত স্হিৰ পাব পৰে। কাৰ্বহাইড্ৰেট, প্ৰোটীন চৰ্বি আমাৰ ভোজনৰ তিনিটা মুখ্য পোষক তত্ত্ব হয়। ইয়াৰে কাৰ্বহাইড্ৰেট শৰীৰত গ্লুকোজৰ প্ৰমুখ শ্ৰোত হয়।

কাৰ্বহাইড্ৰেট দুই প্ৰকাৰৰ হয়-প্ৰথমে যি মধুমেহৰ বাবে লুকচানদায়ক হয়। এইটো শীঘ্ৰে ৰক্তত মিলি গ্লুকোজৰ স্তৰ বঢ়াই দিয়ে দ্বিতীয়টো কামপ্লেকচ কাৰ্বহাইড্ৰেট হয় যিটো মধুমেহ সুৰক্ষিত হয়। সেইটো ৰক্তত লাহে লাহে ঘূলাই যৰপৰা ৰক্তত গ্লুকোজৰ স্তৰ দ্ৰুতৰে নাবাঢ়ে।

মধুমেহ ৰোগিক শোধিক (ৰিফাইণ্ড) ভোজনৰ মাত্ৰা কমাই ৰেশদাৰ ভোজনৰ প্ৰয়োগ কৰিব লাগে কাৰণ এইটো গ্লুকোজৰ আতত ঘূলৰ প্ৰক্ৰিয়াক মন্দ কৰে যাৰ পৰা ৰক্তত গ্লুকোজৰ স্তৰ একেবাৰে নাবাঢ়ে তথা তেতিয়া ইনচুলিন গ্লুকোজৰ বাঢ়ি যোৱা স্তৰত সংযমিত কৰি দিয়ে।

মধুমেহ ৰোগীক চৰ্বিযুক্ত ভোজনৰ পৰা বাচক কাৰণ সেইটো হৃদয় ৰোগ হবলৈ বেছি দেৰি নালাগে।

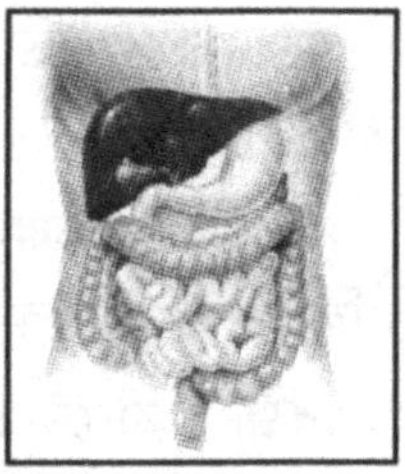

প্ৰশ্ন (29) ঃ আমাৰ পাচন-তন্ত্ৰ কি ধৰনে কাৰ্য্য কৰে ?

উত্তৰ ঃ পাচন ক্ৰিয়া মুখেৰে আৰম্ভ হয়। মুখত ভোজন দাতৰ দ্বাৰা লাৰত পোৱাৰ পাছত নলীত পাইগৈ। আকৌ তাৰ পৰা আমাশয়ত পাইগৈ। অমাশায়ৰ ভিতৰত বাধাৰ গ্ৰহনতৰ পৰা কিছুমান পাচক ৰস উলায়। আমাশয়ৰ বাধা বহল হোৱাৰ কাৰণ ভোজন গাঢ় ঘোলত সলনি হয়। পাচক ৰস ভোজনক আংশিক ৰূপেৰে পচাই দিয়ে।

আমাশয় পৰা এইটো ভোজন সৰু আতত পাইগৈ। এইটো যকৃত তথা অগ্নাশয়ৰ পৰাও কিছু ৰসত আহে যাৰ পৰা ভোজনৰ পচি যায়। পচি যোৱা ভোজন সৰু আতৰ বাধাত অৱশেষিত হৈ ৰক্তৰ দ্বাৰা শৰীৰৰ সকলো ভাগত পায়গৈ।

প্ৰশ্ন (30) ঃ পাচন তন্ত্ৰত ভোজন কেনেকৈ খূলা যায় ?

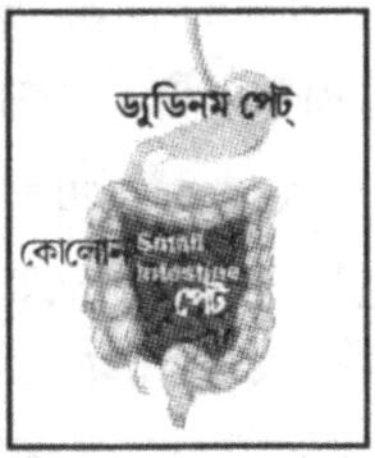

উত্তৰ ঃ পাচন তন্ত্ৰত কাৰ্বহাইডেপ্ৰট গ্লুকোজত প্ৰেটীন এমিনো এচিদত তথা চৰ্বি ট্ৰাইগ্লিচৰাইদ তথা চৰ্বিযুক্ত অম্লত পৰিৱৰ্তন হয়। তাৰ পাছত এই চাৰিটা আতত পাচন হয়।

প্ৰশ্ন (31) ঃ কাৰ্বহাইড্ৰেট কোনটো কয় ?

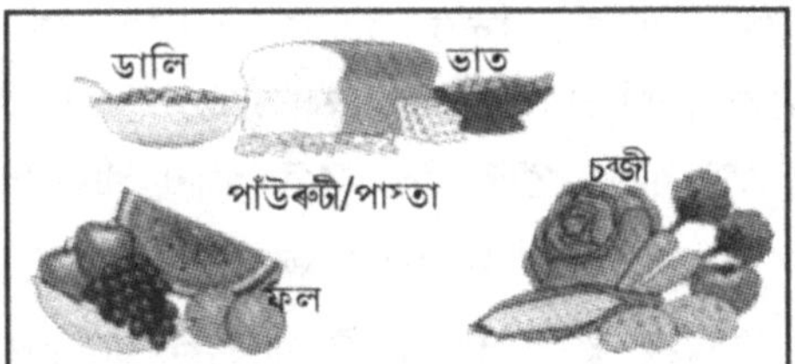

উত্তৰ ঃ কাৰ্বহাইড্ৰেট আমাৰ প্ৰতিদিনৰ ভোজনৰ মুখ্য অংগ হয়। এইটো চাউল, ঘেহুঁ, জোৱাৰ আদি অনাজত পোৱা যায়। এইটো কঠিন, হাইড্ৰজেন তথা অক্সিজেনৰ অনুপাতৰ পৰা মিলি বনে। ইয়াৰ পৰা আমি খেলাধুলা তথী কাম কৰাৰ শক্তি পায় আৰু শৰীৰৰ জপ বনি থাকে। ইয়াৰ পৰা আমি 4 কেলোৰী 1 গ্ৰাম ঊৰ্জা প্ৰাপ্ত হয়। কাৰ্বহাইড্ৰেট তিনি প্ৰকাৰ হয় মোনোচেকেৰাইদচ, ডাইচেকেৰহিদচ তথা পোলীচেকেৰাইদচ।

মোনোচেকেৰাউচ কাৰ্বহাইড্ৰেটৰ সাধাৰণ ৰূপত থাকে। এইটোও তিনি প্ৰকাৰ হয় গ্লুকোজ, গেলোক্টোজ তথা চুক্ৰোজ।

দুটা মৌনোচেকৰাইদ্চ' মিলি ডৌইচেকেৰাইদ্চ' তথা দুটাতকৈ অধিক মিলি পৌলেককেৰাইদ্চ' বনায়।

চবজী তথা মৌত গ্লুকোজ তথা প্ৰকটোজ, চেনিত চূক্ৰোজ, গাখীৰত লেক্টোজ তথা পশুৰ পৰা প্ৰাপ্ত ভোজনত গ্লাইকোগন পোৱা যায়। যেতিয়া কাৰ্বহাইড্ৰেট ভোজনৰ লগত পেটত পোৱাই তেতিয়া পাচাৰ পাছত গ্লুকোজ বনি ৰক্তত মিলি যায় যাৰ পৰা ৰক্তুতভত গ্লুকোজৰ স্তৰ বাঢ়ি যায়।

প্ৰশ্ন (32) ঃ গ্লুকোজ কোনটোত কয় ?

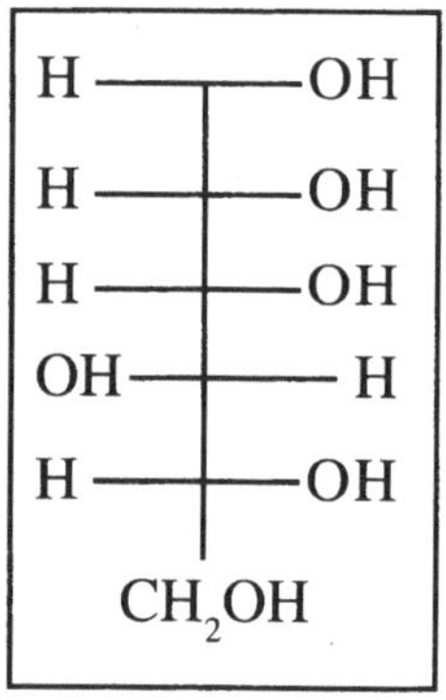

উত্তৰ ঃ এইটো গ্লুকোজৰ সকলেতকৈ সৰু ইকাই হয়। এইটো শৰীৰ তথা মস্তিষ্কৰ কোষৰ বাবে কেলোৰী (ঊৰ্জা)ৰ শ্ৰোত হয়। এইটো সোৱাদত মিঠা হয়। গ্লুকোজৰ দুটা ইকাইয়াৰ পৰামৌল্টোচ' বনে যিটো চেনীৰ এটা ৰূপ হয়।

ভোজনৰ পাছত পেংক্ৰিয়াজৰ পৰা ইনচুলিনৰ শ্ৰাৱ থাকে যাতে গ্লুকোজৰ পাচন হব পাৰে। যদি আপোনি অধিক মাত্ৰাত কাৰ্বহাইড্ৰেট লব তেতিয়া আপোনাৰ শৰীৰক ইনচুলিনৰ শ্ৰাৱৰ মাত্ৰা বঢ়াই। কিছু সময়ৰ পাছত ইনুচলিনৰ শ্ৰাৱত অভাৱ হব পাৰে।তেতিয়া শৰীৰক অতিৰিক্ত কাৰ্বহাইড্ৰেটক চৰ্বিত সলনি কৰিব লাগে যাতে প্ৰয়োজন হলে ইন্ধন ব্যৱহাৰ কৰিব পাৰে।

প্ৰশ্ন (33) ঃ সাধাৰণ তথা জটিল কাৰ্বহাইড্ৰেট কোনটোক কয় ?

উত্তৰ ঃ কাৰ্বহাইড্ৰেট প্ৰত্যেক ব্যক্তিৰ ভোজনৰ মুখ্য অংগ হয়। এইটো দুই প্ৰকাৰৰ হয় সাধাৰণ কাৰ্বহাইড্ৰেটত গ্লুকোজ ইকাইয়াৰ শৃংখলা সোনকালে ঘূলি যায়। তাত আহঁ নাথাকে সেইকাৰণে সেইটো আতত ঘূলি ৰক্তত মিলি ব্লাদ চুগাৰক বঢ়াই দিয়ে-।

জটিল কাৰ্বহাইড্ৰেটৰ শৃংখলা সহজে নাভাঙে সেইকাৰণে সেইটো আতত ঘূলিবলৈ দেৰি লাগে তথা ব্লাদ চুগাৰ দ্ৰুতৰে নাবাঢ়ে।

মধুমেহ ৰোগীক সাধাৰণ কাৰ্বহাইড্ৰেট লব নালাগে। সেইটো ভোজনত কমপ্লেকচ (জটিল) কাৰ্বহাইড্ৰেট লব লাগে। উদাহৰণস্বৰূপে–

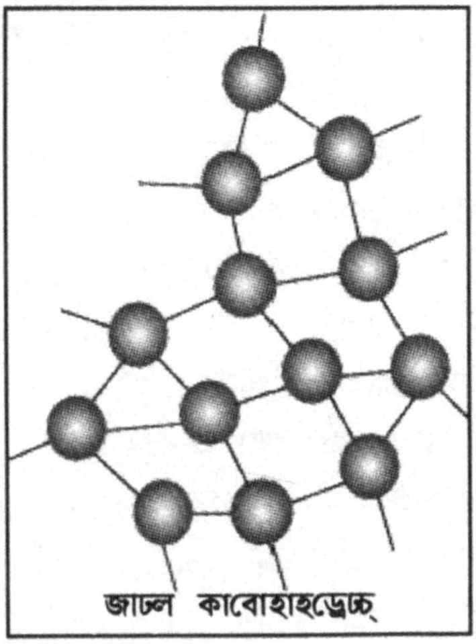

সাধাৰণ কাৰ্বহাইড্ৰেট ঃ চেনী, গুৰ, জেম, জেলী, আম তথা কল আদি মিঠা ফল।

জটিল কাৰ্বহাইড্ৰেটঃ ব্ৰাউন ডাবলৰুটি, চাউল, চবজি, ৰুটি, চুজি।

চাউল তথা আলুত দুই ধৰণৰ কাৰ্বহাইড্ৰেট পোৱা যায়। সেইকাৰণে ইয়াৰ অধিক ব্যৱহাৰ নকৰিব।

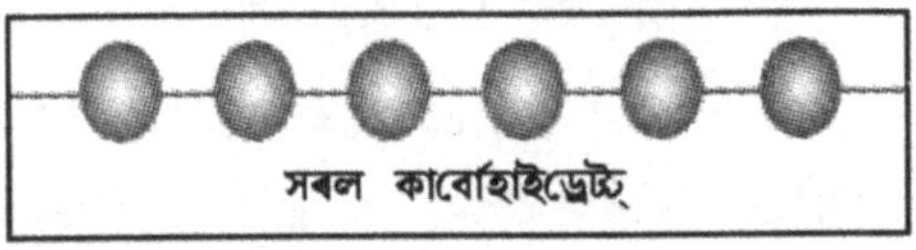

প্ৰশ্ন (34) ঃ সামান্য ব্যক্তি দুই ধৰণৰ কাৰ্বহাইড্ৰেটৰ কেনেদৰে চিনি পাব পাৰি ?

উত্তৰ ঃ জীভাৰ দ্বাৰা এই দুটাক চিনি পাব পাৰি। সাধাৰণ কাৰ্বহাইড্ৰেটৰ পৰা গ্লুকোৰ কণ উলায় তথা জীভাত মিঠা আহি যায়।

জটিল কাৰ্বহাইড্ৰোটত গ্লুকোজৰ কণ ইমান সোনকালে নুঘূলে। সেইটোৰ পৰা গ্লুকোজৰ সৰ-সৰু ইকাইয়া উলায় যাৰ পৰা জীভাত মিঠা নাহে সাধাৰণ কাৰ্বহাইড্ৰেটক চেলেকিলে মিঠা অনুভৱ হয়। যতনেকি জটিল কাৰ্বহাইড্ৰেটত মিঠা নহয়। এই দুটাত অন্তৰ থাকে।

প্ৰশ্ন (35) ঃ কাৰ্বহাইড্ৰেট পাচন তন্ত্ৰত কেনেকৈ ভাঙে ?

উত্তৰ ঃ কাৰ্বহাইড্ৰেট, লাৰ এঞ্জাইমৰ দ্বাৰা কণত পৰিৱৰ্তন হয়। ষ্টাৰ্চ দুই ধৰণত পচে। লাৰ এঞ্জাইম তথা অগ্নাশয় ৰস ষ্টাৰ্চক মাল্টোজত পৰিৱৰ্তন দিয়ে। তেতিয়া সৰু আতৰ এঞ্জাইম মাল্টোজক গ্লুকোজ কণত পৰিৱৰ্তন দিয়ে। যিটো ৰক্তত ঘূলি যায়। ৰক্ত প্ৰবাহ সেইটো যকৃতলৈকে লৈ যায়। ইয়াত গ্লুকোজ কাম কৰাৰ ইন্ধন বনি যায় একত্ৰ হৈ যায়।

প্ৰশ্ন (36) ঃ প্ৰোটীন কোনটোক কয় ?

উত্তৰ ঃ প্ৰোটীনো আমাৰ ভোজনৰ মুখ্য অংগ হয়। এক গ্ৰাম প্ৰোটীনত চাৰি কেলোৰী থাকে। এইটো জটিল এমিনো এচিদেৰে বনে। এমিনো এচিদ এটা দীঘল শৃংখলাত পোলীপেপটাইদ বুলি কয়। প্ৰোটিন পশু তথাগছৰ পুলিৰ পৰা প্ৰাপ্ত হয়।

1. পশুৰ পৰা পোৱা প্ৰোটীনত মাংস, কণি, মাছ, গাখীৰ তথা গাখীৰৰ বনা পদাৰ্থ আহে।
2. মধুমেহ ৰোগীৰ বাবে গছৰ পুলিৰ পৰা পোৱা প্ৰোটীন বহুত লাভদায়ক হয় যেদি গূৰ্দা বেয়া হয় তেতিয়া সেইয়ো নলব। মধুমেহ ৰোগী 18 ধৰণৰ দালৰ পৰা প্ৰেটীন প্ৰাপ্ত কৰিব পাৰি।-যত আহাৰ, বুট দলি, বাদাম, মুগু, মাটিমাহ চয়াবিন, মটৰ তথা নিউট্ৰীলা অন্তৰ্ভুক্ত থাকে। যদি কোনো হৃদয় ৰোগি নহয় তেতিয়া পুৰ পৰা পোৱা প্ৰোটীনো লব পাৰে কাৰণ

ইয়াত এমিনো এচিদ উচিত অনুপাতত থাকে। প্ৰেটিন ললে ৰক্তত গ্লুকোজৰ স্তৰ নবাঢ়ে সেইকাৰণে মধুমেহত প্ৰোটিন ভৰপুৰ মাত্ৰাত লব পাৰে। যদি 60% ঘেঁহুৰআটা, অ30% বেচন তথা 10% চয়াবিনৰ আটা মিলাই ৰুটি খালে বেছি লাভদায়ক হয়।

প্ৰশ্ন (37)ঃ প্ৰোটীন পাচন তন্ত্ৰত কেনেকৈ ভাঙে ?

উত্তৰ ঃ মাংস, কণী তথা বিন আদিত স্হিৰ থাকে। পেটৰ উলোৱা এঞ্জাইম প্ৰোটীনৰ পাচন কৰে। আকৌ সৰু আতত প্ৰোটিনৰ পাচন হয়। ইয়াত অগ্নাশয় ইয়াৰ অনেক এঞ্জাইম বিশাল প্ৰোটীন কণক সৰু এমিনো এচিদ কণত পৰিৱৰ্তন দিয়ে। এইটো সৰু কণ সৰু আতত ঘূলাই ৰক্তৰ দ্বাৰীা শৰীৰৰ সকলো অংগত পাইগৈ তথা কোষৰ সিমা তথা অন্য অংগ বনাত কাম আহে।

প্ৰশ্ন (38)ঃ চৰ্বি কোনটোক কয় ?

উত্তৰ ঃ চফোলা, মনদ্ৰাণ তথা ফৰচুন আদি তেল চৰ্বিয়েই হয়। ফুল ক্ৰীম গীখীৰ তথা আইচক্ৰীম, চকলেট, মাখন আৰু পনিৰো চৰ্বিৰ শ্ৰোত হয়।যদি মধুমেহ ৰোগী, হৃদয় ৰোগ, শকত তথা হাইপৰটেনচনৰ ৰোগি নহয় তেতিয়া সেইটো চৰ্বি লব পাৰে কিন্তু দিন আৰু দিন হৃদয় ৰোগ বাঢ়ি থাকে সেইকাৰণে আমিভোজনত চৰ্বিৰ অধিক মাত্ৰা লব নালাগে। যদি আপুনি মধুমেহ ৰোগী তথা হৃদয় ৰোগী নহয় তেতিয়া চৰ্বি অলপ মাত্ৰা লব পাৰে।

প্ৰশ্ন (39)ঃ চৰ্বি পাচন-তন্ত্ৰত কেনেকৈ ভাঙে ?

উত্তৰ ঃ চৰ্বি কণ শৰীৰৰ বাবে উৰ্জাৰ প্ৰমুখ শ্ৰোত হয়। পাচন প্ৰক্ৰিয়াত মাখনৰ দৰে চৰ্বি আতত ঘূলি যায়। যকৃতৰ পৰা উৎপন্ন, এচিদ প্ৰাকৃতিক ডিটৰ্জেন্টৰ ৰূপত চৰ্বিক পানীত ঘূলি দিয়ে তথা চৰ্বিৰ দাঙৰ কাণক বাহিৰৰ কণত পৰিৱৰ্তন দিয়ে। ইয়াৰেকিছুমান ফেটী

এচিদ তথা কোলেষ্ট্ৰলো থাকে। এই গোটেই কেইটা মিলাই চৰ্বিক মুকোচাৰ কোষণ প্ৰৱেশ কৰাত সহায়ক হয়। এই কোষত এইটা সৰু কণ বিশাল পৰিৱৰ্তন হয়। যাৰ পৰা অধিকতৰ আতৰ নিকট নিম্ফেটিকচত চলি যায়। এই সৰু ধমনিয়া চৰ্বিক হৃদয়ৰ শিৰলৈকে লৈ যায়। ৰক্ত চৰ্বিক শৰীৰৰ বিভিন্ন ভাগত জমাহৰ বাবে পোৱাই দিয়ে।

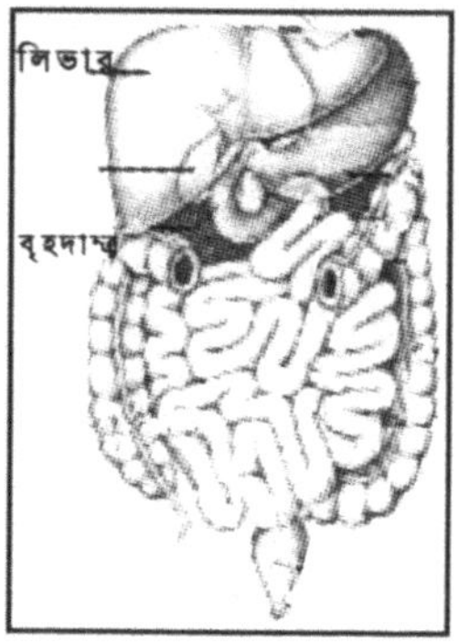

প্ৰশ্ন (40) ঃ ভিটামিন কোনটোক কয় ?

উত্তৰ ঃ ভিটামিন ভোজনৰ বিশেষ ভাগ হয়। ইয়াত গ্লুকোজৰ কণ নাথাকে সেই কাৰণে ইয়াৰ পৰা কেলোৰী নাপায়। সেইটো আমাৰ শৰীৰৰ কাৰ্য্য প্ৰণালীৰ বাবে গুৰুত্বপূৰ্ণ। শৰীৰৰত মেটাবালিক ক্ৰিয়াৰ বাবে ভিটামিন বি. মিউনিন চিষ্টেম আৰু ঘা ভাল হবৰ বাবে ভিটামিন চি, ইদিদিয়োৰ বিকাসৰ বাবে ভিটামিন দি আৰু নেত্ৰৰ বাবে ভিটামিন এ লাগে। ভিটামিন ই এটা এন্টী অকচীদেন্ট হয়। এই ধৰণে ভিটামিনে আমাৰ শৰীৰৰ বাবে বহুত আৱশ্যক হয়।

প্ৰশ্ন (41) ঃ চেচুৰেটিদ তেল (সনতৃপ্ত তেল) কোনোঅনচেচুৰেটিদ অয়িল (একল অসনতৃপ্তশ তথা পেলীঅনচেচুৰেটিদ অয়িল (বহু অসনতৃপ্ত তেল) কোনটোক কয় ?

উত্তৰ ঃ তেল তিনি প্ৰকাৰৰ হয়–

(1) সনতৃপ্ত তেল

(2) একল অসনতৃপ্ত তেল

(3) বহু অসনতৃপ্ত তেল

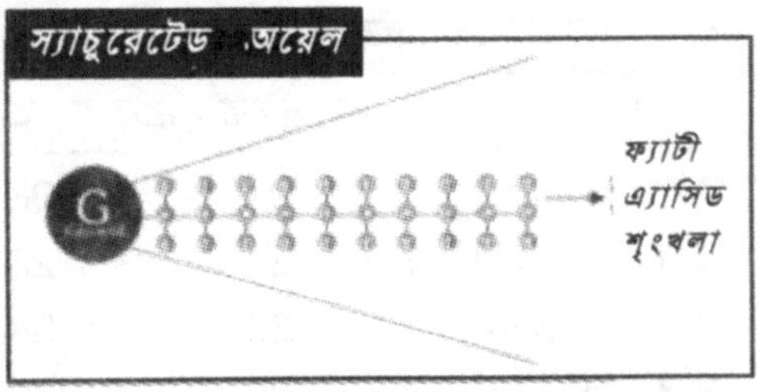

সকলো তেলত ট্ৰাইগ্লিচৰাইদ থাকে। এইটো গ্লিচৰোলেৰে বনে যত তিনিটা চৰ্বিযুক্ত শৃংখলা থাকে। চৰ্বি যুক্ত শৃংখলাত কাৰ্বন শৃংখলা থাকে। প্ৰত্যেক কাৰ্বন অনু দুটা হাইড্ৰোজেন অণুৰে জুৰা থাকে। যদি চৰ্বিযুক্ত শৃংখলাত কাৰ্বনৰ সকলো অণু হাইড্ৰোজেন অণুৰে জুৰা যায় তেতিয়া ইয়াৰ পৰা সনতৃপ্ত তেল বনে।

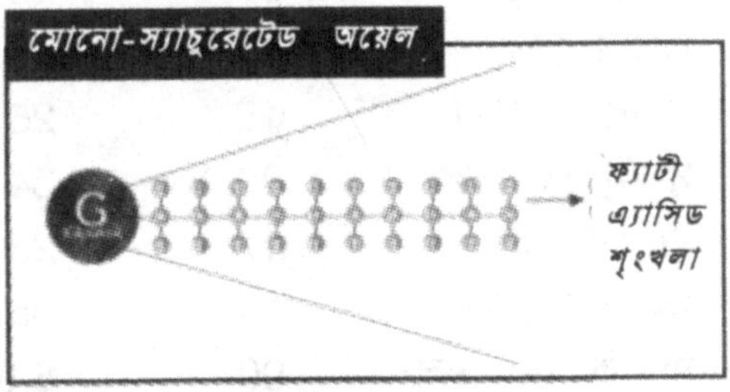

একল অসনতৃপ্ত তেলত চৰ্বিযুক্ত শৃংখলাৰে হাইড্ৰোজেনৰ এটা অণু উলায়, যেনে জেতুনৰ তেল।

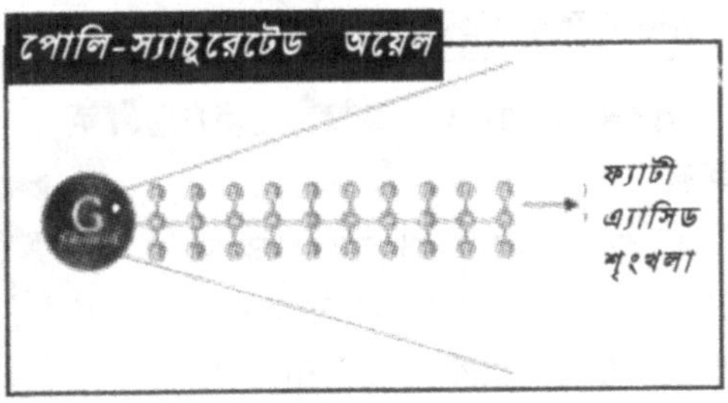

যদি চৰ্বিযুক্ত শৃংখলাৰে এটাতকৈ অধিক হাইড্ৰোজেন অণু উলালে ইয়াৰ পৰা বহু অসনতৃপ্ত তেল বনে, যেনে–সৰিয়হৰ তেল আৰু সুৰজমুখীৰ তেল।

মধুমেহ ৰোগী যদি হায় ৰোচাৰ পৰা পিড়িত নহয় তেতিয়া তিনি ধৰণৰ চৰ্বি লব পাৰে কিন্তু এইটো মুঠ কেলোৰীৰ 20-30% তকৈ বেছি হব নালাগে।- যদি কীনোবাই 1600 কেলোৰী লৈছে তেতিয়া চৰ্বিৰ মাত্ৰা 320 কেলোৰী (35 গ্ৰাম) ওকৈ বেছি হব নালাগে।

যদি মধুমেহ ৰোগি নিজৰ স্বাস্হ্যত আগতকৈ ভাল হব বিচাৰে তেতিয়া তেলাৰ তিনিটা ৰূপঃ 100% সংতৃপ্ত, 10% একল অসনতৃপ্ত, 10% বহু অসংতৃপ্ত ব্যৱহাৰ কৰিব লাগে।

তেল পোৱা চৰ্বিৰ মাত্ৰা-

তেল	সনতৃপ্ত	একল অসনতৃপ	বহু অসনতৃপ্ত
কাপহৰ তল	91	08	01
কপাহৰ বীজৰ তেল	34	26	40
বাদামৰ তেল	20	54	26
সৰিয়হৰ তেল	06	73	21
তাড়ৰ তেল	80	13	07
নাৰংগীৰ তেল	11	13	76
তিলৰ তেল	14	46	40
চয়াবিনৰ তেল	15	25	60
সূৰ্য্যমুখীৰ তেল	08	34	58
মাকৈৰ তেল	17	25	58
জেতুনৰ তেল	1.8	98	1.2
নাৰিকলাৰ তেল	90	8.0	2.0
বনস্পতিৰ তেল	76	19	05

প্ৰশ্ন (42) ঃ আহঁ কোনটোক কয় ?

উত্তৰ ঃ আহঁ পুলিৰ সেই ভাগ হয় যাৰ পৰা মনুষ্যৰ পাচন তন্ত্ৰৰ পচিব না পায়। এইটো ব্যৰ্থ পদাৰ্থ বনি যায়। এই সকলো খাদ্য পদাৰ্থও পোৱা যায়। ৰিফাইণ্ড আটাৰ দৰে খাদ্য পদাৰ্থত আহঁ নাথাকে। ইয়ৰ পৰা কেলোৰী নোপোৱাৰ বাবে আকৌ এইটো আমাৰ বাবে মহত্বপূৰ্ণ হয়। এইটো আমি পাচন তন্ত্ৰৰ কেঞ্চাৰ আৰু কবজ আদি বেমাৰৰ পৰা বাচো। এইটো ৰক্তত কোলেস্ট্ৰাল তথা ট্ৰাইগ্লিচৰাইদৰ মাত্ৰাক কমায় তথা গ্লুকোজ ঘূলৰ প্ৰক্ৰিয়াক কমায় দিয়ে সেইকাৰণে এইটো মধুমেহত লাভদায়ক হয়।

প্ৰশ্ন (43) ঃ আহঁজাতীয় খাদ্য পদাৰ্থৰ সূচী বনাওক।

উত্তৰ ঃ নিম্ন খাদ্য পদাৰ্থক আহঁ জাতীয়-পদাৰ্থৰ সূচীত ৰাখিব পৰা যায়।

চবজি	*সিজোৱাৰ মাত্ৰা*	*ৰেশৰ মাত্ৰা (গ্ৰামত)*
চোলাই	1 টুকুৰা	0.9
বিন	1 কাপ	18.6
ব্ৰোকলী	1 কাপ	5.6
অংকুৰিত অনাজ	1 কাপ	6.5
বন্ধা কবি	1 কাপ	1.9
গীজৰ	1 কাপ	3.2
ফুলকবি	1 কাপ	2.5
টিয়হ	6 টুকুৰা	0.2
চালাদৰ পাত	1 কাপ	0.2
মাচৰুম	1 কাপ	1.8
পিয়াজ	1 ছোট	1.4
মটৰ	1 কাপ	11.3
আলু	1-টি মাঝাৰী	1.4
চিমলা মিৰ্চ	1 কাপ	3.5
বিলাহী	1-টি মাঝাৰী	3.0

ফল

আপেল	1-টি মাঝাৰী	3.2
খুমানী	3-টি	2.4
কল	1-টি মাঝাৰী	5.9
চেৰী	10-টি	1.3
শুকান খেজুৰ	10-টি	7.0
শুকান অঞ্জীৰ	2-টি	18.5
সেউ উজীয়া আঙুৰ	20-টি	1.1
আম	1-টি	4.5
চিৰাল	1/4 অংশ	2.5
কমলা	1-টি মাঝাৰী	4.5
আড়ু	1-টি মাঝাৰী	2.1
নাচপতী	1-টি মাঝাৰী	3.1

অনাৰাস	1 কাপ	2.2
অনাৰাস (সতেজ)	1 কাপ	0.9
আলু	2-টি	2.5
মাকৈ	4-টি	5.2
কিচমিচ	1/2 কাপ	5.4
স্ট্ৰবেৰী	1 কাপ	3.3

ডাবলৰুটি আৰু শস্য

বগা ডাবলৰুটি	1 টুকুৰা	0.8
মতিয়া ডাবলৰুটি	1 টুকুৰা	2.4
কৰ্নফেলকচ	1 কাপ	2.8
বাদাম	10-টি	3.6
মটৰ	1/2 কাপ	5.7

নোট ঃ 1 কাপৰ অৰ্থ 125 মি.লি.।

প্ৰশ্ন (44) ঃ মধুমেহ ৰোগীক দিনত কিমান বাৰ ভোজন লব লাগে ?

উত্তৰ ঃ এজন সাধাৰন বয়স্ক ব্যক্তি যদি ৰোগী নহয়, তেতিয়া দিনত 1600 কেলোৰী লাগে যিটো ৰাতিপুৱা ভোজন 30 শতাংশ দুপৰীয়াৰ ভোজন 25 শতাংশ তথা ৰাতিৰ ভোজন 25 শতাংশত বনে। কিছুমান ব্যক্তি গধূলিটো খোৱাতো ভাল পায় অতঃ 10 শতাংশ কেলোৰী গধূলিটো লব পাৰে।

যদি আপুনি মধুমেহৰ ৰোগী হয় তেতিয়া ভোজনক কেবাতাও কিস্তি ভগাব লাগিব তথা 6-7 বাৰ ভোজন লব লাগিব। আপুনি ভোজনৰ আগতে ৰাতিপুৱা সোনকালে ভোজন, দুপৰীয়াৰ ভোজনৰ আগতে চাহ, ৰাতিৰ ভোজন শুৱাৰ সময়ত লওক যাতে ৰক্তত গ্লুজৰ স্তৰ নিয়ন্ত্ৰিত থাকে।

প্ৰশ্ন (45)ঃ মধুমেহৰ ৰোগীক নিজৰ বাবে আৱশ্যকীয় কেলোৰীতকৈ কম মাত্ৰাত ভোজন লব লাগেনেকি ?

উত্তৰ ঃ নহয়, মধুমেহৰ ৰোগীক সিমান ভোজন লব লাগে যিমান কেলোৰী আৱশ্যে প্ৰয়োজন হয়। সাধাৰন কাম কৰা ব্যক্তিক দিনত 1600-1700 কেলোৰী লাগে যতনেকি শাৰিৰীক শ্ৰম কৰা ব্যক্তিক এদিনত 250 কেলোৰী ভোজন প্ৰয়োজন।

যদি আপুনি শকতৰ পৰা গ্ৰস্হ হব বিচাৰে তেতিয়া ভোজনত আপোনাক কেলোৰীৰ মাত্ৰা কমাব লাগিব কিন্তু আপুনি কুপোষনৰ পৰা গ্ৰস্হ হয় তেতিয়া ভোজনত কেলোৰীৰ মাত্ৰা বঢ়াই প্ৰতিদিনে 2000 ৰ পৰা 2500 লৈকে আনিব লাগিব। মধুমেহৰ পৰা সম্পূৰ্ণ নিয়ন্ত্ৰন পাবৰ বাবে ওজন সন্তুলিত কৰাতো আৱশ্যক হয়।

প্ৰশ্ন (46) ঃ মধুমেহ ৰোগী ভোজনত কেলোৰীৰ মাত্ৰা কমায় তৃপ্তি অনুভৱ কেনেকৈ কৰিব ?

উত্তৰঃ মস্তিস্ক আমাৰ ভুখ নিয়ন্ত্ৰন কৰায়। যদি পেট ভৰি থাকে তেতিয়া এইটো হাইপোথেলিমচৰ সংকেত পঠায় (যি ভুখক নিয়ন্ত্ৰন কৰায়) সেইটোৱেই আমাক সূচনা দিয়ে আৰু ভোজনৰ আৱশ্যকতা নহয় যদি পেট ভৰি নাথাকে তেতিয়া এইটো হাইপোথেলিমচৰ সংকেত নিদিয়ে তথা ভুখ লাগি থাকে। মধুমেহ ৰোগীৰ বাবে আৱশ্যক যে যদি ভুখ লাগি থাকে তেতিয়া পেট ভৰায় ৰাখক।

সামান্য ওজনৰ মধুমেহ ৰোগীক কেলোৰীৰ মাত্ৰা কমোৱাৰ আৱশ্যকতা নাই শকত ব্যক্তিক কেলোৰীৰ মাত্ৰা কমাব লাগে। কেলোৰীৰ মাত্ৰা কমাবৰ বাবে চালাদ, ফল তথা বেলেগ ৰেশুযুক্ত পদাৰ্থ লব পাৰে।

প্ৰশ্ন (47) ঃ কম ওজনৰ মধুমেহ ৰোগীকো কেলোৰীৰ মাত্ৰা কমাব লাগেনেকি ? যদি হৃদয় ৰোগী হয় তেতিয়া কি হব ?

উত্তৰ ঃ এনেকুৱা ৰোগীৰ বাবে ভোজনত কেলোৰীৰ মাত্ৰা কমাব

নালাগে। এনেকুৱা ৰোগীক ওজন বঢ়োৱাৰ পৰামৰ্শ দিয়া যায় কিন্তু লাহে লাহে কৰিব লাগে। এমাহত একৰ পৰা দুই কিলোলৈকে

ওজন বঢাব পাৰে। ইয়াৰ বাবে ভোজনৰ অতিৰিক্ত কেলোৰী লব লাগিব তথা ৰেশুযুক্ত পদাৰ্থৰ মাত্ৰা কমাব লাগিব।

ভোজন শস্যও লব পাৰে। এনেকুৱা ব্যক্তি গোটা শস্য, ৰুটি, চবজি মিলায় ভাত তথা চৰ্বিযুক্ত উচ্চ কেলোৰীযুক্ত ভোজন লব পাৰে।

যদি হৃদয় ৰোগী তথা হাইপৰটেনচনেৰে পিড়িত নাথাকে তেতিয়া ভোজনত চৰ্বিকো অৰ্তভূক্ত কৰিব পাৰে। মধুমেহৰ দূৰ্বল ৰোগী তথা হৃদয় ৰোগী আৰু মধুমেহৰ দূৰ্বল ৰোগীৰ বাবে ভোজনৰ সূচী দিয়া হৈছে–

মধুমেহৰ দূৰ্বল ৰোগীৰ বাবে দিয়া ভোজন

ঘেহুঁৰ ৰুটি	বেচনৰ ৰুটি
বেচনৰ ৰুটি	ডাবলৰুটি
পনীৰ চেনদউইচ	চাউল (অলপ মাত্ৰাত)
পুলাও (অলপ মাত্ৰাত)	চুজী
ইদলি	দচা
উত্তপম	ভাজা চানা
কৰ্নফেলকচ	বিস্কুত
চবজিৰ লগত নুদলচ	চবজিৰ লগত মেকৰোনী
জুৱাৰ	মাকৈ
আল	দাইট কোক/পেপ্চি
ক্ৰীমযুক্ত গাখীৰ	বাদাম

আম, আঙুৰ, কলক এৰি সকলো ফল

প্ৰশ্ন (48)ঃ ডায়বেটিক আটা কোনটোক কয়?

উত্তৰ ঃ ডায়বেটিক আটাত ৬০ শতাংশ ঘেহুঁৰ আটা, ২০ শতাংশ বেচন তথা ৬০ শতাংশ চয়াবিনৰ আটা মিলোৱা যায়। বেচন তথা চয়াবিন প্ৰোটিন হয়, ইয়াত কাৰ্বহাইদ্ৰেত নাথাকে সেই কাৰনে ৰক্তত গ্লুকজৰ স্তৰ বাঢিব নাপায়। এই ধৰনে ঘেহুঁৰ আটাও জটিল কাৰ্বহাইদ্ৰেত থকাৰ কাৰনে ৰক্ত শৰ্কৰা বাঢিব পাৰে।

প্ৰশ্ন (49)ঃ মই চেনি খাব পাৰোনে?

উত্তৰ ঃ নহয়, আপুনি চেনি খাব নোৱাৰে। চেনি এক সাধাৰন কাৰ্বহাইদ্ৰেত হয়। এইটো গ্লুকজ তথা পৰমানুৰ লগত মিলি বনে

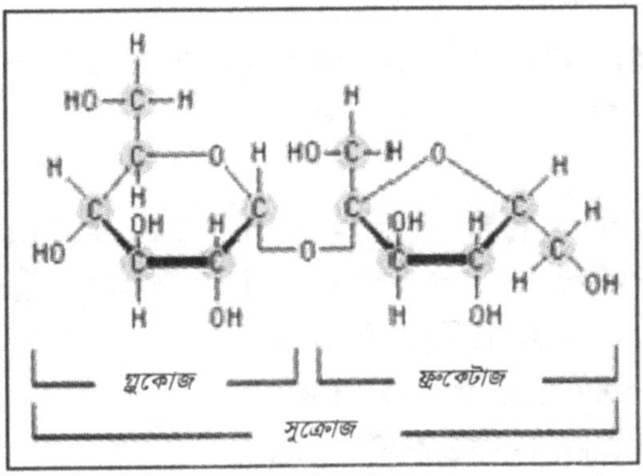

সেইকাৰনে যেতিয়া আপুনি ৰক্ত প্ৰৱাহত গ্লুকজ সৃস্টি কৰি দিয়ে, ইনচুলিনৰ অভাৱৰ কাৰনে এইটো গ্লুকজ সহজে কোযত যাব নাপায় তথা ইয়াৰ পৰা ৰক্তত আপোনাৰ গ্লুকজৰ হাজাৰ পৰমানু উপস্হিত হৈ যায় আৰু আপোনাৰ ৰক্ত শৰ্কৰাৰ স্তৰ বাঢি যায়।

প্ৰশ্ন (50)ঃ মধুমেহ ৰোগী নিজৰ ইচ্ছানুসাৰে কৃত্ৰিম শৰ্কৰাৰ প্ৰয়োগ কৰিব পাৰিনেকি?

উত্তৰ ঃ হয়, মধুমেহ ৰোগী চেনিৰ বিকল্প লব পাৰে। বজাৰত এইটো কৃত্ৰিম শৰ্কৰাৰ 'চুগাৰ ফ্ৰী' বা ইকুৱেলৰ নামেৰ লগত মিলে। চেক্ৰিন (চুইটেকচ) ৰ ব্যৱহাৰ কৰিব পাৰে। ইয়াত কাৰ্বহাইড্ৰেট নাথাকে তথা স্বাদ চুগাৰৰ স্তৰ সামান্য থাকে কিন্তু ইয়াৰ সেৱনতো

সাৱধান হব লাগে। এদিনত চেক্রিনৰ পিল 15 তাটকৈ অধিক নলব।

প্ৰশ্ন (51)ঃ কৃত্ৰিম শৰ্কৰাৰ তত্ত আমাৰ জীভাক কেনেদৰে মিঠা দিয়ে?

উত্তৰ ঃ কৃত্ৰিম শৰ্কৰাত পোৱা তত্ত আমাৰ জীভাত উপস্হিত ৰসেন্দ্ৰিয়ক মিঠাৰ অনুভৱ কৰায়। যৰ পৰা মস্তিস্ক শান্ত হৈ যায় তথা ভোজন সহজে ফচি যায়। এই ধৰনে আপুনি চেনীৰ বিনাও মিঠাৰ অনুভৱ কৰিব পাৰি।

প্ৰশ্ন (52)ঃ যদি আমি ভোজনত গ্লুকজ বা চেনী লওঁ তেতিয়া কিমান দেৰিকে ব্লাদ চুগাৰৰ স্তৰক বঢ়াই?

উত্তৰ ঃ যদি এইটো তৰল ৰুপত লোৱা যায় তেতিয়া এইটো পেটত গৈ ঘূলি যায় তথা পাচ মিনিটৰ ভিতৰত ব্লাদ গ্লুকজ স্তৰ বাঢি যায় সেইকাৰনে হাইপোগ্লাইচিমিয়াৰে পিড়িত ৰোগীক চেনী বা গ্লুকজ খোওৱা হয়।

প্ৰশ্ন (53)ঃ মই মৌ খাব পাৰোনে?

উত্তৰ ঃ নহয়, আপুনি লব নোৱাৰিব কাৰন ইয়াত সাধাৰন কাৰ্বহাইড্ৰেট পোৱা যায়। এইটো শৰ্কৰা কণেৰে ভৰি থাকে। এইটো নিম্ন তত্তৰে বনে-

7.31 শতাংশ মাল্টোচ

31.28 শতাংশ দেকচৰোচ

1.31 শতাংশ চুক্ৰোচ

1.5 শতাংশ দাই চুগাৰ

38.19 শতাংশ লেবয়ুলুচ কিন্তু মৌ অনেক দৰবৰ

গুণেৰে ভৰি থাকে। যদি এইটো কুহমীয়া পানীৰে ললে ওজন কমিব পাৰে।

প্ৰশ্ন (54)ঃ মই গুৰ লব পাৰোনে?

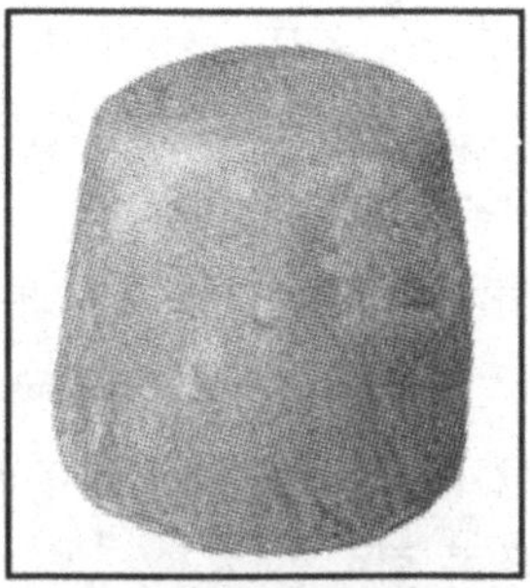

উত্তৰ ঃ নহয়, আপুনি লব নোৱাৰিব কাৰন ইয়াত সাধাৰন কাৰ্বহাইড্ৰেট থাকে। গুৰত 52 শতাংশ আহঁৰ বদেও বাকী তত্ত পানীৰ দৰে পোৱা যায়। সেইকাৰনে গুৰ ললেও আপোনাৰ ৰক্ত শৰ্কৰাৰ স্তৰ বাঢিব পাৰে।

প্ৰশ্ন (55)ঃ মই কুহিঁয়াৰৰ ৰস লব পাৰোনে?

উত্তৰ ঃ কুহিঁয়াৰৰ ৰস মিঠা হয় কাৰন এইটো কুহিঁয়াৰৰ পৰা বনে যিটো সাধাৰন কাৰ্বহাইড্ৰেট থাকে অতঃ এইটো মধুমেহ ৰোগীৰ বাবে হানিকাৰক হয়।

প্ৰশ্ন (56)ঃ গুৰ তথা চেনী বনাবৰ বাবে কি কেচা মালৰ প্ৰয়োগ কৰে?

উত্তৰ ঃ ভাৰতত গুৰ তথা চেনী কুহিঁয়াৰেৰে বনে কোনো স্হানত খেজুৰেৰে বনে।

প্ৰশ্ন (57)ঃ মধুমেহ ৰোগী কি মিঠাই খাব পাৰে?

উত্তৰ ঃ মধুমেহৰ ৰোগী চেক্রিন, ইকুৰেল বা চুগাৰ ফ্ৰীৰে বনা যিকোনো মিঠাই খাব পাৰে। সেইটোৰ কৃত্ৰিম শৰ্কৰাৰে বনা মিঠাই মধুমেহ ৰোগীয়ে খাব পাৰে। যদি হৃদয় ৰোগী ওজন কমাব পাৰে তেতিয়া এইটোও খাব পাৰে কাৰন ইয়াত কেলোৰীও কম থাকে।

প্ৰশ্ন (58)ঃ আহাৰত আহঁৰ মাত্ৰাত কেনেকৈ বঢাব পাৰি ?

উত্তৰ ঃ সকলো ফল তথা চবজিত আহঁ পোৱা যায়। আহঁ মধুমেহেৰে পীড়িত ব্যক্তি ৰক্ত শৰ্কৰাক নিয়ন্ত্ৰিত ৰাখে। যিকোনো কেচা চালাদ, চবজি বনা ৰুটিত আহঁ থাকে। চুপৰ স্হানত কেচা চবজিৰ প্ৰয়োগ লাভদায়ক হয়। গুদাৰ লগত জুচো লব লাগে।

প্ৰশ্ন (59)ঃ মধুমেহ ৰোগী কি ফল সেৱন কৰিব নালাগে ?

উত্তৰ ঃ মধুমেহ ৰোগীক এইটো পাহৰিব নালাগে যে মিঠা ফল হানিকাৰক হয় কাৰন ফল সেৱন কৰিয়েই ৰোগীৰ ৰক্ত শৰ্কৰা স্তৰ বাঢি যায়। পকা অমিতা ললেও লুকচান হব পাৰে।

ঘৰুৱা অমিতা লব পাৰে যত মিঠা নাথাকে। যদি আপেল খোৱাৰ ইচছা থাকে তেতিয়া সেউজীয়া আপেল লব পাৰে যিটো মিঠা নহয়। ইয়াৰ আকাৰ সৰু হয় আৰু ইয়াৰ পৰা ৰক্ত শৰ্কৰাও নাবাঢ়ে সেইকাৰণে মধুমেহ ৰোগী সেই ফলৰ সেৱন কৰিব পাৰে যিটো পকা নহয়।

প্ৰশ্ন (60) ঃ সতেজ ফল আৰু জুচৰ কোনটো বেছি লাভদায়ক হয় ?

উত্তৰ ঃ জুচৰ তুলনাত ফল বেছি লাভদায়ক হয় যি মিঠা নহয়। মধুমেহ ৰোগীৰ বাবে জুচ খাব নালাগে কাৰন ইয়াত পৰা শৰ্কৰা বাঢ়ি যায়। মিঠা থাকে আৰু শৰ্কৰা বাঢ়ে।

প্ৰশ্ন (61) ঃ আপাতকালত বা দুখ অনুভৱ কৰিলে কেনেকুৱা ভোজন কৰিব লাগে?

উত্তৰ ঃ যদি শৰ্কৰাৰ স্তৰ কমে তেতিয়া ৰোগীৰ বাবে আপাত স্হিতি হব পাৰে। এইটো সেই ৰোগীৰ বাবে সামান্য যে যি দৰবত আশ্ৰিত থাকে। যদি ৰোগী সময়ত ভোজন নকৰে বা অধিক ব্যায়াম কৰে তেতিয়া ৰক্ত শৰ্কৰাৰ স্তৰ কমে। সেই সময়ত শীঘ্ৰে গ্লুকজৰ আৱশ্যকতা হয় যাৰ বাবে আপুনি যিকোনো মীঠা পদাৰ্থ লব পাৰে কাৰন মীঠা খোৱাৰ পাচ মিনিট পাছতে ৰক্ত শৰ্কৰা বাঢি যায়।

যদি বেলেগ কিবা কাৰনত আপোনাৰ স্বাস্হ্য ভালে নাথাকে তেতিয়া সাধাৰন ভোজন কৰিব।

প্ৰশ্ন (62)ঃ মই অমিতা খাব পাৰোনে?

উত্তৰ ঃ হয়, মধুমেহ ৰোগী অমিতা খাব পাৰে। সাধাৰনতে দেখা যায় যে ৰোগী পকা অমিতা খাব ধৰে যিটো অধিক মিঠা হয়। সেইকাৰনে আপোনাক বিনা পকা অমিতা খোৱাৰ পৰামৰ্শ দিওঁ। যদি আপুনি মিঠা ফল বহুত ভাল পায় তেতিয়া হলে বিনা পকা অমিতাৰ টুকুৰা চেক্ৰিনত ভিজাই খাব পাৰে।

প্ৰশ্ন (63)ঃ লাও মধুমেহৰ বাবে লাভদায়কনেকি?

উত্তৰ ঃ লাওৰ ৰস বহুত লাভদায়ক হয়। এইটো হৃদয় ৰোগ, শুকান দিঙি, ভাগৰ তথা শৰীৰত চদিয়ামৰ অভাৱৰ বাবে লাভদায়ক হয়।

ইয়াত যদি পাচ মি. লি. নেমুৰ ৰস মিলাই খালে মুত্রত পোৱা অম্লৰে হোৱা জলন শান্ত হয়। লাও এক এন্টিঅকচিদেন্টও হয় মথা কেলৰী নথকাৰ বাবে ওজন কমোৱাত সহায় হয়।

লাওৰ ৰস বনাবৰ বাবে পাচশ গ্রাম লৈ পিচক তেতিয়া ৰেশ নস্ট হয়। এয়াৰ চবজিও শৰিৰ বাবে লাভদায়ক হয়।

প্রশ্ন (64)ঃ মই কেৰেলা খাব পাৰোনে ?

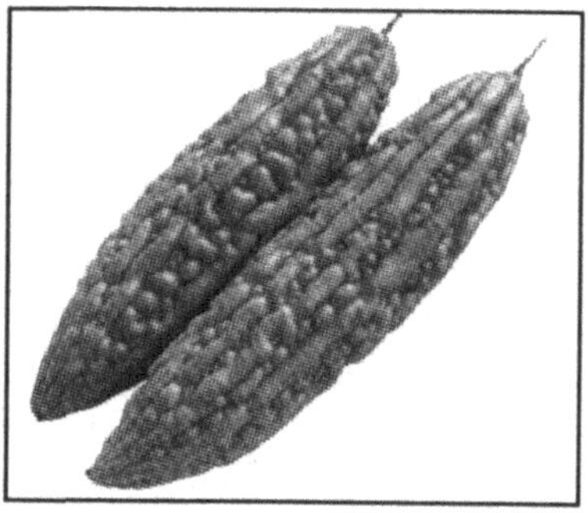

উত্তৰ ঃ নিশ্চয়, এইটো পানী লগা জব্বৰ পৰা বচাই। এন্টিদটৰ কাম কৰে। পেটৰ বাবে টনিকৰ দৰে। ইয়াত পোৱা ইনচুলিন ৰক্ত তথা শৰ্কৰা স্তৰ কমাই। ৰোগীয়ে প্রতিদিনে ৰাতিপুৱা খালী পেটত 120-140 মি.লি. কেৰেলাৰ জুচ খাব পাৰে কিন্তু শৰ্কৰা স্তৰো নিৰিক্ষণ কৰিব লাগিব। ৰোগত নিয়ন্ত্রিত পাবৰ বাবে দিনত দুই তিনি বাৰ কেৰেনাৰ চূর্ণও পানীৰে লব পাৰে। এইটো অনেক ৰোগতো লাভদায়ক হয়, ইয়াৰ পৰা ৰক্ত চাফা হয়। এই যকৃত তথা পাচন তন্ত্রৰ অসুবিধাও দূৰ কৰে।

প্রশ্ন (65)ঃ মই নিম লব পাৰোনে ?

উত্তৰ ঃ ভাৰতত নিমৰ বৃক্ষ সামান্যতঃ পোৱা যায়। নিমৰ পাত ৰক্ত শৰ্কৰাৰ স্তৰ কমোৱাত সহায় কৰে। ইয়াৰ হাইপোগ্লাইচিমিক তত্ত্ব মধুমেহক নিয়ন্ত্রন কৰে।

প্রশ্ন (66) ঃ মই ভোজনত ৰাই প্রয়োগ কৰিব পাৰোনে ?

উত্তৰ ঃ হয়, কিন্তু আপুনি যদি মধুমেহৰ লগতে হৃদয় ৰোগীয়ো হয় তেতিয়া ৰাই প্রয়োগ নকৰিব কাৰন ইয়াত ট্রাইগ্লিচৰাইদ নামৰ চৰ্বি থাকে। এইটো চবজি, চাটনি হিচাপে ব্যৱহাৰ কৰা হয়। ৰাই দানা সাধাৰণ ৰঙা ৰঙৰ থাকে। এই পুলিৰ পাতৰ পৰা চবজিও বনে। ৰাইৰ গোন্ধ বহুত ভাল হয়। প্রায়, ৰাই তৰকাৰীত দিয়া যায়। ৰাইৰ দানাত ভিটামিন এ.বী.চী তথা আহেঁৰে ভৰপুৰ থাকে।

প্রশ্ন (67)ঃ মেথীৰ বীজ ৰক্ত শৰ্কৰাৰ স্তৰ কমায়নেকি ?

উত্তৰ ঃ হয়, ইয়াৰ হাইপোগ্লাইচিমিক তত্ত মধুমেহত লাভদায়ক হয়।

প্রশ্ন (68) ঃ মেথীৰ বীজ কি মাত্রাত কিমানবাৰ লব লাগে ?

উত্তৰ ঃ মেথীৰ বীজ গ্লাইচিমিক তত্ত এইটো কমায় সেইকাৰনে এইটো মধুমেহত লাভদায়ক হয়। এইটো বাৰ ঘণ্টা পানীত তিয়াই লওক আৰু পেস্ট বনাই দৰব হিচাপে লওক। এইটো যদি প্রতিদিনে 250 গ্ৰাম ললে মধুমেহ বহুত সময়লৈকে নিয়ন্ত্রিত ৰাখিক পাৰি।

প্রশ্ন (69) ঃ মই জামু খাব পাৰোনে ? এইটো মধুমেহত লাভদায়ক হয়নে ?

উত্তৰ ঃ হয়, এইটোও হাইপোগ্লাইচিমিক তত্ত হিচাপে জানা যায়। এইটো অগ্নাশয় তথা শৰ্কৰাক প্রভাৱিত কৰে যৰ পৰা ৰক্ত শৰ্কৰাৰ স্তৰ কমায়। এইটোও কোৱা যায় যে যদি জামু তিনি গ্ৰাম চূণব, দিনত তিনি বাৰ খায়

তেতিয়া ইয়াৰ পৰা মুত্ৰত শৰ্কাৰৰ মাত্রা কম

হয় তথা বাৰে বাৰে পিয়াসো নালাগে।

প্ৰশ্ন (70)ঃ মই চাউল খাব পাৰোনে?

উত্তৰ ঃ চাউল সাধাৰন তথা জটিল কাব্ৰহাইদ্ৰেটৰ মিশ্ৰন হয় কিন্তু ইয়াত সাধাৰন কাব্ৰহাইদ্ৰেটৰ মিশ্ৰন অধিক থাকে অতঃ কেৱল চাউল নাখাব চবজি তথা চালাদ লগত খাব। আজিকালি বজাৰত ব্ৰাউন চাউল পোৱা যায়। এইটো বগা চাউলতকৈ অধিক আহঁ থাকে। ইয়াত পলিচ কৰা নাথাকে সেইকাৰনে মধুমেহ ৰোগী এইটো লব পাৰে। কিন্তু চবজি তথা চালাদ লগত খালে বেছি লাভদায়ক হয়।

প্ৰশ্ন (71) ঃ মই আলু খাব পাৰোনে?

উত্তৰ ঃ মধুমেহৰ কথা আহিলেই আলুৰ প্ৰয়োগত বাধা দিয়া হয়। কিন্তু আজিকালি বৈজ্ঞানিককে সিদ্ধ কৰিছে যে মধুমেহ ৰোগী অলপ আলু খাব পাৰে। চাউলৰ দৰে আলুও সাধাৰন তথা জটিল কাব্ৰহাইদ্ৰেটৰ মিশ্ৰন থাকে সেইকাৰনে আলুক পাতদায়ক চবজিৰ লগত খাব লাগে।

প্ৰশ্ন (72) ঃ মই মধুৰিয়াম খাব পাৰোনে?

উত্তৰ ঃ হয়, বজাৰত কেচা মধুৰিয়াম আৰু পকা মধুৰিয়াম পোৱা যায়। মধুমেহ ৰোগী এইটো সহজে লব পাৰে। কেচা মধুৰিয়াম সোৱাদও মিঠা থাকে তথা মধুমেহ ৰোগী এই সহজে খাব পাৰে। পকা মধুৰিয়াম সোৱাদৰ মিঠা হয় সেই কাৰণে ইয়াৰ সেৱন নকৰাই ভাল।

প্ৰশ্ন (73) ঃ পেপচি তথা কোকৰ দৰে পদাৰ্থ লব পাৰোনে?

উত্তৰ ঃ ইয়াত মিঠা তথা কেলৰী অধিক মাত্ৰাত থাকে সেইকাৰনে ইয়াৰ প্ৰয়োগ কৰিব

নালাগে। আজিকালি বজাৰত দাইট কোক পোৱা যায় যত চেক্রিনৰ মিঠা দিয়া যায়, এইটো লব পাৰে। এইটো কেলৰী ৰহিত হয় তথা কোনো বেয়া প্রভাৱ নিদিয়ে।

প্রশ্ন (74) ঃ মই গাখীৰ খাব পাৰোনে ?

উত্তৰ ঃ হয়, মধুমেহ ৰোগীয়ে লব পাৰে কিন্তু হৃদয় ৰোগ দ্রুত গতিৰে বাঢি যায়। গাখীৰ পশুৰ পৰা পোৱা যায় যত 4-5 শতাংশ চৰ্বি থাকে, এইটো নোলোৱাই ভাল। ইয়াত কোলেস্ট্রলৰ মাত্রা থাকে সেইকাৰনে যদি মধুমেহ ৰোগী, হৃদয় ৰোগী হয় তেতিয়াহলে নোলোৱাই ভাল। আপুনি 500 মি.লি. স্কিমদ মিল্ক বা 200 মি.লি. টোন্দ মিল্ক লব পাৰে।

প্রশ্ন (75) ঃ মই পনীৰ খাব পাৰোনে ?

উত্তৰ ঃ এইটো গাখীৰৰে ৰোপ হয় কিন্তু মধুমেহ ৰোগ এইটো খাব পাৰে। যদি হৃদয় ৰোগী হয় তেতিয়াহলে এয়াৰ প্রয়োগত সাৱধানী হব লাগে কাৰন ইয়াত কোলেস্ট্রলৰ মাত্রা থাকে।

প্রশ্ন (76) ঃ মই টৌফু খাব পাৰোনে ?

উত্তৰ ঃ হয়, চয়াবিনক গোটেই ৰাতি ভিজাই থোৱা হয় তাৰ পাছত সঠিক অনুপাতত পানী মিলায় মহীন পেস্ট বনোৱ হয়। ইয়াক পনীৰৰ স্হানত ললে বেছি লাভদায়ক হয় কাৰন ইয়াত কোলেস্ট্রল নাথাকে।

প্রশ্ন (77)ঃ মই নুদলচ খাব পাৰোনে ?

উত্তৰ ঃ নুদলচ মৈদাৰে বনে যত ওলপ মাত্রাত ৰেশ পোৱা যায়।

সেউজীয়া শাক, পিয়াজ, বিলাহী মিলাই

এইটো খাব পাৰে।

প্ৰশ্ন (78) ঃ মই কন্দেন্দ গখীৰ খাব পাৰোনে?

উত্তৰ ঃ ইয়াত মিঠা থাকে। ইয়াত 55 শতাংশ শৰ্কৰা থাকে। 31 শতাংশ দুগ্ধ পদাৰ্থত 9শতাংশ চৰ্বি থাকে। যি ব্যক্তিয়ে ওজন বঢ়াব বিচাৰে এইটো সেৱন কৰিব পাৰে। বজাৰত 'মিল্ক মেদ' হিচাপে জনা যায়। মিঠা অধিক থকাৰ বাবে মধুমেহ ৰোগী এইটো সেৱন কৰিব নালাগে।

যদি আপোনাক মিঠা ৰহিত কন্দেন্দদ গাখীৰ পায় তেতিয়া সেইটো লব পাৰে কিন্তু মিঠাৰ লগতে ইয়াৰ চৰ্বিৰ পোৱা যায় যি হৃদয় ৰোগৰ প্ৰমুখ কাৰণ হয়, অতঃ ইয়াৰ সেৱন নকৰাই ভাল।

প্ৰশ্ন (79) ঃ মই প্ৰিজভেটিজ খাব পাৰোনে?

উত্তৰ ঃ হয়, লব পাৰে কিন্তু অতি মাত্ৰাত নহয় কাৰন এইটো ৰসায়নেৰে বনে। মধুমেহ ৰোগী তেল আৰু চেনীৰ সেৱন নকৰাই ভাল। ঘৰত আপোনি নিমখ, চেনী আৰু তেল আদি সংৰক্ষক পদাৰ্থৰ উপযোগ কৰে। মধুমেহ ৰোগী তেল আৰু চেনীৰ সেৱন নকৰাই ভাল।

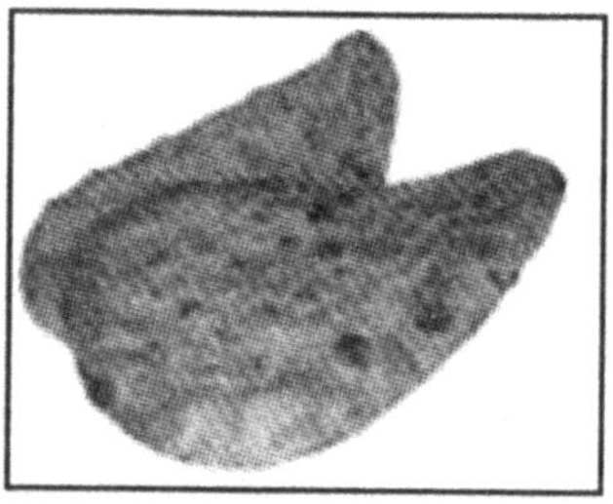

প্ৰশ্ন (80) ঃ মই নান খাব পাৰোনে?

উত্তৰ ঃ নান খালে একো নহয় যত ৰেশ বহুত কম থাকে। ইয়াত তেলেও দিয়া যায়। মধুমেহ ৰোগী এইটো সেৱন নকৰাই ভাল। ইয়াৰ স্হানত ৰুটি লব পাৰে। যদি হৃদয় ৰোগী নহয় তেতিয়া এইটো লব পাৰে সেইটোও সেইজীয়া চবজি, পিয়াজ, বিলাহী তথা গাজেৰ ভৰা নান খাব পাৰে।

প্ৰশ্ন (81) ঃ মই দাবল ৰুটি খাব পাৰোনে?

উত্তৰ ঃ বজাৰত দুই ধৰনৰ দাবল ৰুটি পোৱা যায়, বগা যিটো ৈ

মদাৰে বনে তথা মটিয়া যিটো ঘেহুঁৰে বনে। মটিয়াত বগাৰ তুলনাত অধিক আহঁ থাকে। 100 গ্ৰাম বগা দাবল ৰুটিত 0.2 গ্ৰাম আহঁ থাকে তথা মটিয়া দাবল ৰুটিত 1.2 গ্ৰাম আহঁ তথা 245 কেলৰী থাকে। সেইকাৰনে বগা দাবল ৰুটিতকৈ মটিয়াত দাবল ৰুটি বেছি লাভদায়ক হয়। যদি মতিয়া ডাবলৰুটি নাপায় তেতিয়া বগা ডাবলৰুটিক চাটনী টিয়হ বিলাহীৰ চালাদৰে খাব পাৰে।

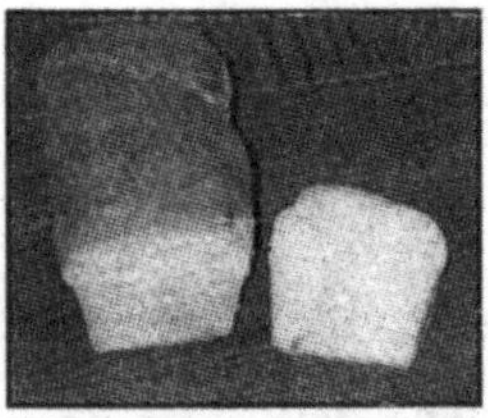

প্ৰশ্ন (82) ঃ মই বাদাম খাব পাৰোনে ?

উত্তৰ ঃ আপুনি বাদাম খাব পাৰে কিন্তু যদি হৃদয় ৰোগ বা ট্ৰাইগ্লিচৰাইদ স্তৰ অধিক হয় তেতিয়া বাদাম খাব নকৰিব অন্যথা মধুমেহৰ ৰোগী বাদাম খাব পাৰে।

প্ৰশ্ন (83) ঃ মই কফি খাব পাৰোনে ?

উত্তৰ ঃ কফি এক উত্তেজক পেয় পদাৰ্থ হয়। ইয়াত কেফেইন নামৰ তত্ত থাকে সেইকাৰনে ইয়াক সেৱন নকৰিব। অধিকতৰ ব্যক্তি গাখীৰ তথা চেনীৰে বনা কফি পচন্দ কৰে। মধুমেহৰ ৰোগী চেনীৰ পৰিৱৰ্তে কৃত্ৰিম মিঠা দি মাত্ৰ দুই কাপহে লব লাগে।

প্ৰশ্ন (84) ঃ মই চাহ খাব পাৰোনে ?

উত্তৰ ঃ মধুমেহৰ ৰোগীয়ে চাহ খাব পাৰে কিন্তু ইয়াৰ হানিকৰক প্ৰভাৱো হয়। চাহত পোৱা টেনিন আপোনাক লোকচান কৰায়। যদি লব বিচাৰে তেতিয়া দিনত দুই কাপতকৈ অধিক লব নালাগে।

প্ৰশ্ন (85) ঃ মই খেজুৰ খাব পাৰোনে ?

উত্তৰ ঃ নহয়, আপুনি খাব নোৱাৰে। খেজুৰত পোৱা শৰ্কৰা

শৰীৰত ঘূলি শীঘ্রে নিজৰ প্ৰভাৱ দেখায় যত ৰক্ত স্তৰ বাঢ়ি যায় সেইকাৰনে এয়াৰ সেৱন নকৰিব।

এইটো প্ৰেটিন, ভিটামিন আদিৰে ভৰপুৰ থাকে অতঃ যদি মধুমেহ নহয় তেতিয়াহলে এইটো প্ৰয়োগ কৰিব পাৰে।

প্ৰশ্ন (86) ঃ মই বাদাম খাব পাৰোনে?

উত্তৰ ঃ হয়, বাদাম দুই প্ৰকাৰৰ হয়। তিতা আৰু মিঠা বাদামৰ প্ৰয়োগ ব্যঞ্জনত কৰে।

তিতা বাদাম কম আয়ুসৰ বাবে বিষাক্ত হয়। বাদাম পোষনেৰে ভৰপুৰ থাকে। ইয়াত কৰ্বহাইড্ৰেট, কেলচিয়াম তথা প্ৰোটিনেৰে ভৰপুৰ থাকে যি কম আয়ুসৰ হাড় আৰু দাতৰ বাবে বহুত আৱশ্যক হয়। 100 গ্ৰাম বাদামত 58.9 গ্ৰাম চৰ্বি পোৱা যায় যি 12 চামুচ তেলৰ সমান হয়। মধুমেহৰ ৰোগী বাবেও এইটো লাভদায়ক হয়। যদি হৃদয় ৰোগ হয় তেতিয়া ইয়াৰ সেৱন নকৰিব।

প্ৰশ্ন (87) ঃ মই আখৰোট খাব পাৰোনে?

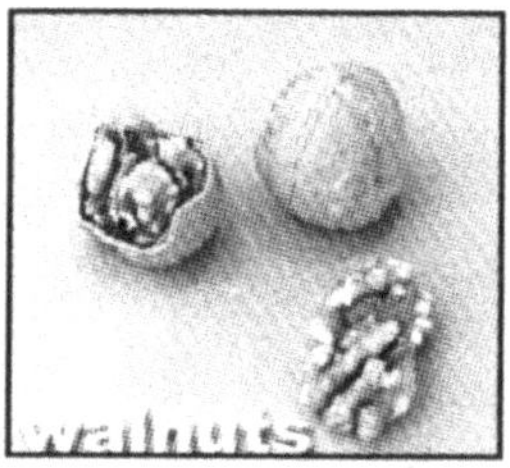

উত্তৰ ঃ এইটো প্ৰোটিনেৰে ভৰপুৰ থাকে আৰু অলপ মাত্ৰাত ভিটামিন বিও পোৱা যায়। এইটো অলপ মাত্ৰাত ফলৰ লগত খাব লাগে।

এইটো এগ্জিমা ৰোগত লাভদায়ক হয়। 100 গ্ৰাম আখৰোটত 64.5 গ্ৰাম চৰ্বি পোৱা যায় যত ট্ৰাইগ্লিচৰাইদৰ মাত্ৰা বাঢ়ে। যদি হৃদয় ৰোগ হয় তেতিয়া ইয়াৰ সেৱন নকৰিব।

প্ৰশ্ন (88) ঃ মই নাৰিকল খাব পাৰোনে?

উত্তৰ ঃ নাৰিকলক সম্পূৰ্ণ আহাৰ হিচাপে মানা যায়। এইটো 'ৰান্দাৰফুল' ভিটামিন তথা এ বি1 ৰে ভৰপুৰ থাকে। এইটো পটেচিয়াম, চদিয়াম, মেগনেচিয়াম আয়ৰন, ফচফৰাচ তথা চালফাৰৰ অমূল্য ভান্দাৰ থাকে। ইয়াত কাৰ্বহাইড্ৰেট তথা প্ৰোটিনো পোৱা শৰীৰক স্নিকধটতা প্ৰদান কৰে। 100 গ্ৰাম কেচা নাৰিকলত 41.6 গ্ৰাম তথা শুকান নাৰিকলত 62.3 গ্ৰাম চৰ্বি পোৱা যায়। 100 গ্ৰাম নাৰিকল তেলত 1 শতাংশ পোলী অনচেচুৰেটিদ চৰ্বি যুক্ত অম্ল, 8 শতাংশ মেনুঅনচেচুৰেটিদ চৰ্বি যুক্ত অম্ল তথা 91 শতাংশ চেচুৰেটিদ চৰ্বি যুক্ত অম্ল পোৱা যায়। সেইকাৰনে হৃদয় ৰোগীয়ে এইটো সেৱন নকৰিব। যদি কেৱল মধুমেহৰ ৰোগী হয় তেতিয়া সেৱন কৰিব পাৰে।

প্ৰশ্ন (89) ঃ মই নাৰিকলৰ পানী খাব পাৰোনে?

উত্তৰ ঃ হয়, অলপ মাত্ৰাত নাৰিকলৰ পানী খাব পাৰে। এদিনত মাত্ৰ দুই কাপহে লব।

প্ৰশ্ন (90) ঃ মই আঞ্জিৰ খাব পাৰোনে?

উত্তৰ ঃ এইটো খাব নোৱাৰে কাৰন এইটো বহুত মিঠা হয়। প্ৰোটিন, কেলচিয়ামেৰে ভৰপুৰ থাকে সেইকাৰনে।

প্ৰশ্ন (91) ঃ মই পিয়াজ খাব পাৰোনে?

উত্তৰ ঃ পিয়াজত ভিটামিন এ, বি তথা চি প্ৰচুৰ মাত্ৰাত পোৱা যায়। ইয়াত কেলৰীৰ মাত্ৰা কম পোৱা যায়। এইটো আহঁদাৰ চবজী

অৰ্গেনিক কেলচিয়াম, পটেচিয়াম তথা আয়ৰনৰো শ্ৰোত হয় সেইকাৰনে যিমান পাৰে পিয়াজ খাব।

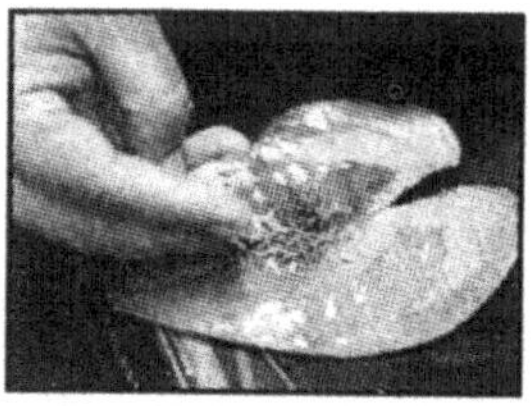

প্ৰশ্ন (92) ঃ মই পান খাব পাৰোনে ?

উত্তৰ ঃ হয়, আপুনি খাব পাৰে। কিন্তু এইটো চাদাৰ লগত নাখাব।

প্ৰশ্ন (93) ঃ মই তেতেলী খাব পাৰোনে ?

উত্তৰ ঃ হয়, ইয়াত ভিটামিন চিৰে ভৰপুৰ থাকে তথা এন্টিঅকচিদেন্ট থকাৰ বাবে হৃদয়ৰ বাবে ভাল হয়।

ইয়াত কেলৰীৰ মাত্ৰাত থাকে তথা অধিক আহঁ পোৱা যায়। 100 গ্ৰাম তেতেলীত 56 গ্ৰাম থাকে। এইটো মধুমেহৰ ৰোগী বাবেও এইটো লাভদায়ক হয়।

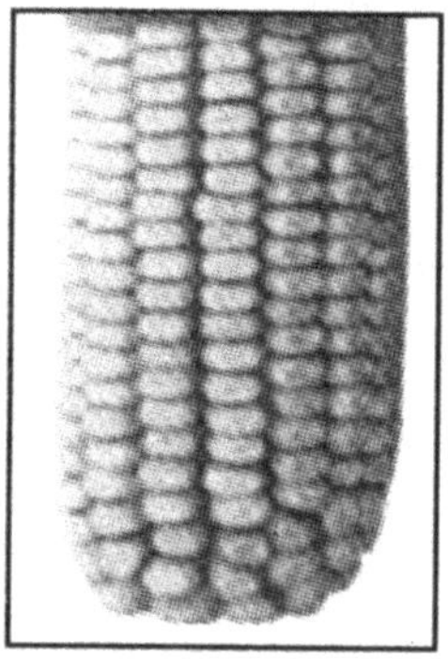

প্ৰশ্ন (94) ঃ মই মাকৈ খাব পাৰোনে ?

উত্তৰ ঃ হয়, মাকৈ খাব পাৰিব কিন্তু মনত ৰাখিব এইটো এক সাধাৰন কাৰ্বহাইড্ৰেট হয়। আপুনি কৰ্নফ্লেকচক অটমিল বা ফলৰ লগত খাব পাৰে। যদি আপুনি মাকৈৰ ৰুটি খাব বিচাৰে তেতিয়া পিয়াজ, বিলাহী তথা গাজৰৰ লগত খাব পাৰে।

প্ৰশ্ন (95) ঃ মই ভোজনত ৰং দিব পাৰোনে ?

উত্তৰ ঃ হয়, দিব পাৰে। বজাৰত অনেক ধৰনৰ প্ৰাকৃতিক তথা চিনথেতিক ৰং পোৱা যায়। কিছুমান চিনথেতিক ৰং লোকচান কৰাব পাৰে কিন্তু ইয়াৰ প্ৰয়োগৰ পৰা বাচিব নোৱাৰি। ৰং ব্যৱহাৰত কোনো হানি নাই কিন্তু প্ৰাকৃতিক ৰং ব্যৱহাৰত কোনো হানি নহয়।

ৰুটিত সেউজীয়া পাতজাতীয় চবজিৰে সুন্দৰ আৰু পৌষ্টিক বনাব পৰা যায়।

প্ৰশ্ন (96) ঃ মই বিলাহী খাব পাৰোনে ?

উত্তৰ ঃ হয়, অপুনি বিলাহী চাটনী খাব পাৰিব কিন্তু বজাৰত পোৱা নহয়। ঘৰত বনা বিলাহী চাটনী খাব পাৰে। বিলাহীক ভালদৰে সিজাই ছালনীৰে ছালি লওক, এইটো মিঠা বনাবৰ বাবে কৃত্ৰিম মিঠা দিব পাৰে।

প্ৰশ্ন (97) ঃ মই ধকলা খাব পাৰোনে ?

উত্তৰ ঃ হয়, মধুমেহৰ ৰোগী এইটো সেৱন কৰিব পাৰে। এইটো এক গুজৰাতী ব্যঞ্জন হয় যিটো দৈ তথা বেচনেৰে বনে। এইটো জলপানৰ বাবে ভাল হয়। এইটো ভাপেৰে সিজাই সৰু টুকুৰাও কাটা যায় তথা সৰিয়হ আৰু ৰঙা জলকীয়া দিয়া যায়। এইটো আপোনাৰ বাবে এটা ভাল স্নেক হয় কাৰণ ইয়াৰ পৰা ৰক্ত শৰ্কৰাৰ স্তৰত বৃদ্ধি নহয়।

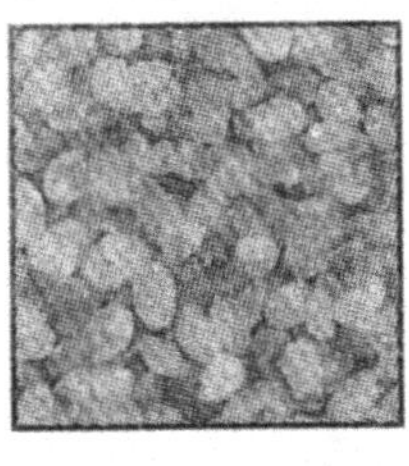

প্ৰশ্ন (98) ঃ মই কিচমিচ খাব পাৰোনে ?

উত্তৰ ঃ নহয়, কাৰন এইটো মিঠা হয় কাৰন ইয়াৰ তিনি চতুৰ্থাংশ মিঠা থাকে যিটো আপোনাৰ ৰক্ত শৰ্কৰাক খোৱাৰ লগে লগে বাঢ়িব পাৰে।

প্ৰশ্ন (99) ঃ মই গাজৰ খাব পাৰোনে ?

উত্তৰঃ হয়, কিন্তু এটা কথা মনত ৰাখিব যে বজাৰত পোৱা হালধীয়া গাজৰ মিঠা নহয়। সতেজ গাজৰত পোৱা মিঠা আপুনাৰ ৰক্তত শৰ্কৰাৰ স্তৰ বাঢিব পাৰে সেইকাৰনে সতেজ গাজৰহে খাব।

প্ৰশ্ন (100) ঃ মই কাজু খাব পাৰোনে ?

উত্তৰ ঃ হয়, কাজু খাব পাৰে। ইয়াত কেলৰীৰে ভৰপুৰ থাকে। কিডনীৰ দৰে কাজু বগা তথা সোৱাদত মিঠা হয়। এইটো তেলৰে ভাজিলে সোনকালে হজম হব নোৱাৰে সেইকাৰনে প্ৰাকৃতিক ৰূপত খাব। অতঃ এইটো প্ৰাকৃতিক ৰোগত খাৱক। মিঠা ফলৰ বাবে এইটো অম্লযুক্ত ফলৰ লগত লওক।

১০০ গ্ৰাম কাজুত 47 গ্ৰাম চৰ্বি পোৱা যায় যাৰ অৰ্থ 9 চামুচ তেল অতঃ মধুমেহৰ ৰোগীয়ে এইটো সেৱন নকৰিব।

প্ৰশ্ন (101) ঃ মই ভোজনত চাম্বাৰ মচলা প্ৰয়োগ কৰিব পাৰোনে ?

উত্তৰ ঃ হয়, এইটোত চেনী নাথাকে সেইকাৰনে মধুমেহৰ ৰোগীয়ে এইটো সেৱন কৰিব পাৰে।

মধুমেহৰ ৰোগীয়ে ঘৰত বনোৱা চাম্বাৰ মচলা প্ৰয়োগ কৰিব কাৰণ বজাৰত বনা মচলাত তেলেৰে ভজা যায়। কিন্তু বিনা তেলৰ প্ৰয়োগ কৰিব পাৰে।

প্ৰশ্ন (102) ঃ মই চবজিত গৰম মচলা দিব পাৰোনে ?

উত্তৰ ঃ হয়, চবজিত গৰম মচলা দিব পাৰিব। গৰম মচলাত লং, জালুক, ইলচী তথা ধনীয়া আদি পিচি দিয়া হয়। গেচ অথবা আলচাৰ ৰোগীয়ে গৰম মচলা সেৱন কৰিব নালাগে।

প্ৰশ্ন (103)ঃ মই ভোজনত এচেনচ প্ৰয়োগ কৰিব পাৰোনে ?

উত্তৰ ঃ হয়, আপুনি মই ভোজনত এচেনচ প্ৰয়োগ কৰিব পাৰিব। এইটো ভোজনত ৰং তথা সোৱাদ বঢ়াই।

প্ৰশ্ন (104) ঃ মই জালুক প্ৰয়োগ কৰিব পাৰোনে ?

উত্তৰ ঃ আপুনি জালুক প্ৰয়োগ কৰিব পাৰিব কিন্তু অধিক প্ৰয়োগত জলা হব পাৰে। ইয়াৰ প্ৰয়োগত হানি নহলেও কম মাত্ৰাত লব।

প্ৰশ্ন (105) ঃ মই ভোজনত পস্টদানা প্ৰয়োগ কৰিব পাৰোনে ?

উত্তৰ ঃ পস্টদানা মিঠা হয়। মিঠা ব্যঞ্জনত ইয়াৰ প্ৰয়োগ হয়। ইয়াত সাধাৰন কাৰ্বহাইদ্ৰেট থাকে অতঃ ইয়াৰ অধিক সেৱন কৰিব নালাগে। যদি লব বিচাৰে তেতিয়া আহঁ জাতীয় চবজিৰ লগত লব।

প্ৰশ্ন (106) ঃ মই কোনটো চাইনিজ ব্যঞ্জন খাব পাৰোনে ?

উত্তৰ ঃ মধুমেহৰ ৰোগী অনেক চাইনিজ ব্যঞ্জন সেৱন কৰিব পাৰে। চুপ, মমজ তথা চাইনিজ ৰাইচ লগতে নুদলচো খাব পাৰে।

প্ৰশ্ন (107) ঃ দক্ষিণ ভাৰতীয় ব্যঞ্জন কি খাব পাৰো ?

উত্তৰ ঃ আপুনি খাদুচা, মচলা দচা আদি খাব পাৰে। যদি মচলা বা প্লেন ইদলি খাব বিচাৰে তেতিয়া চাম্বাৰৰ মাত্ৰা ইদলিতকৈ দুগুন লওক। আপুনি ধনিয়া বা পুদিনক চাটনিৰ লগত দালি পকৰা লব পাৰে।

প্ৰশ্ন (108) ঃ দক্ষিণ ভাৰতীয় মানুহ উত্তৰ ভাৰতীয় মানুহৰ তুলনাত অধিক মধুমেহ কিয় হয়?

উত্তৰ ঃ দক্ষিণ ভাৰতীয় মানুহ চাউলেৰে বনা ইদলি, দচা আদি খাদ্য পদাৰ্থ অধিক সেৱন কৰে। উত্তৰ ভাৰতীয় মানুহৰ তুলনাত আহাঁদাৰ চবজি কম প্ৰয়োগ কৰে।

প্ৰশ্ন (109) ঃ গুজৰাতী ব্যঞ্জনৰ কি খাব পাৰো?

উত্তৰ ঃ অধিকতৰ গুজৰাতী ব্যঞ্জন চেনীৰে বনে সেইকাৰনে মধুমেহ ৰোগী গুজৰাতী ব্যঞ্জনৰ পৰা সাৱধান হব লাগে।

প্ৰশ্ন (110) ঃ উত্তৰ ভাৰতীয় ব্যঞ্জনৰ কি খাব পাৰো?

উত্তৰ ঃ মধুমেহৰ বাবে উত্তৰ ভাৰতীয় ব্যঞ্জন খাব পাৰে। কেৱল মিঠাৰ বাদে তন্দুৰী ৰুটি, ৰুমাল ৰুটি, মাকৈ ৰুটি খাব পাৰে।

প্ৰশ্ন (111) ঃ বিবাহ সমাৰোহত মধুমেহ ৰোগী কি খাব পাৰে?

উত্তৰ ঃ মধুমেহ ৰোগী বিবাহ সমাৰোহত মিঠাৰ বাদে সকলো খাব পাৰে। ৰোগীক চবজী লওতে সাৱধান হব লাগে। চাউলৰ ঠাইত চবজীৰে বনা পুলাও, চবজীৰে বনা মেকৰনী খাব পাৰে। ৰোগীক অনাজ তথা চবজি সেৱনৰ অলপ সাৱধানী হব লাগিব।

যেনে সাধাৰণ চাউল বা অনাজৰ ঠাইত শস্য, চবজিৰে বনা পুলাও, চবজিৰে বনা মেকৰোনী তথা ৰুটি লব পাৰে। চবজিও আলু চুকন্দৰ সেৱন কৰিব নালাগে।

প্ৰশ্ন (112) ঃ ট্ৰেইনত যাত্ৰা কৰোতে মধুমেহ ৰোগী কি খাব লাগে ?

উত্তৰঃ মধুমেহ ৰোগী ট্ৰেইনত যাত্ৰা কৰোতে মিঠাৰ বাদে সকলো খাব পাৰে। কাৰন ইয়াত শৰ্কৰাৰ স্তৰ বাঢ়ি যায়। ভাজা চানা, মেৰী বিস্কুট নিব পাৰে। বজাৰত পোৱা চুপ পাউদাৰো নিব পাৰে। যদি বিচাৰে থৰ্মচত ঘৰত বনা চুপো লব পাৰে কাৰণ ৰেলগাড়ীত পোৱা চুপত চেনীৰ প্ৰয়োগ কৰা যায়।

প্ৰশ্ন (113) ঃ মধুমেহ ৰোগী নহৰু খালে কি লাভ হয় ?

উত্তৰ ঃ নহৰু অনেক ৰোগৰ বাবে লাভদায়ক হয়।

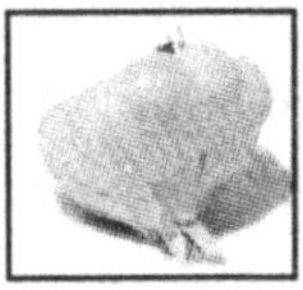

এইটোৱে ৰক্তত গ্লুকজ তথা কোলেস্টলৰ স্তৰক কমায়। ইয়াৰ পৰা ৰক্তচাপতো কম হয়। মধুমেহ ৰোগীক প্ৰতিদিনে এপিচ নহৰু খাব লাগে।

প্ৰশ্ন (114) ঃ মধুমেহ ৰোগীত আমলখী গুণকাৰী কিয় মানা যায় ?

উত্তৰ ঃ আমলখী ভাৰতত পোৱা এনেকুৱা ফল হয় যে যত চি ভিটামিন থাকে। এইটো যিকোনো ৰূপত খালেও চি ভিটামিন পাব।

এইটো হৃদয় ৰোগ, মধুমেহ ৰোগ, দস্ত আদিৰ দৰে ৰোগত লাভদায়ক

হয়। অৱলাত পোৱা আহঁ ব্লাদচুগাৰৰ স্তৰক কমায়। যদি মধুমেহ ৰোগ দুই মাহলৈ থাকে তেতিয়া চাহ একাপৰ লগত কেৰেলাৰ ৰসত 15 মি. লি. আমলখী ৰস মিলাই খালে ৰক্ত শৰ্কৰাৰ স্তৰ কমে।

প্ৰশ্ন (115) ঃ মধুমেহ ৰোগীত বিলাহী খালে কি লাভ হয়?

উত্তৰ ঃ বিলাহী ভিটামিন চি তথা এৰ ভাল শ্ৰোত হয়। ইয়াত আহঁ, ফোলিএচিদ, পটেচিয়াম প্ৰচুৰ পৰিমানে থাকে। আহঁ ৰক্ত শৰ্কৰাৰ স্তৰ নিয়মিত কৰে তথা ৰক্ত চৰ্বিৰ স্তৰ কমায়। ভিটামিন চি তথা এৰ এন্টিঅকচিদেন্ট থকাৰ কাৰনে মধুমেহ ৰোগীৰ বাবে গুণকাৰী হয়।

এইটো প্ৰাকৃতিক এন্টিচেপটিক হয় যি ইনফেকচনৰ পৰা বচায়। দাত তথা তেজ চাফা কৰাত এইটো লাভদায়ক হয়।

প্ৰশ্ন (116) ঃ কেৱল আহাৰেৰে নিয়ন্ত্ৰিত মধুমেহো জটিলতা আনিব পাৰেনেকি?

উত্তৰ ঃ নহয়, যদি আপুনি ৰক্ত শৰ্কৰাৰ নিয়ন্ত্ৰিত হয়, আপুনি পৌস্টিক আৰু আহঁজাতীয় ভোজন লয়, মিঠা নাখায় তেতিয়া কোনো অসুবিধা নহব কিন্তু যদি ৰক্ত শৰ্কৰা নিয়ন্ত্ৰিত নহয় তেতিয়া অসুবিধা হব পাৰে। ৰক্ত শৰ্কৰা নিয়ন্ত্ৰিত থাকিলেও প্ৰত্যেক তিনি মাহৰ মুৰত গ্লাইকোচিলেটিদ হিমোগ্লবিনৰ নিৰীক্ষণ কৰিব লাগে। যদি 7 শতাংশতকৈ কম হয় তেতিয়া ভাল বুলি মনা যায়।

প্ৰশ্ন (117) ঃ মই 'বিজয়াসাৰ' লব পাৰোনে?

উত্তৰ ঃ এই দৰবত ৰোগনাশক তত্ত্ব পোৱা যায়। এইটো ইনচুলিনৰ শ্ৰাৱ বৃদ্ধি কৰে তথা শৰ্কৰা সামান্য কৰে। সেইকাৰনে মধুমেহ ৰোগী এইটো সেৱন কৰিব পাৰে।

প্ৰশ্ন (118) ঃ মই অটোমিল খাব পাৰোনে?

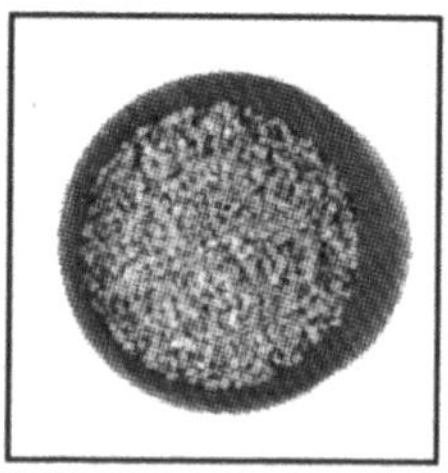

উত্তৰ ঃ অটোমিলত পোৱা আহঁ ৰক্ত শৰ্কৰা তথা চৰ্বি নিয়ন্ত্ৰন কৰে। ইয়াত এমিনো এছিদ থাকে সেইকাৰনে মধুমেহ ৰোগী এইটো সেৱন কৰিব পাৰে।

মধুমেহ তথা ব্যায়াম

প্ৰশ্ন (119) ঃ মধুমেহ ৰোগীৰ বাবে কেনেধৰনৰ ব্যায়াম লাভদায়ক হয় ?

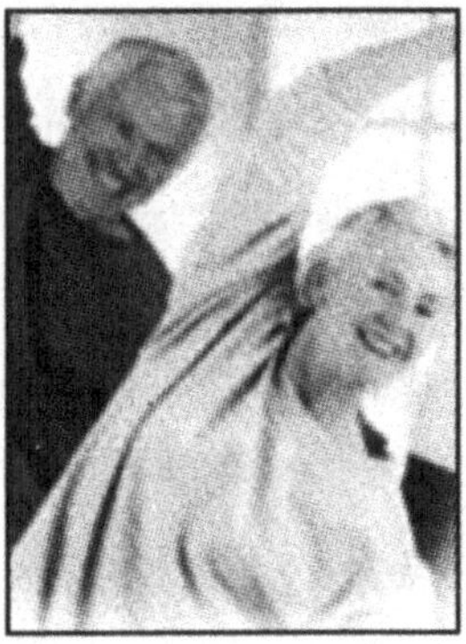

উত্তৰ ঃ মধুমেহ ৰোগী ব্যায়াম আৱশ্যক হয়। যেতিয়া আপুনি ব্যায়াম কৰে তেতিয়া আপুনাৰ মাংসপেশীক উৰ্জাৰ দৰকাৰ হয় যৰ পৰা ৰক্ত শৰ্কৰাৰ স্তৰ কমায়।

মধুমেহ ৰোগীক প্ৰতিদিনে কমেও আধাঘন্টা খোজ কাঢিব লাগে। যোগাসন তথা স্বাস্থ্যবৰ্ধক ব্যায়ামো কৰা যায়। খোজ কঢাৰ আগতে যোগাসন কৰিব। প্ৰতিদিনে 10 মিনিট স্বাস্থ্যবৰ্ধক ব্যায়ামো কৰিব লাগে।

প্ৰশ্ন (120) ঃ আপুনি মধুমেহ ৰোগীৰ বাবে কেনেধৰনৰ যোগাসনৰ পৰামৰ্শ দিয়ে ?

উত্তৰ ঃ আমাৰ শৰীৰত অগ্নাশয়ত ইনচুলিনৰ নিৰ্মান হয়। অগ্নাশয়ত উত্তেজিত হোৱাত ইনচুলিনৰ নিৰ্মানত দ্ৰুততা আনে। যি কোনো আসন যৰ পৰা অগ্নাশয়ত প্ৰভাৱ পৰে, মধুমেহ লাভ দিয়ে।

সাধাৰনতে অৰ্ধমস্যদ্ৰাসনক সকলোতকৈ লাভদায়ক হিচাপে মনা যায়। ইয়াৰ দ্বাৰা ইনচুলিনৰ শ্ৰাৱত দ্ৰুততা আনে।

পেটত হেচা পৰিলে অন্য আসনত পাদহস্তাসন, ভূজ্ঞাগাসন তথা হালাসানও মধুমেহৰ বাবে লাভদায়ক হয়। নেলি নামৰ যোগ ক্রিয়াও ৰোগীৰ বাবে লাভদায়ক হয়।

প্ৰশ্ন (121) ঃ অৰ্ধমস্যদ্রাসন কৰাৰ উচিত বিধি কি হয়?

উত্তৰ ঃ এই আসনক কৰিবৰ বাবে মাটিত ভৰি বহল কৰি বহিক। এতিয়া সোঁ ভৰি ঘূৰাই লৈ ভৰিৰ তলুৱাক মুত্ৰাশয়ৰ সমীপ ৰাখক। বাওঁ ভৰিক ঘূৰাই লৈ সোঁ ভৰি বাহিৰলৈ উলিৱাওক। শৰীৰক চিধা ৰাখক আৰু সোঁ হাতেৰে বাওঁ ভৰিৰ আঙুলিক ধৰক। বাওঁ হাত পিঠিৰে ঘূৰাই বাও ভৰিক স্পৰ্শ কৰক।

প্ৰশ্ন (122) ঃ অৰ্ধমস্যদ্রাসন মধুমেহক কেনেদৰে লাভ কৰায়?

উত্তৰ ঃ এই আসনৰ দ্বাৰা অগ্নাশয়ত প্ৰভাৱ পৰে তথা সংকুচন হয় যৰ পৰা ইনচুলিনৰ শ্ৰাৱ বৃদ্ধি হয় যি মধুমেহত ৰক্ত শৰ্কৰাৰ নিয়ন্ত্ৰন কৰাত সহায় হয়।

প্ৰশ্ন (123) ঃ ভূজ্ঞাসন কৰাৰ উচিত বিধি কি?

উত্তৰ ঃ এই আসন অনেক ধৰনেৰে কৰিব পাৰি।

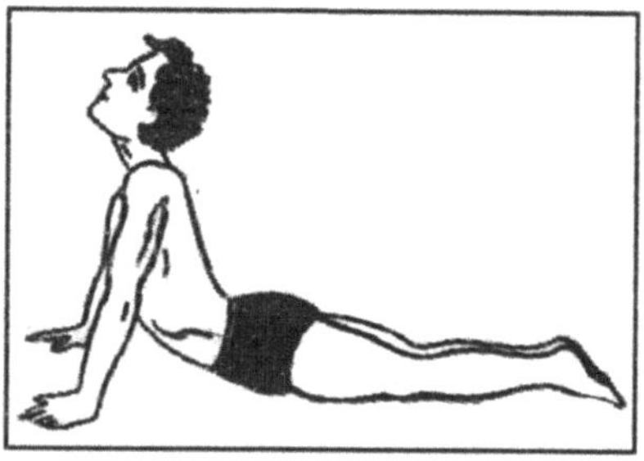

প্ৰথম মূদ্ৰা- দুটা ভৰি বহল কৰক, ভৰি চিধা কৰি পেটৰ বলত শুৱক। হাত শৰীৰৰ পৰা 30 চে. মি. দুৰত ৰাখক।

বিধিঃ গভীৰ উহা লওক তথা 15 চে. মি. উপৰ উঠাৱক। নাৰীক ভিতৰৰ ফালে টনা উহা বাদিৰ উলিয়াওক তথা মাথা আৰু বুকু পিছ ফালে লাহেকে লৈ যাওক। শৰীৰৰ ওজন হাতৰ পাঞ্জাত ৰাখক। মাথা যিমান পাৰে পিছলৈ লৈ

যাওক। দৃস্টি উপৰত ৰাখক।

এই স্হিতি অলপ সময় বনায় ৰাখক। আকৌ মাথাৰ লাহে লাহে মাটিৰ ফালে লৈ যাওক। আসন এৰাৰ সময়ত উহা লাহে লাহে এৰক।

প্ৰশ্ন (124) ঃ ভূঞ্জাসন মধুমেহক কেনেদৰে লাভ কৰায়?

উত্তৰ ঃ এই আসনৰ দ্বাৰা শৰীৰৰ ভিতৰৰ অংগৰ মালিচ হৈ যায় এইটো অগ্নাশয়তো প্ৰভাব দিয়ে যৰ পৰা ইনচুলিনৰ শ্ৰাৱত বৃদ্ধি পায় তথা ৰক্ত শৰ্কৰাৰ নিয়ন্ত্ৰিত থাকে।

প্ৰশ্ন (125) ঃ হালাসন কৰাৰ উচিত বিধি কি?

উত্তৰ ঃ এই আসন পিঠিৰ বলত শুই যাওক তথা জৰীৰক বহল কৰক। হাত মাটিত ৰাখক। নিজৰ হাতত হেচা দি ভৰি উপৰ ফালে উঠাই 90 কোণ কৰক। মাথা একেবাৰে উপৰত নুঠাব তথা ভৰিও নুঘূৰাব। ভৰি একেবাৰে চিধা ৰাখক। হাতত আৰু অলপ হেচা দি ককাল ওখ কৰক তথা ভৰি পিছফালে লৈ যাৱক, ভৰি মাটিত চুব দিয়ক। পুৰা প্ৰক্ৰিয়াত ভৰি একেলগে থাকিব তথা হাত মাটিত থাকিব তথা উশাহৰ গতি সামান্য থাকিব। ভৰি উপৰত উঠোৱা সময়ত সাৱধানী ৰাখক। শৰীৰক কোনো প্ৰকাৰে কস্ট নিদিয়।

এতিয়া হাত উঠাই মাথাৰ পিছৰ পাঞ্জা স্পৰ্শ কৰক। আকৌ লাহে লাহে ভৰি 90 কোণত লৈ আহক, ইয়াত কিছু সময়ৰ বাবে ৰখক আৰু ভৰি মাটিত ৰাখক। শাবাসন মূদ্ৰাত বিশ্ৰাম লওক।

প্ৰৰম্ভত আপুনি কেৱল কাকললৈকে ভৰি উঠাই অভ্যাস কৰিব পাৰে। এইটো দিনত দুই তিনি বাৰ কৰি অভ্যাস বঢাব পাৰি।

প্ৰশ্ন (126) ঃ হালাহন মধুমেহক কেনেদৰে লাভ কৰায় ?

উত্তৰ ঃ এই আসন মানসিক তথা শাৰীৰিক উৰ্জাৰ বাবে লাভদায়ক হয়। এইটো শৰীৰৰ অংগত ৰক্ত প্ৰৱাহিত কৰে। ইয়াৰ পৰা অগ্নাশয়ো দৃঢ হয় আৰু মধুমেহ নিয়ন্ত্ৰনত সহায় কৰে।

প্ৰশ্ন (127) ঃ নৌলি কৰাৰ উচিত বিধি কি ?

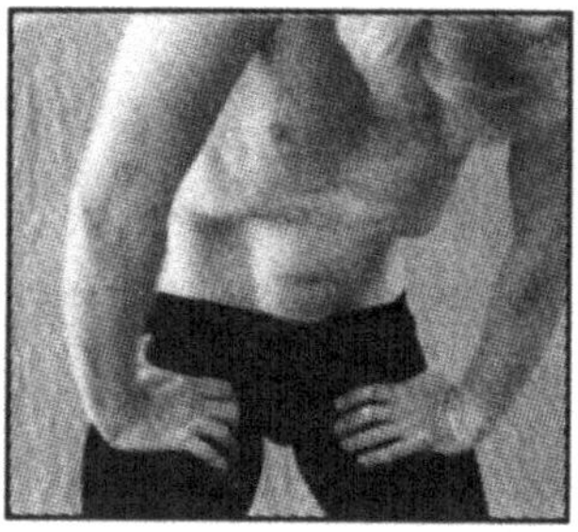

উত্তৰ ঃ নৌলি কৰিবৰ বাবে আঠুত হাত ৰাখক তথা দুটা ভৰি এখোজ দীত ৰাখি ঠিয় হওক। প্ৰথম কিছু দিন এই স্হিতিত অভ্যাস কৰি উহা এৰক। এয়াৰ পিছত শৰীৰৰ কিছু ভাগ হাতত ধৰক তথা পেটক লাহেকৈ এৰি দিয়ক। তেতিয়া পেটৰ মাজত নলীনুমা আকৃতি বনোৱাৰ চেস্টা কৰক। কিছু দিন অভ্যাসৰ পাছত সহজে কৰিব পাৰিব।

যেতিয়া আপোনাৰ পেটৰ মাজত নৌলি বনিব তেতিয়া সোঁ হাতক হেচা দিয়ক তেতিয়া নৌলি আপোনাৰ পেটৰ বাওঁ ফালে গুচি যাব। যদি বাওঁ হাতক হেচা দিয়ক তেতিয়া নৌলি পেটৰ সোঁ ফালে গুচি যাব। অধিক অভ্যাস হোৱাত এই প্ৰক্ৰিয়াক দ্ৰুতৰে কৰিব পাৰিব।

প্ৰশ্ন (128) ঃ নৌলিৰে মধুমেহ কেনেদৰে নিয়ন্ত্ৰন কৰিব পাৰি ?

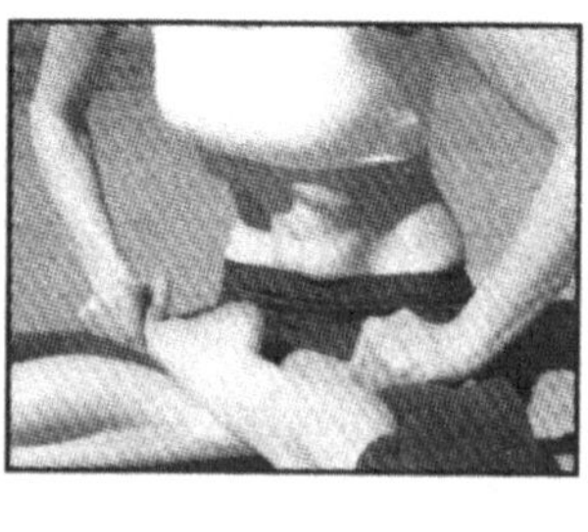

উত্তৰ ঃ নৌলিৰ দ্বাৰা শকত তথা মধুমেহতো লাভ হয় কাৰন ইয়াৰ পৰা অগ্নাশয়ত প্ৰভাৱ পৰে যৰ পৰা ইনচুলিনৰ স্ৰাৱ বাঢ়ে তথা ৰোগ নিয়ন্ত্ৰন হয়।

প্ৰশ্ন (129) ঃ মধুমেহ ৰোগীৰ খোজ কঢ়াৰ পৰা কি লাভ হয়?

উত্তৰ ঃ ব্যায়মৰ অভাৱে শকতৰ কাৰন হয়। প্ৰতিদিনে কমেও আধাঘণ্টা খোজ কাটিলে ওজন কমোৱাৰ লগতে ৰক্ত শৰ্কৰাৰ স্তৰো নিয়ন্ত্ৰিত ৰাখে। খোজ কাটিলে শৰীৰৰ চৰ্বি কমে। কেলৰী ক্ষয় হয়, মাংসপেশীত ৰক্ত প্ৰৱাহ বাঢে তথা শাৰীৰিক স্বাস্থ্য ভালে থাকে।

দিনত দুইবাৰ খোজ কাঢ়িবৰ কাৰণ কেৱল ৰাতি পুৱাই নহয়, গধূলিৰ সময়তো ব্লাদ চুগাৰত নিয়ন্ত্ৰণ পাব লগীয়া হয়।

যদি কোনো ব্যক্তি দিনত আধাঘণ্টা খোজ কাটিব বিচাৰে তেতিয়া ৰাতিপুৱা গধূলি 15-15 মিনিট কৰিব পাৰে।

প্ৰশ্ন (130) ঃ মধুমেহ ৰোগী কিমান বাৰ খোজ কাটিব লাগে?

উত্তৰ ঃ মধুমেহ ৰোগী প্ৰতিদিনে কমেও আধাঘণ্টা খোজ কাঢ়িব লাগে। খোজ কাঢ়িলে ওজন কম হয় তথা ব্লাদ চুগাৰো নিয়ন্ত্ৰিত থাকে।

প্ৰশ্ন (131) ঃ ব্যায়ামৰ সময়ত হাইপোগ্লাইচিমিয়া হোৱাৰ ভয় থাকেনেকি?

উত্তৰ ঃ হাইপোগ্লাইচিমিয়াত ৰক্ত গ্লুকজৰ স্তৰ নিজৰ সীমাৰে তললৈ যায়। ইয়াৰ পৰি বাচিবৰ বাবে খোজ কাটিব লাগে। যদি কোনো ব্যক্তি উপবাসত থাকে, দায়ৰিয়া হয় তেতিয়া সেই দিনত খোজ নাকাটিব। এনেকুৱা অৱস্হাত ব্লাদ চুগাৰৰ স্তৰ তল পৰে। যদি সেই ব্যক্তি দৰব লয় তেতিয়া ব্লাদ চুগাৰ কম হবলৈ বেছি সময় নালাগে তথা হাইপোগ্লাইচিমিয়াত অৱস্হাত আহিব পাৰে।

দৰৱ তথা ইনচুলিনত আশ্ৰিত ব্যক্তিক অগ্নাশয়ক খোজ কঢা তথা ব্যায়ামৰ পৰা বাচিব লাগে যদি কিন্তু কৰিবই লাগে তেতিয়া ব্যায়ামৰ

পূৰ্বে অলপ ভোজন বা জুচ খাই লব।

প্ৰশ্ন (132) ঃ যদি ব্যায়াম কৰিলে ব্লাদ চুগাৰৰ স্তৰ সামান্য হয় তেতিয়া দৰব বন্দ কৰিব লাগেনেকি ?

উত্তৰ ঃ ব্যায়ামেৰে ৰক্ত গ্লুকজৰ স্তৰ কমায়। মধুমেহৰ 60 শতাংশ ৰোগী আহাৰ তথা ব্যায়াম, অন্য 20 শতাংশ দৰব তথা অন্য 10 পৰা 20 শতাংশ ৰোগী ইনচুলিনেৰে ঠিক হয়।

যদি এজন ব্যক্তি ভাল আহাৰৰ লগত ব্যায়ামতো ধ্যান দিয়ে তেতিয়া নিজৰ মধুমেহ নিয়ন্ত্ৰন কৰিব পাৰিব কিন্তু যদি আৰাম নাহে তেতিয়া শীঘ্ৰে দৰব লব। যদি স্তৰ তলত গৈ নাপায়গৈ তেতিয়া দৰব লোৱা বন্দ নকৰি কেৱল মাত্ৰা কমাব। ধ্যান, আহাৰ তথা ব্যায়ামো সহায় কৰিব।

●●●

ইনচুলিন

প্ৰশ্ন (133) ঃ ইনচুলিন কোনটোক কয় ?

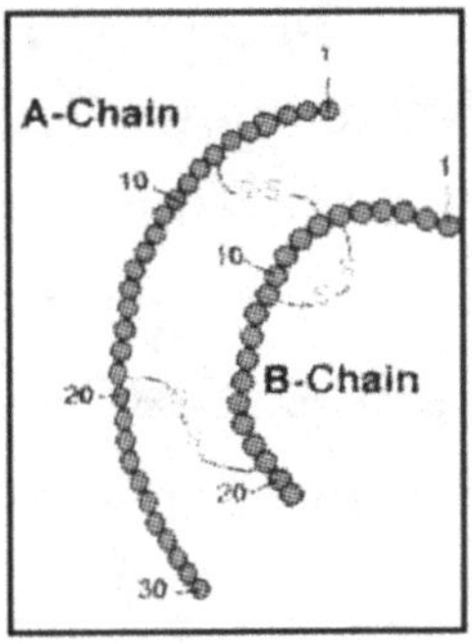

উত্তৰ ঃ ইনচুলিন এক এনেকুৱা হৰমন যে শৰীৰক শৰ্কৰাৰ দ্বাৰা উৰ্জা বনাবলৈ সহায় কৰে। অগ্নাশয়ৰ বিটা কোশ ইনচুলিন বনায় আৰু আমাৰ ভোজনৰ কোশৰ বাবে ইঁধনত পৰিৱৰ্তন কৰাই। 1869 ত এজন জাৰ্মান বৈজ্ঞানিক পাৰ্ল লেগাৰহেঁচয়ে ইয়াৰ সৃস্টি কৰে। আইচলেট বিটা কোশত পাচ প্ৰকাৰৰ কোশীকা ইনচুলিন বনে। আলফা কোশীকা গ্লুকাগোন বনাই, দেল্টা কোশীকা চোমাটোচটেটিন, পি. পি. তথা দি. 1 কোশীকা বনাই যাৰ বিষয়ত বহুত কম জানকাৰী পায়। যেতিয়া শৰীৰ অলইচলেটচত স্হিত নিজৰ বিটা কোশক আক্ৰমন কৰে তেতিয়া ব্যক্তি মধুমেহ হয়।

প্ৰশ্ন (134) ঃ মধুমেহ ৰোগীৰ বাবে কেনেধৰনৰ ইনচুলিন প্ৰয়োগ কৰিব লাগে ?

উত্তৰ ঃ মধুমেহ ৰোগীৰ বাবে বজাৰত তিনি ধৰনৰ ইনচুলিন পোৱা যায়।

(1) ৰেগুলাৰ তথা ঘূলনশীল ইনচুলিন যেনে (একচৰেপিদ) ঃ এইটো ইনচুলিন অলপ সময়ৰ বাবে কাম কৰে। ইয়াৰ প্ৰয়োগ মধুমেহৰ টাইপ-1 ৰোগী তথা আপাতকালৰ বাবে কৰা যায়। নতুন ৰোগীকো এইটো দিয়া যায়। ইয়াৰ প্ৰভাৱ 6 ৰপৰা 8 ঘন্টালৈলেকে থাকে।

(2) ইণ্টাৰমিদ্দিয়েট (এন. পি. এচ., লেণ্ট) ঃ এই ইনচুলিনৰ প্ৰভাৱ 14 ৰপৰা 28 ঘণ্টালৈকে থাকে।

(3) দীঘল সময়লৈকে কাম কৰা ইনচুলিন- ইয়াৰ প্ৰভাৱ 24 ৰপৰা 40 ঘণ্টালৈকে থাকে।

প্ৰশ্ন (135) ঃ ইনচুলিনে কি কাম কৰে ?

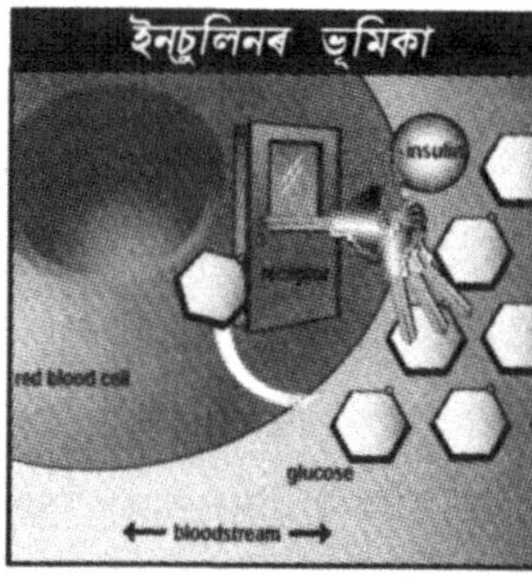

উত্তৰ ঃ ইনচুলিনত প্ৰোটিনৰ কণ পোৱা যায়। এই এণ্ড্ৰোকাইন হৰমন অগ্নাশয়েৰে শ্ৰাৱ হৈ থাকে তথা ৰক্ত প্ৰৱাহত মিলি যায়। ইনচুলিনৰ কাম তেজত কোশিকাৰ ভিতৰত গ্লুকজৰ প্ৰৱেশ কৰোৱা।

আমাৰ শৰীৰত দশ আৰব কোশিকা থাকে তথা প্ৰত্যেকক গ্লুকজ লাগে। ভোজনত পোৱা কাৰ্বহাইড্ৰেট শৰীৰত গ্লুকজত পৰিৱৰ্তন হয় তথা ৰক্তত গ্লুকজৰ স্তৰক বঢাই। ইনচুলিনে এই কোশত প্ৰৱেশ কৰোৱাই তথা কেলৰীত পৰিৱৰ্তন কৰায়।

ইনচুলিন এক দ্বাৰ ৰক্ষক হয়। কোশিকাত গ্লুকজ পোৱাবৰ বাবে এয়াৰ উপস্হিতি অনিবাৰ্য্য। যদি ইনচুলিন অপৰ্য্যাপ্ত মাত্ৰাত থাকে তেতিয়া ৰক্তত গ্লুকজৰ স্তৰ বাঢিব ধৰে, অগ্নাশয়ে ইনচুলিনৰ নিৰ্মান তথা অভাৱক পুৰা কৰে।

প্ৰশ্ন (136) ঃ দুই প্ৰকাৰৰ ইনচুলিনে মিলাই চিৰিঞ্জত লব পাৰিনেকি ?

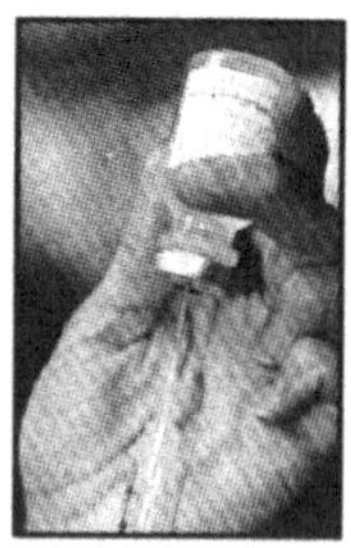

উত্তৰ ঃ হয়, দুই প্ৰকাৰৰ ইনচুলিনে মিলাই চিৰিঞ্জত লব পাৰি। যদি আপুনি মোনোটাৰ্দ বা অণ্ট্ৰাটাৰ্দ আদি ইনচুলিনৰ প্ৰয়োগ কৰিছে তেতিয়া যথাশীঘ্ৰে লব লাগে। ইয়াত সাৱধান হোৱাতো উচিত। ৰোগীক প্ৰথমে চাফা ইনচুলিন লব লাগে যাতে চাফা ইনচুলিনও বেয়া ইনচুলিনৰ লগত মিলি বেয়া হৈ নাযায়।

প্ৰশ্ন (137) ঃ ইনচুলিন কত ৰাখিব লাগে ?

উত্তৰ ঃ ঘৰতে ৰাখক কিন্তু ফ্ৰিজত কেতিয়াও নাৰাখিব। অধিক তাপমানত বেয়া হব পাৰে।

প্ৰশ্ন (138) ঃ ভোজন কৰাৰ কিমান সময়ৰ আগতে ইনচুলিন লব লগে ?

উত্তৰ ঃ সাধাৰনতে মনুষ্য ভোজন কৰাৰ লগতে ইনচুলিন বনে কিন্তু মধুমেহ ৰোগী ভোজনৰ প্ৰায় আধা ঘন্টা আগতে ইনচুলিন লব লগে যাতে তেজত মিলি যায়।

যদি আপুনাৰ ৰক্ত গ্লুকজৰ স্তৰ কম হয় তেতিয়া ভোজন তথা ইনচুলিন অন্তৰালক কম কৰিব পাৰে কাৰন দেৰি হলে ইনচুলিন প্ৰাপ্ত গ্লুকজেৰে প্ৰক্ৰিয়া আৰম্ভ কৰি দিয়ে যৰ পৰা তেজত গ্লুকজৰ আৰু স্তৰ কম হয়।

প্ৰশ্ন (139) ঃ শৰীৰৰ কোনটো ভাগত ইনচুলিনৰ ইনকচন দিব লাগে ?

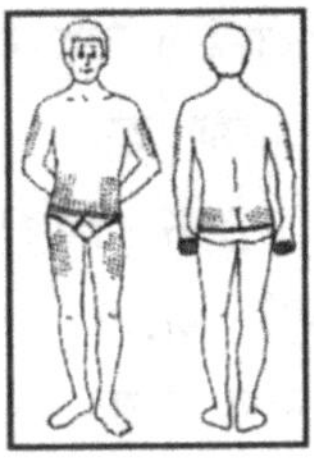

উত্তৰ ঃ শৰীৰৰ চৰ্বি জমা হোৱা ভাগ যেনে কৰঙনৰ উপৰৰ ভাগ, পেটৰ তলৰ ভাগ আদিত ইনচুলিনৰ ইনজেকচন দিব লাগে। বাহুৰ উপৰৰ ভাগতো ইনজেকচন লগাব পাৰে। ইনজেকচন লগোৱা সময়ত নিয়মিত ৰূপেৰে সলনি কৰিব লাগে।

প্ৰশ্ন (140) ঃ ইনচুলিন দিয়া সময়ত ইনজেকচত উহা আহিলে লোকচান হয়নেকি ?

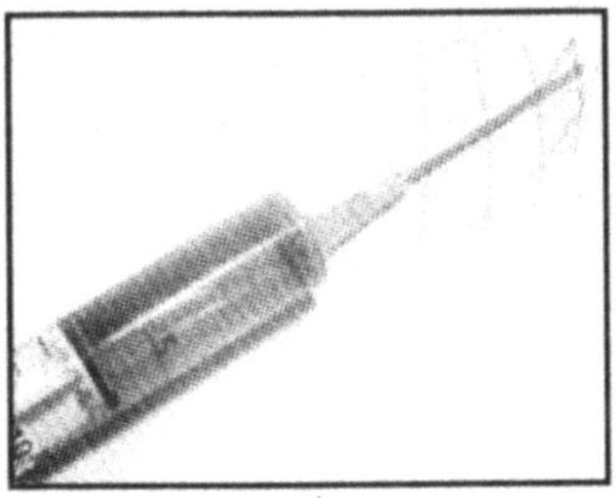

উত্তৰ ঃ যদি ইনচুলিন দিয়া সময়ত ইনজেকচত উশাহৰ মাত্ৰা অধিক হলে লোকচান হব পাৰে। কিন্তু সৰু চিৰিঞ্জৰ ঔষধ শীঘ্ৰে শিৰত ধূলি যায়।

প্ৰশ্ন (141) ঃ স্নাদ গ্লুকজ জুখা স্টিকচক ইনচুলিনৰ লগত ফ্ৰিজত থব পাৰোনে ?

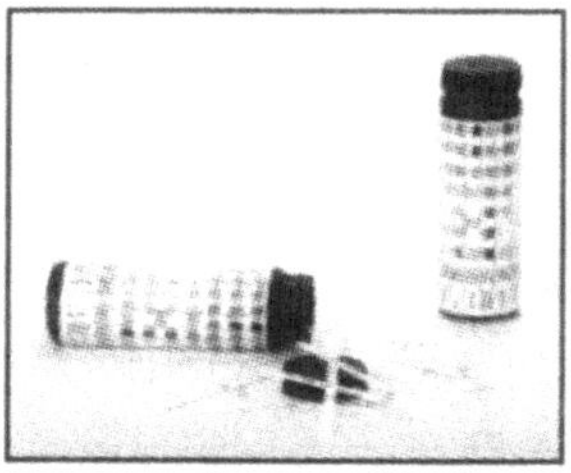

উত্তৰ ঃ নহয়, এইটো জুকান স্হানত ৰাখিব লাগে। স্টিকচক উলোৱাৰ পিছত ভালদৰে চিচাৰ ধাকনি বন্দ কৰিব। কাৰণ শুকানহলে এইটো স্ট্ৰিপ ভালদৰে কাম নকৰে।

প্ৰশ্ন (142) ঃ ইনজেকচন লগোৱাৰ অগতে বা পিছত স্পিৰিতৰ প্ৰয়োগ কৰিব পাৰোনে ?

উত্তৰ ঃ সেই স্হানত প্ৰয়োগ নকৰিব কাৰন কোমল হৈ থাকে। যদি আপুনি চাফা কৰিব বিচাৰে তেতিয়া পানী আৰু চাবুনৰ প্ৰয়োগ কৰিব।

প্ৰশ্ন (143) ঃ ইনচুলিনত কোনোবা ৰোগীৰ এলাৰ্জী হব পাৰেনেকি ?

উত্তৰ ঃ গৰু আৰু গাহৰীৰ অগ্নাশয়েৰে বনোৱা ইনচুলিন কোনোবা ৰোগীৰ এলাৰ্জী হৈছিল। আজিকালি মানব ইনচুলিন পোৱা যায় সেইকাৰনে এলাৰ্জীৰ ভয় নাথাকে। ৰোগীক জিংক তথা প্ৰোটোমাইন আদি ইনচুলিন এলাজী হয়।

প্ৰশ্ন (144) ঃ মই দুই বছৰৰে পৰা মধুমেহৰ চিকিৎসাৰ বাবে পিল খাই আছো। এতিয়া চিকিতচকে ইনচুলিন প্ৰয়োগ কৰিব কৈছে। মোৰ ৰোগ বেয়া হবনেকি ?

উত্তৰ ঃ ইনচুলিনৰ শ্ৰাৱ অগ্নাশয়েৰে হয় তথা ইনচুলিনৰ অভাৱত মধুমেহ উতপন্ন হয় যিটো উচিত আহাৰৰ দ্বাৰা নিয়ন্ত্ৰিত কৰিব পাৰি। যদি উচিত আহাৰৰ দ্বাৰা নিয়ন্ত্ৰিত নহয় তেতিয়া চিকিতচকে পিল খাব দিয়ে। যদি চিকিৎসকে ইনচুলিনৰ পৰামৰ্শ দিছে তেতিয়াহলে আপুনাৰ অগ্নাশয়ত ইনচুলিনৰ অভাৱত হৈছে। ইয়াত আপুনি নাভাভিব যে নতুন ৰোগৰ সৃস্টি হব।

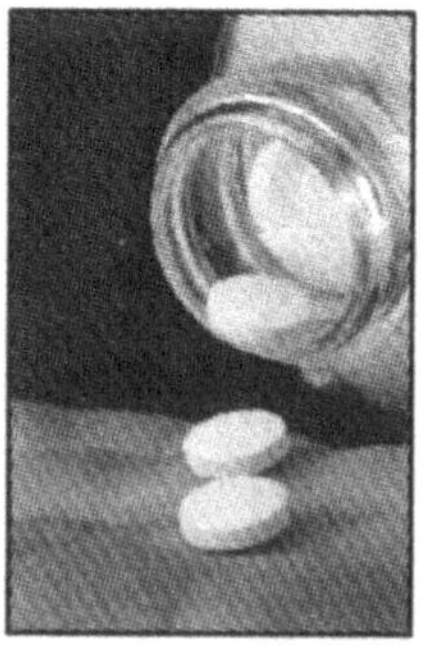

প্ৰশ্ন (145) ঃ মানব ইনচুলিন প্ৰয়োগ কৰিলে এইদচ হব পাৰেনেকি ?

উত্তৰ ঃ নহয়, ইনচুলিন বেক্টেৰীয়াৰে বনে নহলে পশুৰ অগ্নাশয়েৰে বনে। সেইকাৰনে বিশুদ্ধ ৰূপেৰে ইয়াৰ সংক্ৰমন নহয়।

প্ৰশ্ন (146) ঃ ইনচুলিন ইনধন কেনেকৈ নিয়ন্ত্ৰন কৰে ?

উত্তৰ ঃ ভোজন শৰীৰলৈ যোৱাৰ আগতে সৰু সৰু টুকুৰাত ভাগ হয়। চাউল তথা আটা আদি কাৰ্বহাইড্ৰেটো শৰীৰত ঘূলাৰ অগতে গ্লুকজত পৰিৱৰ্তন হয়। ইনচুলিনৰ অনুপস্হিতিত গ্লুকজৰ ৰক্ত প্ৰৱাহত ঘূলি যায়। ইনচুলিন তেজৰ গ্লুকজৰ মাত্ৰা সিমিত ৰাখে তথা অতিৰিক্ত গ্লুকজক গ্লাইকোজনত পৰিৱৰ্তন কৰায়।

প্ৰশ্ন (147) ঃ কেতিয়াবা-কেতিয়াবা মোৰ হাজমা বেয়া হৈ যায়। এনেকুৱা অৱস্হাত ইনচুলিন নাইকিয়া কৰিব লাগেনেকি ?

উত্তৰ ঃ হয়, এনেকুৱা অৱস্হাত গ্লুকজৰ মাত্ৰা কমাব লাগে কিন্তু ভোজন লৈ থাকিব লাগে। অপুনি ৰক্তত গ্লুকজৰ স্তৰ জুখি ইনচুলিনৰ মাত্ৰা কমাব বা বঢাব লাগে।

প্ৰশ্ন (148) ঃ ইনচুলিন পেন কোনটোক. কয় ? ইয়াৰ প্ৰয়োগৰ পৰা কি লাভ হয় ?

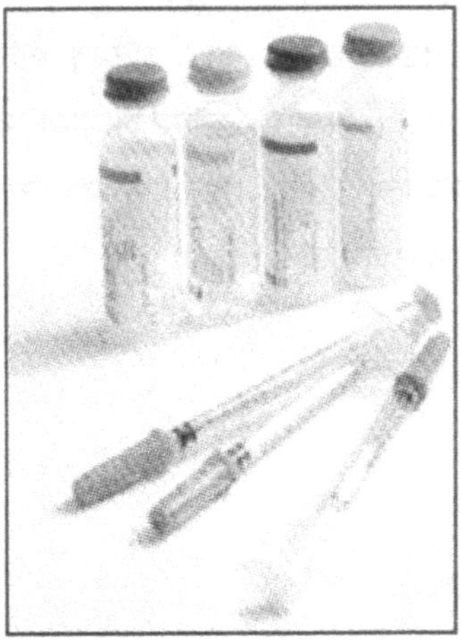

উত্তৰ ঃ ইনচুলিন পেন ইনচুলিনল কাৰ্টৰিজ লাগি থাকে। পেনৰ নিভক ঘূৰুৱা যায় যৰ পৰা উচিত মাত্ৰাত ইনচুলিন বাহিৰত আহি যায়। ইয়াত বেজিও থাকে। সুবিধাজনক ৰূপত ইয়াক যতে ততে নিব পাৰি।

প্ৰশ্ন (149) ঃ মই দুই বছৰৰে পৰা 45 কোনেৰে ইনচুলিনৰ ইনজেকচন প্ৰয়োগ কৰিছো। কিন্তু কোৱা গৈছে যে প্ৰয়োগ ভূল বুলি। এই বিষয়ে আপুনি কি পৰামৰ্শ দিয়ে?

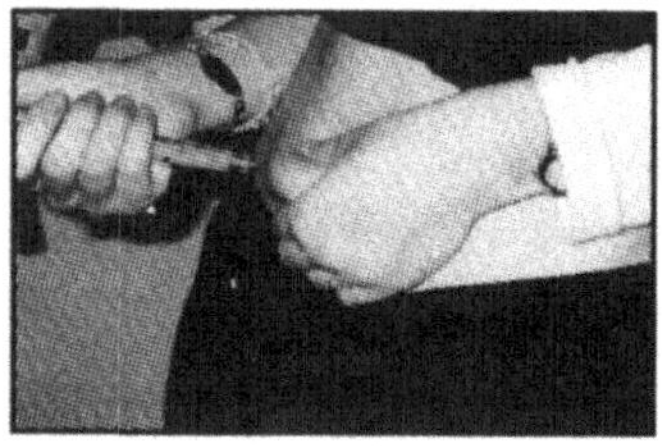

উত্তৰ ঃ ইনচুলিনৰ ইনজেকচন মাংসপেশীৰ পৰিৱৰ্তে চৰ্বিত দিয়া যায়। আগতে যেতিয়া দীঘল বেজিৰ প্ৰয়োগ হৈছিল তেতিয়া 45 কোনেৰে ইনজেকচন প্ৰয়োগ কৰিছিল। আজিকালি বজাৰত সমকোণত লগোৱা বেজি পোৱা যায়। যদি আপুনি খিন হয় তেতিয়াহলে উপৰৰ উপায়ৰ বাবে মাংসপেশীত লব নোৱাৰিব।

ভাল হব যে আপুনি ইনজেকচন লগোৱাৰ আগতে মাংসক ভালদৰে টানি ধৰক আৰু সোনকালে সমকোণত বেজি শৰীৰৰ ভিতৰ ভৰাই দিয়ক।

প্ৰশ্ন (150) ঃ মই ইনচুলিনৰ প্ৰয়োগ কৰো। মই ব্লাদ গ্লুকজ সামান্য ৰাখিব পাৰিমনে?

উত্তৰঃ যদি আপুনি সঠিক মাত্ৰাত ইনচুলিন আৰু ভোজন লয় তেতিয়াহলে ব্লাদ গ্লুকজ সামান্য ৰাখিব পাৰিব। আপুনি উচ্চ কেলৰীযুক্ত ভোজন আম, কল আদিৰ পৰিৱৰ্তে চালাদ তথা সেউজীয়া শাক খাব লাগে। নিজৰ ওজন সামান্য ৰাখিব লাগে তথা তেলৰ প্ৰয়োগ কৰিব নালাগে। এই সাৱধানীৰ লগতে চিন্তা, উত্তেজনা তথা উদ্বোগৰ বচোৱাতো গুৰুত্বপূৰ্ণ হয়।

●●●

মধুমেহৰ তথা দৰব-সেৱন

প্ৰশ্ন (151) ঃ মধুমেহ ৰোগীৰ চিকিৎসা কেনেদৰে হয় ?

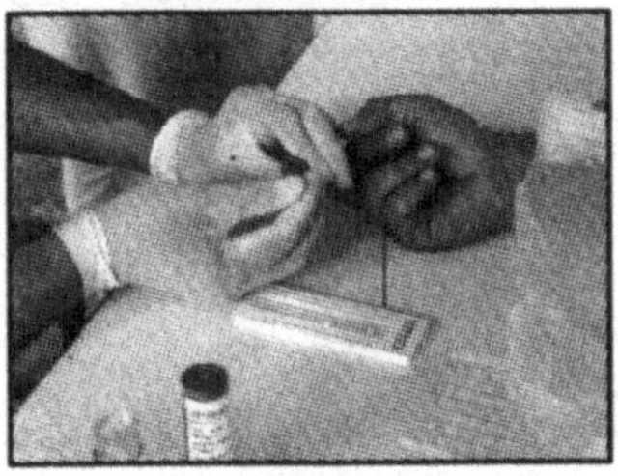

উত্তৰ ঃ মধুমেহ ৰোগীৰ চিকিৎসা অনেক ধৰনে হয়। যেনে আহাৰ শিক্ষা, ব্যায়াম, খোজকঢ়া, ওজন কমোৱা আদি। প্ৰত্যেক মাহত ব্লাদ চুগাৰৰ নিৰিক্ষণ তথা ভালদৰে ধ্যানত ৰাখিব লাগে।

মধুমেহ আহাৰৰ বিশেষ ভূমিকা থাকে। মধুমেহ ৰোগী আহঁ জাতীয় পদাৰ্থ সেৱন কৰিব লাগে তথা শৰ্কৰাৰ স্হানত কৃত্ৰিম মিঠা সেৱন কৰিব লাগে। বজাৰত ইনচুলিনৰ শ্ৰাৱ বৃদ্ধি কৰা দৰব পোৱা যায়। এইটো বেলেগ বেলেগ মিশ্ৰনত লোৱা হয়।

10 ৰপৰা 15 শতাংশ ৰোগীৰ এনেকুৱা হয় যে অগ্নাশয়ত পৰ্য্যাপ্ত পৰিমানৰ ইনচুলিন নবনে যৰ পৰা ৰক্তত শৰ্কৰাৰ স্তৰ নিয়ন্ত্ৰিত হব নোৱাৰে। তেওঁলোকক ইনচুলিন দিয়া যায়। এই ধৰনে উপৰত কোৱা উপায়েৰে মধুমেহ নিয়ন্ত্ৰিত কৰিব পাৰি।

প্ৰশ্ন (152) ঃ মধুমেহ ৰোগীক কেতিয়া দৰব সেৱন কৰিব লাগে ?

উত্তৰ ঃ মধুমেহ ৰোগীৰ আহাৰ শিক্ষা, ব্যায়াম, খোজকঢ়া, ওজন কমোৱা আদিত ধ্যান দিব লগে কিন্তু এই সকলিাতকৈ খালী পেটত নিৰিক্ষণ কৰা চুগাৰ 100 মি. গ্ৰা.% তকৈ উপৰত গলে তথা PP(পস্ট প্ৰেদিয়েল) 140 মি. গ্ৰা.% তকৈ অধিক হয় তেতিয়া ৰোগী দৰব খাব

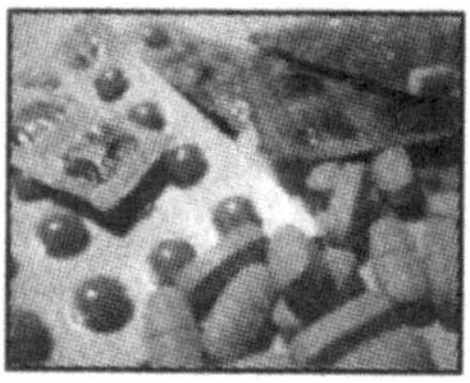

লাগে। অনেক আর্য়ুবেদিক দৰবো প্ৰচলন হয় কিন্তু এয়াৰ বিষয়ে সঠিক জানকাৰী হোৱা নাই। ইয়াৰ বাদে ক্লোৰোফৰমিন, কোপামাইদ, ৰেচীগোন আদি অনেক এলোপেথিক দৰব উপলব্দ হয়।

প্ৰশ্ন (153) ঃ মধুমেহ ৰোগীৰ বাবে কোনটো এলোপেথিক দৰব উপলব্দ হয়?

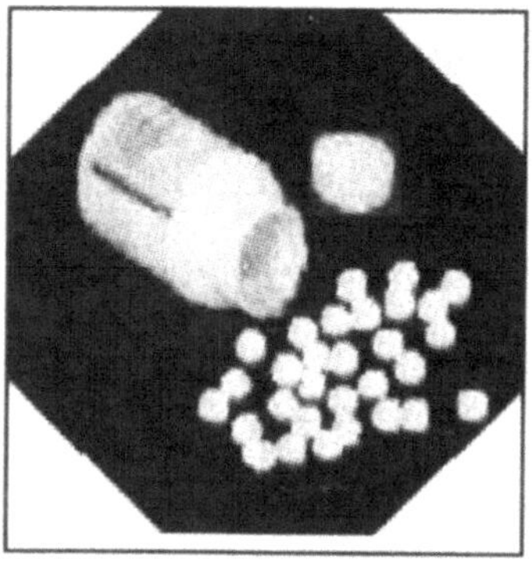

উত্তৰ ঃ যদি মধুমেহ ৰোগী নিয়ন্ত্ৰিত নহলে প্ৰথমে এলোপেথিক দৰব দিয়া যায় কিন্তু তাৰ পিছত আহাৰ শিক্ষা, ব্যায়াম, খোজকঢা, ওজন কমোৱা আদিত ধ্যান দিব লাগে। যদি তেতিয়াও নিয়ন্ত্ৰিত নহয় দৰব মিশ্ৰিত ৰূপত লব লাগে। যেতিয়াৈ লকে মধুমেহ ৰোগ নিয়ন্ত্ৰিত নহয়, দৰব প্ৰয়োগ বন্দ কৰিব নালাগে।

প্ৰশ্ন (154) ঃ মই দৰব মিশ্ৰিত ৰূপত লব পাৰোনে?

উত্তৰ ঃ হয়, এইটো দৰব মিশ্ৰিত ৰূপত লব পাৰি। প্ৰত্যেক দৰবে নিজৰ কাৰ্য্য কৰে যাৰ আধাৰত মিশ্ৰিত কৰিব পাৰি যাতে মধুমেহ ৰোগক নিয়ন্ত্ৰিত কৰিব পাৰি।

শৰীৰত যকৃত অতিৰিক্ত চৰ্বি তথা প্ৰোটিনেৰে গ্লুকজৰ সংশ্লেষণ কৰি গ্লুকন বনে। এই পক্ৰিয়াক 'গ্লুকোনিউজেনিচিচ' বুলি কয়। অনেক দৰব এনেকুৱা থাকে যি যকৃতত গ্লুকজৰ শ্ৰাৱ বঢাব পাৰে বা কমাব পাৰে।

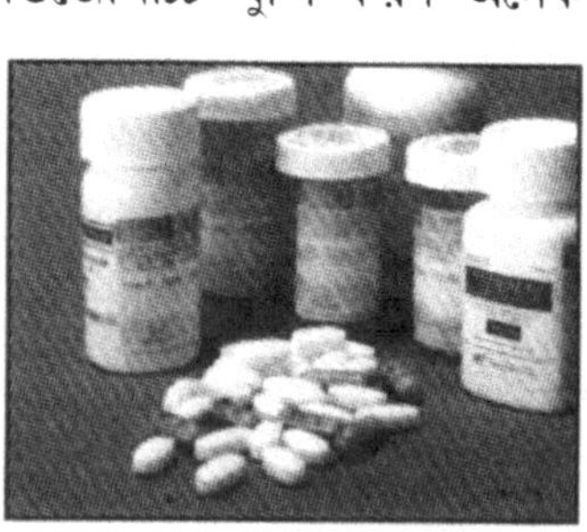

এটা দৰব অধিক মাত্ৰাত লোৱাৰ পৰিৱৰ্তে দৰব মিলায় খাব লাগে। বজাৰত এই দৰবৰ মিলা জুলা উপলব্দ হয়। কিছুমান বিশেষ দৰবৰ সমূহ

এনেধৰনৰ-গ্লুকোৰেদ, গ্লুকোৰেদ ফৰ্ট, দাইৰেদ-এম, গ্লাইচিগান-এম, গ্লাইমেট-দিএচ।

প্ৰশ্ন (155) ঃ মধুমেহ ৰোগী কোনো অন্য ৰোগৰ দৰব সেৱন কৰিব পাৰেনে?

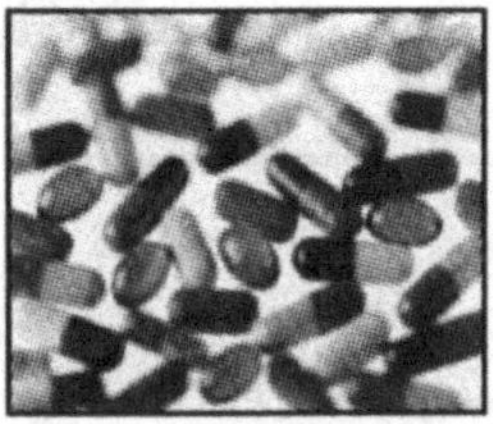

উত্তৰ ঃ এলোপেথিক দৰবৰ সকলোতকৈ দাঙৰ লাভ হল বেলে দৰবক নাকাটে সেইকাৰনে মধুমেহ ৰোগী কোনো অন্য ৰোগৰ দৰব সেৱন কৰিব লগীয়া হলে এলোপেথিক দৰব সেৱন কৰিব লাগে।

প্ৰশ্ন (156)ঃ মই এইকেইদিনতে মধুমেহ ৰোগৰ দৰব সেৱন কৰা আৰম্ভ কৰিছো। মই খোৱা লোৱাত এৰা ধৰা কৰিব পাৰোনে?

উত্তৰ ঃ নহয়, দৰব চিকিৎসাৰ এটা অংগ হয়। প্ৰথমে ৰোগক কিনা দৰবেৰে চিকিতসা কৰিব কৰিব লাগে। যদি এইটো নহলে অলপ মাত্ৰাত দৰব লব পাৰে কিন্তু ইয়াৰ অৰ্থ এইটো নহয় যে আপুনি মনে বিচৰা ভোজন তথা মিঠা খোৱা আৰম্ভ কৰক। ইয়াৰ পৰিৱৰ্তে আপুনাক সঠিক প্ৰযত্ন কৰিব লাগে যে ভৱিষ্যতে দৰবৰ বিনা নিয়ন্ত্ৰন কৰিব পাৰি।

অনেক ৰোগী এনেকুৱা হয় যি আহাৰ নিয়ন্ত্ৰনৰ দ্বাৰা নিজৰ ৰোগক নিয়ন্ত্ৰিত কৰে আৰু ইনচুলিন তথা দৰব বন্দ কৰি দিছে।

প্ৰশ্ন (157)ঃ যি ৰোগীৰ মধুমেহ দৰবেৰে নিয়ন্ত্ৰিত হয়, তেওঁলোককো গ্লুকজৰ স্তৰৰ নিৰিক্ষণ কৰিব লাগেনেকি?

উত্তৰ ঃ হয়, মধুমেহ ৰোগীৰ বাবে ৰক্তত গ্লুকজৰ স্তৰৰ নিৰিক্ষণ কৰিব লাগে। যি ৰোগীৰ মধুমেহ নিয়ন্ত্ৰিত হৈছে তেতিয়া দৰবৰ দৰকাৰ নাই কিন্তু প্ৰত্যেক 15 মাহৰ পিছত সকলো ৰোগীক ৰক্তত গ্লুকজৰ স্তৰৰ নিৰিক্ষণ কৰিব লাগে।

যদি ৰোগৰ স্থিতি অসামান্য হয় তেতিয়া ঘৰত গ্লুকমিটাৰ খাব পাৰে। যদি আপুনি সঠিক উপায়েৰে জুখে তেতিয়া গ্লুকমিটাৰ সঠিক জানকাৰী তথা গণনা দিয়ে।

চিন্তা তথা মধুমেহ

প্ৰশ্ন (158) ঃ চিন্তাৰে ৰক্তত গ্লুকজৰ স্তৰ কিয় আৰু কেনেকৈ বাঢ়ে ?

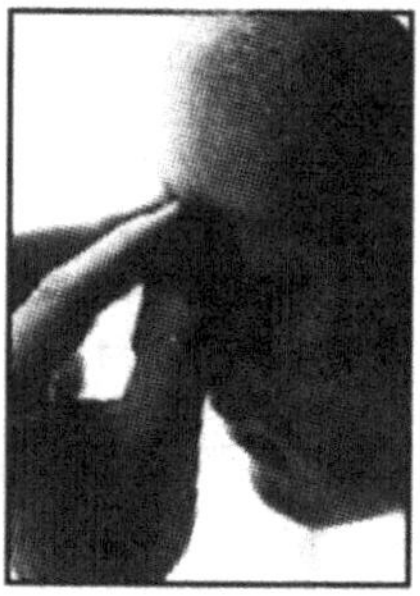

উত্তৰ ঃ চিতা প্ৰত্যেক ব্যক্তিৰ জীৱনৰ অংগ হয়। দূৰ্বলৰ সময়ত এদ্ৰোনালিন তথা কোৰ্টিচোল নামৰ শ্ৰাৱ থাকে যৰ পৰা ৰক্ত শৰ্কৰা বাঢ়ে। এনেকুৱা পোৱা গৈছে যে সাধাৰন তথা সহজে ভাৱেৰে থকা ব্যক্তিৰ ৱাদ চুগাৰ সামান্য থাকে কিন্তু যদি চিতা হয় তেতিয়া ৱাদ চুগাৰ বাঢে। ইয়াৰ অৰ্থ চিতা বাঢে অৰ্থাত ৰক্ত শৰ্কৰাৰ স্তৰ বাঢ়ে। এইটো আমি চিতাৰে উতপন্ন মধুমেহ বুলিও কব পাৰো

সাধাৰন অৱস্হাত ভোজনৰ আগত চুগাৰৰ স্তৰ 70-100 মি. গ্ৰা.% তথা ভোজনৰ পাছত (পি পি) 140মি. গ্ৰা.% তকৈ কম হয়। চিতাত ভোজনৰ আগৰ চুগাৰ 100মি. গ্ৰা.% তকৈ অধিক হয় তথা 140মি. গ্ৰা.% তকৈ বেছি হয় সেইকাৰনে আমি কব পাৰো যে চিন্তাৰে ৰক্তত গ্লুকজৰ স্তৰ বাঢে।

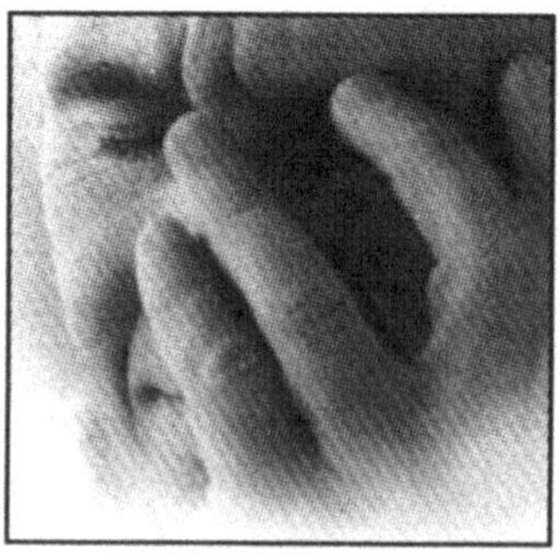

প্ৰশ্ন (159) ঃ চিন্তাৰ পৰা বাচিবৈল মধুমেহ ৰোগীক আপুনি কি পৰামৰ্শ দিয়ে ?

উত্তৰ ঃ চিন্তাৰ সম্বন্ধ মগজুৰ লগত থাকে। মগজুৰ দুটা ভাগ থাকে-বিবেক তথা ভাবনাত্মক মস্তিস্ক। চিন্তাৰ

সময়ত মস্তিস্কৰ এই দুটা ভাগ অসুবিধাৰ সৃস্টি কৰে। সৰুৰে পৰা আমি যি দেখো, শুনো বা শিকি আহিছো সেইটো আমাৰ বিবেক মস্তিস্কত থাকে। এইটো আমাৰ মানসিকতা বুলি কওঁ। যদি যিকোনো আমাৰ ইচ্ছা তথা বিচাৰধাৰাৰ বিৰুদ্ব হয় তেতিয়া চিন্তা বাঢ়ে। ইয়াৰ অৰ্থ এইটো নহয় যে মানসিকতাৰ বিৰুদ্ধ সকলো ঘটনা বেয়া হয়। মধুমেহ ৰোগী নিজকে ভাৱিব লাগে যে বাস্তবিকত যি ঘটিছে সেইটো পৰিৱৰ্তন কৰিব নোৱাৰে। আমাৰ চাৰিওফালে যি ঘটিছে এইটো বাহ্য প্ৰভাৱ বুলি কয়। চিতাৰ পৰা বাচিবৰ বাবে এই বাহ্য প্ৰভাৱক বুজিব লগে,পৰিৱৰ্তন কৰিব লাগিব আৰু কেতিয়াব-কেতিয়াবা স্বীকাৰো কৰিব লাগে।

মস্তিস্কৰ ভাবনাত্মক ভাগতো কেবাবাৰ চিন্তাৰ কাৰণ বনি যায়। যদি এই ভাগত অলপো চিন্তা হয় তেতিয়া অসুবিধা সৃস্টি হয় যাৰ পৰা ধ্যানৰ দ্বাৰা নিয়ন্ত্ৰিণ কৰিব পৰা যায়।

প্ৰশ্ন (160)ঃ চিন্তা খোৱা লোৱাৰ অভ্যাসক প্ৰভাৱিত কৰেনেকি ?

উত্তৰ ঃ যেনে দৰে আপুনি জানে যে মগজুৰ দুটা ভাগ থাকে-বিবেক তথা ভাবনাত্মক।

অনেক মধুমেহ ৰোগী জানি বুজি স্বাস্থ্যৰ অনুকুল নোহোৱা ভোজন কৰে। এনেকুৱা ভাবনাত্মক মগজুৰ কৰনে হয়। বিবেক মগজু ৰোগীক একেলেথাৰীয়ে সাৱধানী কৰায় থাকে যে ভোজন তেওঁলোকৰ বাবে ভাল নহয় কিন্তু ভাবনাত্মক মগজু ইয়াৰ গুৰুত্ত নিদিয়ে।

ধ্যানৰ দ্বাৰা মানুহে মগজুৰ দুটা ভাগক সন্তুলন কৰিব পাৰে। ইয়াৰ পৰা খোৱা লোৱাৰ অভ্যাসক শুধৰাব পাৰি।

মধুমেহ ৰোগীক প্ৰতিদিনে10 ৰপৰা 15 মিনিট ধ্যানৰ অভ্যাস কৰিব লগে। ইয়াৰ পৰা খোৱা লোৱাৰ অভ্যাসক শুধৰাব পাৰি।

প্ৰশ্ন (161) ঃ ধ্যান কেনেদৰে সহায়ক হ'ব পাৰে?

উত্তৰ ঃ মধুমেহ ৰোগীৰ বাবে ধ্যান বহুত লাভদায়ক হয়। ধ্যানৰ দ্বাৰা এড্ৰেনালিন তথা কোৰ্টিচোল শ্ৰাৱ কমায়। যদি এইটো শ্ৰাৱ কম হয় তেতিয়া চিন্তা নিজে কমিব তথা ৰক্ত শৰ্কৰাৰ স্তৰো কমি যায়। এই দুটা হৰমনৰ ভূমিকা বহুত মহত্ত্ব হয়।

ধ্যানৰ দ্বাৰা মস্তিস্কও প্ৰভাৱিত হয়। ধ্যানৰ অভ্যাস কৰা ব্যক্তি শান্ত তথা সহজ থাকে তথা নিজৰ উপৰত নিয়ন্ত্ৰন ৰাখিব পাৰে সেইকাৰনে প্ৰনিদিনে দশ মিনিট ধ্যান কৰিব লাগে।

●●●

জটিলতা

প্ৰশ্ন (162) ঃ যদি মধুমেহ নিয়ন্ত্ৰন তেতিয়া কি জটিলতা হব পাৰে ?

উত্তৰ ঃ মধুমেহ জটিলতাৰে ভৰপুৰ ৰোগ হয়। যদি এই ৰোগ অনিয়ন্ত্ৰন হয় তেতিয়া অনেক অসুবিধাৰ সৃস্টি হব পাৰে। সকলোতকৈ প্ৰমুখ জটিলতা হল কোৰোনেৰী হৃদয় ৰোগ।

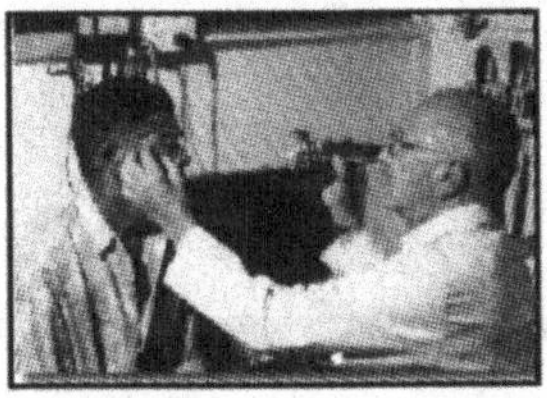

মধুমেহ ৰোগ গূৰ্দাকো লোকচান কৰে যাক আমি 'নিউৰোপেথী' ৰ নামত জানো। ডায়বেটিক নিউৰোপেথীৰ সময়ত মুত্ৰৰ লগতে এলবুমিন আহিব ধৰে। ইয়াৰ বাবে মাইক্ৰো এলবুমিন নিৰিক্ষণ কৰা হয়। যদি এইটো পজিটিভ হয় তেতিয়া ইয়াৰ অৰ্থ মূত্ৰত প্ৰোটিন আহিছে। যিটো গূৰ্দা ভালদৰে কাম নকৰাৰ সংকেত দিয়ে। য়ুৰিয়া তথা ক্ৰিয়েটিনিনৰ স্তৰ বাঢি যায়। যদি এইটো স্তৰ 2মি. গ্ৰা.% তকৈ অধিক হয় তেতিয়া বুজিব লাগে যে গূৰ্দা 70-80মি. গ্ৰা.% লৈকে নস্ট হৈছে।

ডায়বেটিক নিউৰোপেথীও মধুমেহৰ জটিলতাৰ এটা হয়। এনে ৰোগীত সংবেদনশীল সম্বন্ধী দোষ পোৱা যায়। নিউৰোপেথীৰ ৰোগী ৰাতিও ভালদৰে শুব নোৱাৰে তথা হাত ভৰি জিনজিনোৱাৰ অনুভৱ হয়।

মধুমেহ ৰোগত ৰেটিনোপেথি নামৰ জটিলতাও হব পাৰে। এই অৱস্হাত ৰেটিনাক লোকচান কৰায়। কেবাবাৰ ৰেটিনাৰ পৰা তেজ যাব

ধৰে যাক মাইক্ৰোএঞ্জিয়োপেথি নামেৰে জনা যায় যৰ পৰা অন্ধ হব পাৰে। মানসিক জটিলতাৰ ৰূপত ৰোগীক অবসাদৰ পক্ষপাত কৰিব লগীয়া হয়।

ডায়বেটিক ব্যক্তিৰ নপূংসকতাও আহি যায়। এই ৰোগৰ কাৰন চেক্সত ৰুচি প্ৰায় নাইকিয়া হয় যায়।

মধুমেহৰ কাৰনে এন্টৰোপেথী গেস্ট্ৰোইন্টস্টাইনিল সমস্যাও হব পাৰে।

ভৰিত গেংগ্ৰীন হোৱাৰ সম্ভাৱনা বাঢে। এইটো সেই অৱস্হাত হয় যেতিয়া মধুমেহ একেবাৰে অনিয়ন্ত্ৰন হয়। ইয়াৰ কাৰন ভৰিত হোৱা ঘা ভাল নহয় যাৰ বাবে অনেক অসুবিধাৰ সৃস্টি হয়। কেতিয়াবা ৰোগীৰ ভৰি কাটিব লগীয়া হয় আৰু ৰোগীৰ মৃত্যু হয়।

প্ৰশ্ন (163) ঃ মধুমেহৰ কাৰনে হৃদয় ৰোগ কিয় হয়?

উত্তৰ ঃ মধুমেহ শৰীৰৰ সৰু ধমনীৰ ভিতৰৰ পৰ্দাক ক্ষতিগ্ৰস্হ কৰে যাক এঞ্জিয়পেথী বুলি কয়। এইটো এঞ্জিয়পেথী হৃদয়ৰ ধমনীতো হৈ যায়। এনেকুৱা ৰোগীৰ ধমনী শকত হৈ যায় তথা চৰ্বি জমা হব ধৰে। এই ক্ষতিগ্ৰস্হ ধমনীৰ বাধা দ্ৰুত গতিৰে বাঢে তেতিয়া শীঘ্ৰে হৃদয় ৰোগ হয়। মধুমেহ ৰোগীত সাধাৰনতে এইটো পোৱা যায়।

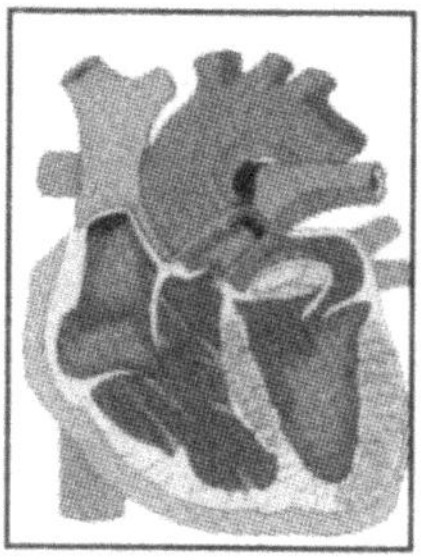

প্ৰশ্ন (164) ঃ মধুমেহৰ কাৰনে গৃৰ্দাত ৰোগ কিয় হয়?

উত্তৰ ঃ মধুমেহৰ ৰোগীত গৃৰ্দাৰ উত্তকোত ইনচুলিনৰ মাত্ৰা কমে যাৰ কাৰনে ৰক্তত শৰ্কৰাৰ স্তৰ বাঢি যায়। এই কোশীকাৰ কাৰনে এই শৰ্কৰাৰ উচিত উপযোগ হব নোৱাৰে। মধুমেহৰ ৰোগী অনিয়ন্ত্ৰিত হলে গৃৰ্দা বেয়াকে প্ৰভাৱ পৰে।

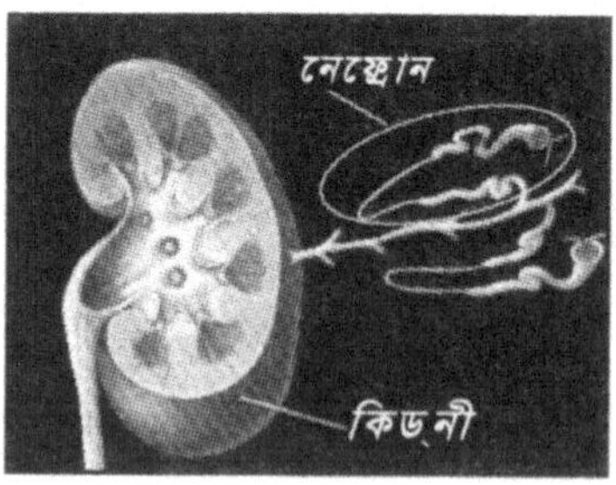

মধুমেহত গৃৰ্দা বেয়া হোৱাৰ এই প্ৰাক্ৰয়াক নেফৰোপেথী বুলি কয়। যদি ৰক্তত য়ুৰিয়াৰ মাত্ৰা বাঢ়ি যায়

তেতিয়া য়ুৰিমিয়াও কোৱা হয়।

প্ৰশ্ন (165) ঃ 'ডায়বেটিক কিদনি ফেলয়ৰ' ৰ কেনেদৰে চিকিৎসা কৰিব পাৰি ?

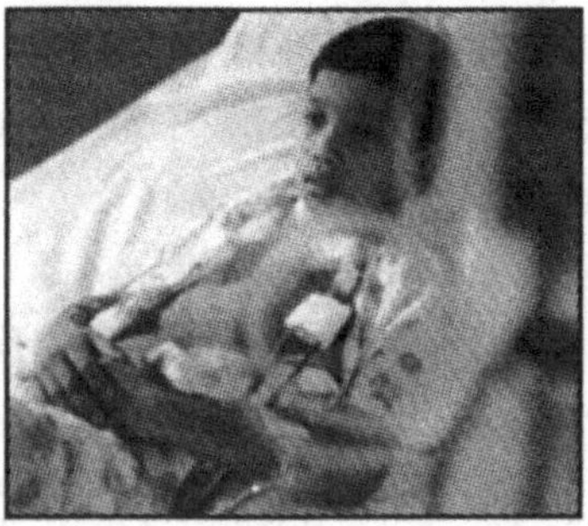

উত্তৰ ঃ গূৰ্দা আমাৰ শৰীৰৰ বেয়া বস্তু বহিৰত উলিয়াই। কিদনি ফেলয়ৰ মানে গূৰ্দা 80% ক্ষমতা নস্ট হৈছে।

যদি গূৰ্দা 15-20% লৈকে কাম কৰে তেতিয়া একো বেয়া নহয় কিন্তু 80% তকৈ অধিক নস্ট হয় তেতিয়া এইটো ডায়বেটিক নিউৰোপেথীক বুলি কয়।

ইয়াৰ পৰা বাচিবৰ বাবে ব্লাদ চুগাৰ প্ৰথমে নিয়ন্ত্ৰন ৰাখিব লাগে। গূৰ্দা বেয়া হোৱাৰ কাৰনে দৰব আৰু প্ৰভাৱীত হয় আৰু ব্লাদ চুগাৰ নিয়ন্ত্ৰন হৈ যায়।

ততক্ষণাত ৰোগী ডাক্টৰক সূচনা দিয়ে যে চুগাৰ নিয়ন্ত্ৰন হব ধৰিছে। এই সংবেতৰ পৰা বুজিব লাগে যে গূৰ্দা বেয়া হৈছে তথা বাঞ্ছিত নিৰিক্ষণ কৰিব লগে।

এনেকুৱা অৱস্হাত ব্লাদ চুগাৰ নিয়ন্ত্ৰত ৰাখিব লাগে। যদি ৰোগী ইনচুলিন বা দৰব লৈছে তেতিয়া বন্দ কৰিব লাগে। হাইপোগ্লাইচিমিয়াৰ পৰাও বাচিব লাগে।

যদি প্ৰোটিন কম হৈছে তেতিয়া প্ৰোটিনযুক্ত পদাৰ্থ লব লাগে যদি ৰক্তচাপ বাঢ়ি যায় তেতিয়া সামান্য কৰিবৰ বাবে দৰব আৰম্ভ কৰি দিয়ক। যদি য়ুৰিয়া ক্ৰিয়েটিনাইনৰ স্তৰো অধিক হয় তেতিয়া নিমখ খোৱা বন্দ কৰক তথা দায়েলচিচ কৰিব লগে।

যদি ৰোগত প্ৰোটিন ৰিটেনচনৰ অৱস্হা উতপন হৈ যায়, দালিৰ দৰে অন্য প্ৰোটিনযুক্ত আহাৰ লব নালাগে।

ডায়বেটিক নিউৰোপেথিৰ ৰোগীক ক্ৰিয়েটিনাইন তথা য়ুৰিয়াৰ স্তৰৰ নিৰিক্ষণ কৰি থাকিব লাগে। যদি এইটো স্তৰ 15 মি. গ্ৰা./ দে. লী. তকৈ অধিক হয় তেতিয়া এইটো গূৰ্দা বেয়া হোৱাৰ সূচক হয়। এই

দায়েলচীচৰ দ্বাৰা ঠিক কৰিব পৰা যায়। এইটো দুই প্ৰকাৰৰ হয়- (1)পেৰিটেনিয়েল দায়েলচ্চি (2) সাধাৰন দায়েলচ্চি।

প্ৰশ্ন (166) ঃ ডায়বেটিক নিউৰোপেথীক কোনটোক কয়?

উত্তৰ ঃ ডায়বেটিক নিউৰোপেথীক ৰোগীৰ তন্ত্ৰিকা তন্ত্ৰত জটিলতা উতপন হয়। এনেকুৱা প্ৰায় দীৰ্ঘকালীন ৰূপেৰে অনিয়ন্ত্ৰন মধুমেহ হয়। এনেকুৱা স্হিতিত বাঢ়ি অহা ব্লাদ চুগাৰ তন্ত্ৰিকা তন্ত্ৰত হানি কৰে।

প্ৰশ্ন (167) ঃ ডায়বেটিক নিউৰোপেথীকৰ লক্ষণ কি কি হয়?

উত্তৰ ঃ ডায়বেটিক নিউৰোপেথীকৰ সময়ত সংবেদনশীলতাৰ দোষ হৈ যায়। যদি মধুমেহৰ ৰোগ, হৃদয় ৰোগৰ পৰাও পিৰিত হয় তেতিয়া সমস্যা আৰু বাঢে। বুকুত বিষ নহয় তথা উশাহ ৰখি যোৱাৰ অনুভৱ হয়। কোনো ব্যক্তিৰ ৰাতি শুৱোতে ভৰিত জলন হোৱাৰ অনুভৱ কৰে। এনেকুৱা নিউৰোপেথীকৰ কাৰনে হয়। ডায়বেটিক নিউৰোপেথীকৰ উপাচাৰ নাৰ্ভ কন্দাচনেৰে কৰিব পৰা যায়। কোনো মানুহ অটোনমচ নিউৰোপেথীকৰ বলি বনে। এই অৱস্হাত ৰোগী ঠিয় হৈয়েই ৰক্তচাপ কমি যায়। কম হয়।

প্ৰশ্ন (168) ঃ ডায়বেটিক নিউৰোপেথীকৰ চিকিতচা কেনেদৰে সম্ভৱ?

উত্তৰ ঃ ডায়বেটিক নিউৰোপেথীকৰ কোনো স্হায়ী চিকিতচা নহয়। যদি শুৱোতে ভৰিত জিনজিনোৱা হয় তেতিয়া পিল খাক পাৰি, যদি নাৰিত বিষ অনুভৱ কৰে তেতিয়া বিষ নিবাৰক দৰব লব পাৰি। এই ৰোগ ভৰিতো লোকচান কৰায় সেইকাৰনে চাফ চিকুনে থাকিব লাগে। নিউৰোবনৰ ৰূপত নিউৰোভিটামিন লব পাৰে। যিটো ইনজেকচনেৰে দিয়া যায়।

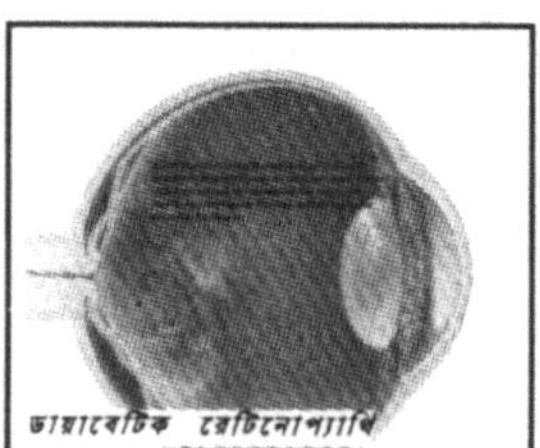

ডায়াবেটিক রেটিনোপ্যাথি

প্ৰশ্ন (169) ঃ মধুমেহ ৰোগত ৰেটিনোপেথি কিয় হয়?

উত্তৰ ঃ মধুমেহ ৰোগী শৰীৰ লগতে ৰেটিনাৰ কোশীকাকো প্ৰভাৱিত কৰে।

ৰেটিনোপেথীৰ সময়ত, ৰেটিনাৰ কোশীকা নস্ট হব ধৰে, ধুৱা খোৱা দেখিব ধৰে তথা ৰেটিনাত ধাকনি দেখিব ধৰে। এনেকুৱা স্হিতিত ৰেটিনাৰ কোশিকা অক্সিজেনৰ উপযোগ কৰিব নোৱাৰে। এনেকুৱা ৰোগী চচমা লবলৈ বেছি দেৰি কৰিব নালাগে।

প্ৰশ্ন (170) ঃ ডায়বেটিক ৰেটিনোপেথীকৰ চিকিতচা কেনেদৰে সম্ভৱ ?

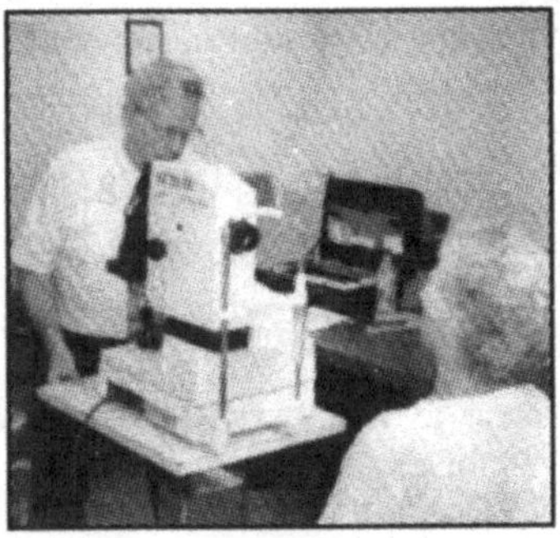

উত্তৰ ঃ যদি দীঘল সময়লৈকে মধুমেহ ৰোগ থাকে তেতিয়া ৰোগীক ডায়বেটিক ৰেটিনোপেথী হব পাৰে। মধুমেহ ৰোগীক নিয়মিত ৰূপেৰে নেত্ৰ পৰীক্ষন কৰাব লাগে। গহন নেত্ৰ পৰীক্ষনৰ সময়ত নেত্ৰ চিকিৎসক ৰেটিনোপেথীক গম পায়। সাধাৰন নেত্ৰ পৰীক্ষনত কোনো লক্ষণ নাহে। ৰেটিনোপেথীক লেজাৰ বা শল্যক্ৰিয়াৰ দ্বাৰা ঠীক কৰিব পাৰি।

প্ৰশ্ন (171) ঃ মধুমেহৰ সময়ত ভৰিত অসুবিধা হব পাৰেনেকি ?

উত্তৰ ঃ মধুমেহৰ ৰোগীৰ সাধাৰনতে ভৰিত অসুবিধা হব পাৰে। কেবাবাৰ গেংগ্ৰিন হৈ যায় তথা ৰোগীৰ ভৰি কাটিব লগীয়া হয়।

এঞ্জিয়োপেথীত এই স্হিতি উৎপন্ন হয় কাৰন ইয়াত সৰু ৰক্ত নলিকা ক্ষতিগ্ৰস্হ হয়। ইয়াৰ দ্বাৰা ভৰিৰ আগৰ কিনাৰলৈকে অক্সিজেন আৰু ৰক্তৰ প্ৰৱাহ হব নোৱাৰে। যদি সেই ভাগত দুখ পালে বিষ দীঘল সময়লৈকে থাকে আৰু অনেক অসুবিধা আহি যায়।

যদি কোনো জুতা বা দূৰ্ঘটনাৰ কাৰনে দুখ পায় তথা ঠীক হবলৈ দীঘল সময় লৈ তেতিয়া ডায়বেটিক ফুট বুলি কয়।

প্ৰশ্ন (172) ঃ গেংগ্ৰিন কোনটোক কয় ? এইটো কেনেকৈ হয় ?

উত্তৰ ঃ যদি মধুমেহ অনিয়ন্ত্ৰিত হয় তেতিয়া দায়বেটিক ভৰিত গেংগ্ৰিন হব পাৰে। গেংগ্ৰিনত সেই ক্ষেত্ৰ বিশেষৰ উত্তক নস্ট হৈ যায়।

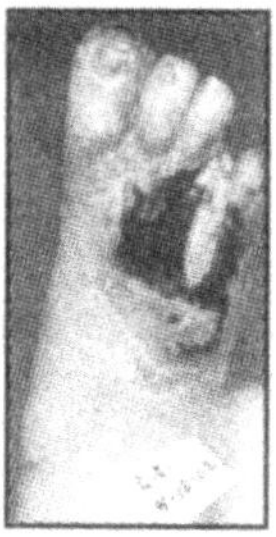

যদি ৰক্ত শৰ্কৰাৰ স্তৰ অধিক হয় তথা এঞ্জিয়োপেথী হয় তেতিয়া এই স্হিতি উতপন্ন হয়। যদি এই ভাগত দুখ পায় তেতিয়া ৰক্ত প্ৰৱাহত কম হোৱাৰ বাবে বিষ ভাল নহয় আৰু তাত গেংগ্ৰিন হৈ যায়। এইটো গেংগ্ৰিন দ্ৰুত গতিৰে বাঢে তথা ভৰি কাটিব লগীয়া হয়।

প্ৰশ্ন (173) ঃ ভৰিত ৰক্তৰ কম প্ৰৱাহ পৰা আপুনি কি বুজে?

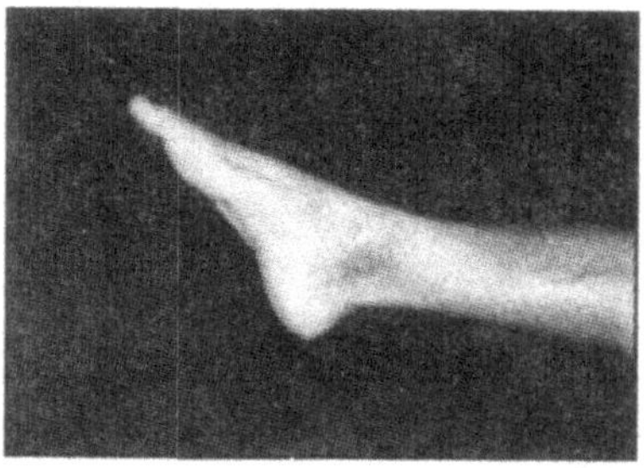

উত্তৰ ঃ মধুমেহত এঞ্জিয়োপেথীকৰ কাৰনে ভৰিৰ ৰক্ত নলিকা খামুচি ধৰে যৰ পৰা ৰক্তৰ প্ৰৱাহ কম হয়। বেয়া শিৰৰ কাৰনেও প্ৰৱাহত বাধা আহিব পাৰে সেইকাৰনে মধুমেহ ৰোগীৰ ভৰি নীলা হয়। ৰোগীৰ ভৰিত বিষ তথা শীঘ্ৰে দুখ পোৱাৰ সম্ভাৱনা থাকে। বিষৰ বাবে ইনফেকচন হোৱাৰো ভয় থাকে সেইকাৰনে এজন ডায়বেটিকক নিজৰ ভৰিৰ ভালদৰে ধ্যান দিব লাগে। ভৰিক সুৰক্ষিত, গৰম, চাফা তথা সম্ভাৱিত বিপদৰ পৰা বাচিব লাগে।

প্ৰশ্ন (174) ঃ ভৰিৰ চোৱা চিতাৰ বাবে সম্বন্ধিত কিছু পৰামৰ্শ দিব পাৰিবনেকি?

উত্তৰ ঃ মধুমেহত এঞ্জিয়োপেথীকৰ কাৰনে ভৰিত অসুবিধা হোৱাৰ সম্ভাৱনা বাঢে। যিটো গেংগ্ৰিনতো পৰিৱৰ্তন হয় সেইকাৰনে ডায়বেটিকৰ ভৰি বিশেষ ৰূপেৰে চোৱা চিতা কৰিব লগে।

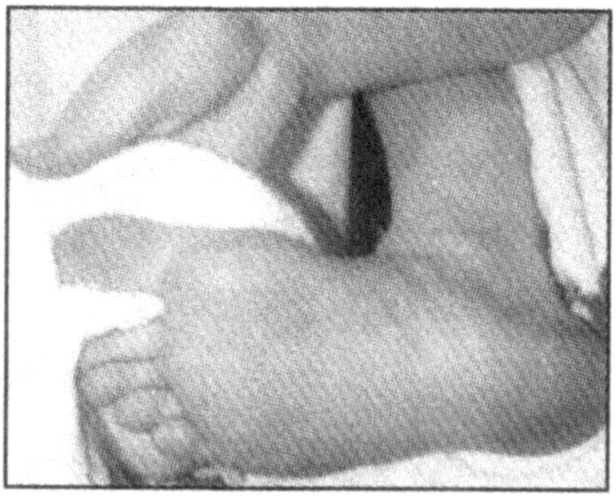

ভৰিৰ বিষৰ পৰা বাচিবৰ বাবে সঠিক জুখৰ জুতা চেণ্ডেল

পিন্দিব লাগে। জুতাৰ তলুৱা ভাল হব লাগে। ঘৰত পিন্ধা চেন্দেলো চামৰা বা ভাল সামগ্ৰীৰে বনিব লগে। ঘৰত খালী ভৰিত থকাতো লোকচান হব পাৰে। ভৰিৰ নখ কাটোতে সাৱধান হব লাগে।

পিউমিক স্তনৰ সহায়েৰে ভৰি নৰম কৰিব পাৰে। ভৰিত পোহা হলে নুফুতাব, ভৰিৰ সৰু দাঙৰ বিষক গৰম পানী আৰু চাবুনেৰে ধুই পাতেৰে ধাকিব লগে। আয়োদিন বা অন্য শক্তিশালী দৰৱ সেৱন নকৰিব।

ভৰিৰ ভালদৰে চোৱা চিতাৰ অৰ্থ যে প্ৰতিদিনে ভৰি কুহুমিয়া পানী তথা চাবুনেৰে ধুৱক। ভৰি তথা আঙুলিৰ মাজৰ স্হানক ভালদৰে শুকাওক। তাৰ পাছত ভালদৰে চাওক যে কৰবাত শুকান থকা নাইতো।

অধিক শুকান ডায়বেটিকৰ ভৰিৰ বাবে বেয়া হয়। যদি শুকান হয় তেতিয়া বেবী লোচন লব লাগে। যদি ভৰিত নমি হলে এলকোহলৰ প্ৰয়োগ কৰিব লাগে। ভালদৰে ধুই শুকাব দিব লাগে। ভৰিক ফাংগাছৰ পৰা বচাবৰ বাবে মেদ্দিকেটিদ্দ পাউদাৰ প্ৰয়োগ কৰিব পাৰে।

ভৰি ঠান্দাৰ পৰা বচাওক। যদি বাহিৰত ঠান্দা হয় তেতিয়া ঘৰত থাকিবলৈ চেস্টা কৰক। যদি ভৰি তিতা হয় তেতিয়া মোজা পিন্ধক। ভৰিক অধিক গৰম হব নিদিব। হিটিং পেদ বা ৱাটাৰ বটল ৰখাৰ পৰিৱৰ্তে বিচনাত মোজা তথা গৰম কাপোৰ পিন্ধি শুৱক।

প্ৰশ্ন (175) ঃ মই শুনিছো যে মধুমেহৰ ৰোগীক কম ৰক্ত প্ৰৱাহৰ সমস্যা সহ্য কৰিব লগীয়া হয়? মই ৰক্ত প্ৰৱাহক কেনেকৈ সুচাৰু বনাব পাৰি?

উত্তৰ ঃ আপুনি কোনো উপায়েৰে ভৰিৰ ৰক্ত প্ৰৱাহক সুচাৰু বনাব পাৰি।

1. প্ৰতিদ্দিনে ব্যায়াম কৰক কিন্তু বেছি নকৰিব। যদি আপুনি বয়সীয়াল হয় তেতিয়া খোজ কাঢক।
2. চকা থকা চকীত বহাৰ চেস্টা কৰক। বহোতে ভৰি ঘূৰাই নবহিব

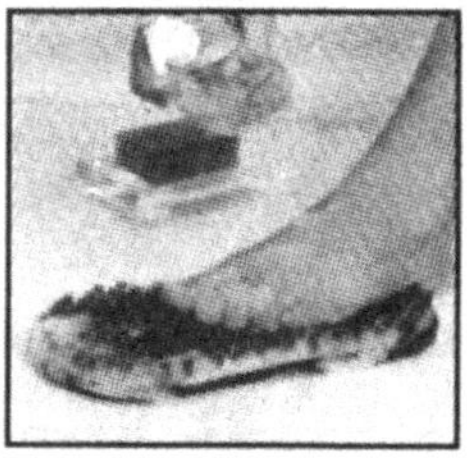

ইয়াৰ দ্বাৰা ৰক্ত প্ৰৱাহত বাধা আহে।

3. লেতেৰা কাপোৰ নিপিন্ধিব
4. কাৰ, ট্ৰেন, বাচ বা উৰাজাহাজত যাত্ৰা কৰোতে এক ঘণ্টাৰ পাছত নিজৰ ভৰি বহল কৰি মাংসপেশীক আৰাম দিব লগে।
5. ধুমপান নকৰিব, ইয়াৰ নিকোটিন ধমনীত সংকোচন কৰে যৰ পৰা ভৰিৰ নলিকাত ৰোগ হোৱাৰ সম্ভাৱনা বাঢে।

প্ৰশ্ন (176)ঃ মধুমেহ ৰোগীত নপুংসক কিয় পোৱা যায়?

উত্তৰ ঃ মধুমেহৰ পূৰুষ ৰোগীত শিশনক উত্তেজিত হবৰ বাবে বহুত ৰক্তৰ আৱশ্যক হয়। যদি এনেকুৱা নহয় তেতিয়া নপুংসক আহি যায়?

মধুমেহত নিউৰোপেথীৰ কৰনো হব পাৰে।

প্ৰশ্ন (177)ঃ এন্টৰোপেথী কি হয় তথা কেনেকৈ হয়?

উত্তৰ ঃ এন্টৰোপেথীত মধুমেহৰ কাৰনে আতক লোকচান কৰায়। এই অৱস্হাত আতক ৰক্ত পোৱোৱা সৰু ধমনীয়া ক্ষতিগ্ৰস্হ হৈ যায় যৰ পৰা আতৰ ক্ষতি হয়।

প্ৰশ্ন (178)ঃ মধুমেহ ৰোগত বিষ দেৰিলৈকে কিয় থাকে?

উত্তৰ ঃ যদি মধুমেহ ৰোগত ৰক্ত শৰ্কৰাৰ স্তৰ বহুত বাঢ়ে তেতিয়া অনেক বীজাণু জন্ম লয়, এনেকুৱাত যদি ইনফেকচন হয় তেতিয়া বীজাণু দুগুণ দ্ৰুতৰে বাঢ়ে তথা বিষ দেৰিলৈকে থাকে।

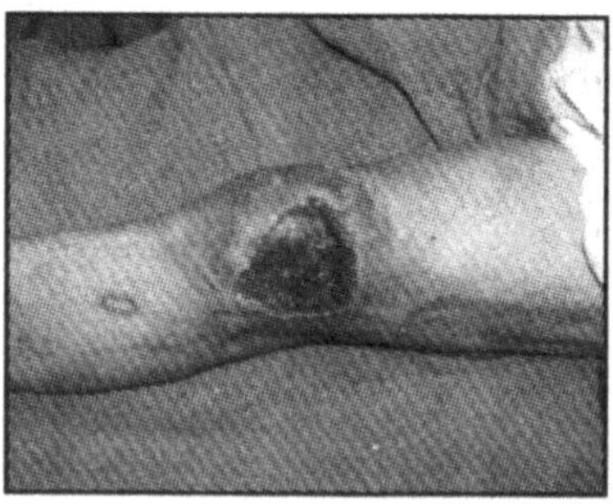

যদি আপুনি মধুমেহ তেতিয়া সাধাৰন ঘা যদি দুই তিনি দিনত ঠিক হব কিন্তু যদি আপুনি মধুমেহ

ৰোগী হয় তেতিয়া ঘা ভাল হবলৈ সময় লাগিব পাৰে। কেবাবাৰ ঘা ভাল নোহোৱাৰ স্হিতিত ৰোগ নিদান হয়।

প্ৰশ্ন (179) ঃ যদি 'হাইপোগ্লাইচিমিয়া' হয় তেতিয়া কি কৰিব লাগে ?

উত্তৰ ঃ এই অৱস্হাত ৰক্ত শৰ্কৰা নিজৰ স্তৰতকৈ কম হয়।

এই দশাত আপোনাক তৎক্ষণাত ভোক লাগিব পাৰে, বমি লগিব পাৰে তথা খেলিমেলি অনুভৱ হয়। এই কাৰ্য্যত আপোনাক কাৰন বিচাৰি উলিয়াব লাগে যে নিজৰ সঠিক সময়ত ভোজন নকৰিলে বা ভোজনৰ বিনা শাৰীৰিক শ্ৰম কৰিছে।

হাইপোগ্লাইচিমিয়াৰে গ্ৰস্ত ব্যক্তিক সেই সময়ত গ্লুকজ লওক কাৰন গ্লুকজ শীঘ্ৰে ঘূলি ৰক্ত শৰ্কৰাৰ স্তৰত বাঢে। যদি স্হিতি গম্ভীৰ নহয় তেতিয়া যিকোনো খাদ্য লওক, আপোনাৰ ৰক্ত শৰ্কৰা পাচ ৰপৰা দহ মিনিট নিয়ত হব। গম্ভীৰ স্হিতি থকাত শিৰৰ দ্বাৰা দেকচট্ৰোজও দিব লগীয়া হয়।

প্ৰশ্ন (180) ঃ মধুমেহত ৰক্তচাপত কেনেকৈ নিয়ন্ত্ৰিত ৰাখিম ?

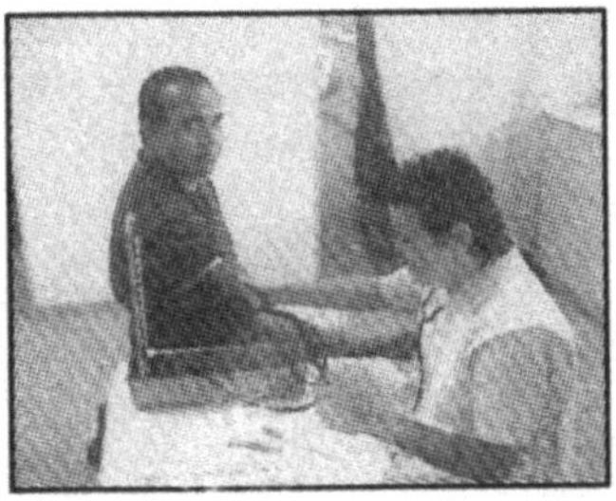

উত্তৰ ঃ মধুমেহৰ লগত ৰক্তচাপ, হৃদয়ক লোকচান কৰায় সেইকাৰনে মধুমেহ ৰোগক ৰক্তচাপৰ বিশেষ ধ্যান দিব লাগে। যদি নিজৰ ওজন কমায় লয়, প্ৰতিদিনে ব্যায়াম তথা খোজ কাটিলে ৰক্তচাপ নিজে কমে। ৰক্তচাপ নিয়ন্ত্ৰিত কৰাত বিশেষ ভূমিকা থাকে। নিজকে চিতাৰ পৰা দুৰত ৰাখক। যদি বহুত চেস্টা কৰাৰ পাছতো ৰক্তচাপ নিয়ন্ত্ৰিত নহয় তেতিয়া দৰব সেৱন কৰিব লাগে।

প্ৰশ্ন (181) ঃ মুত্ৰত কীটোনৰ উপস্হিতিৰ কেনেদৰে গম পাম? সেইটো কি হয়? সেইটো লোকচানদায়ক হব পাৰেনেকি?

উত্তৰ ঃ অনিয়ন্ত্ৰিত মধুমেহৰ জটিলতাত এটা- 'ডায়বেটিক কীটোয়েচিদেচিচ'। ইয়াৰ অৰ্থ হল যে শৰীৰক ভালদৰে প্ৰভাৱিত কৰে। ৰক্তত উপস্হিত অম্ল কীটোনত পৰিৱৰ্তন হয়। কীটোন তত্ত বাঢ়িলে ডায়বেটিক কোমাৰ সৃস্টি হব পাৰে। এই অৱস্হাত ৰোগীৰ পৰা এমিনিয়াৰ গোন্ধ আহিব ধৰে।

মুত্ৰ পৰিক্ষণ কৰাত এই কীটোন তত্তৰ গম পাব পাৰি। এই ৰোগীক শিৰৰ দ্বাৰা চদিয়াম-বাই-কাৰ্বোনেট দিব পৰা যায়। ইনচুলিন দি ৰক্ত শৰ্কৰাকো নিয়ন্ত্ৰিত কৰা যায় কিন্তু ধ্যান দিয়ক যে ৰক্ত শৰ্কৰা একেবাৰে তলত নাহে।

●●●

বিবিধ

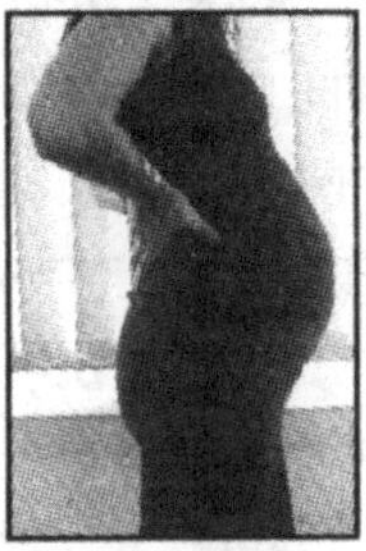

প্ৰশ্ন (182) ঃ মধুমেহ ৰোগী গৰ্ভধাৰন কৰাতো উচিতনেকি ?

উত্তৰ ঃ মধুমেহ ৰোগীও গৰ্ভধাৰন কৰিব পাৰে। যদি কোনোবা ৰোগীণী গৰ্ভৱতী হয় তেতিয়া নিজকে ভালদৰে নিয়ন্ত্ৰিত কৰিব লাগে। মধুমেহ নিয়ন্ত্ৰিত নহলে গৰ্ভস্হ শিশুকো হব পাৰে। কেবাবাৰ গৰ্ভস্হ শিশুকো হানি হব পাৰে।

অতঃ গৰ্ভৱতী মহিলাকো মধুমেহ নিয়ন্ত্ৰিণত সচেতন হব লাগে।

এনেকুৱা অৱস্হাত হাইপোগ্লাইচিমিয়াৰ পৰাও বাচিব লাগে। ভাল দৰব, নিয়মিত ব্যায়াম, ইনচুলিন, তথা ব্যায়ামৰ দ্বাৰা মধুমেহ নিয়ন্ত্ৰণ কৰিব পাৰি।

যদি উপৰত কোৱা উপায়েৰে মধুমেহ নিয়ন্ত্ৰিণত হয় তেতিয়া গৰ্ভধাৰন কৰাত একো অসুবিধা নহয়।

প্ৰশ্ন (183) ঃ মধুমেহ চেক্স লাইফ (যৌন জীৱন)ক প্ৰভাৱিত কৰেনেকি ?

উত্তৰ ঃ হয়, মধুমেহ ৰোগ পূৰুষ শক্তিৰ বাবে ঘাতক হয়। যদি মধুমেহ অনিয়ন্ত্ৰিত থাকে তেতিয়া ৰক্তত পোৱা ধমনীত চৰ্বি জমা হয় যৰ পৰা নপুংসকতাও হব পাৰে। নিউৰোপেথী তথা অবসাদৰ কাৰনেও শিশন উত্তেজিত হব নোৱাৰে।

এনেকুৱা ৰোগী নিজৰ ৰোগক ভালদৰে

নিয়ন্ত্ৰিত কৰিব লাগে। নিজৰ ট্ৰাইগ্লিচৰাইদ ততা কোলেস্ট্ৰলৰ স্তৰকো নিয়ন্ত্ৰিত কৰিব লাগে। বিয়াগ্ৰাৰ দৰে কিছুমান যৌন উত্তেজক বঢোৱাৰ দৰব অন্য শ্ৰোতও থাকে কিন্তু এইটো নাপাহৰিব যে যৌন ক্ৰিয়া আপোনাৰ জীৱনৰ অংগ হয়। নিউৰোপেথীৰ কাৰনো আপোনাৰ জীৱনত প্ৰভাৱিত হব পাৰে।

প্ৰশ্ন (184) ঃ যদি ব্লাদ চুগাৰৰ স্তৰ কম হয় তেতিয়া শিশনৰ উত্তেজন তথা স্খলনক প্ৰভাৱিত কৰেনেকি?

উত্তৰ ঃ নহয়, ব্লাদ চুগাৰ চেক্সৰ লগত কোনো লেন দেন নাই কিন্তু ব্লাদ চুগাৰ কম হলে হাইপোগ্লাইচিমিয়া থকা ব্যক্তিক যৌন ক্ৰিয়া কৰিব নালাগে। যদি ব্লাদ চুগাৰ স্তৰ অধিক হয় তেতিয়া নপুংসকতাও হব পাৰে তথা স্খলন দোষ হব পাৰে।

প্ৰশ্ন (185) ঃ মই 5 বছৰৰ পৰা মধুমেহ ৰোগী হয়। মই নপুংসকতা হব পাৰেনেকি?

উত্তৰ ঃ মধুমেহ ৰোগত 5 বছৰত নপুংসক নহয়। কিন্তু অনিয়ন্ত্ৰিত তথা ৰক্ত শৰ্কৰাৰ স্তৰ 300-400% মি. গ্ৰা. হয় তেতিয়া এনেকুৱা দশাত নিউৰোপেথী তথা নপুংসকতা হব পাৰে।

প্ৰশ্ন (186) ঃ মধুমেহ ৰোগী তথা সাধাৰন ৰোগীক বাজীপনৰ ববে একে দৰব দিয়েনেকি?

উত্তৰ ঃ হয়, দুই ধৰনৰ ৰোগীক একে দৰব দিয়া যায় মধুমেহ এই অৱস্হাত পোৱা যায় যেতিয়া ৰোগ বেছি হৈ যায়, সাধাৰনতে আই দি দি এম ৰোগীক মধুমেহৰ জটিলতা হব পাৰে কিন্তু নপুংসকতা নহয়।

প্ৰশ্ন (187) ঃ মোৰ পতিৰ মধুমেহ খোৱা লোৱাতহে ভালদৰে নিয়ম্ত্ৰিত হৈছে। ২ বছৰৰ পৰা ৰোগ গম পোৱাত আহাৰত ধ্যান দিয়া হৈছে। মুত্ৰৰ নিৰিক্ষণো পজিটিভ নহয় তথা ব্লাদ গ্লুকজৰ স্তৰও সামান্য হৈছে। এইটো মানিম নেকি যে এতিয়া তেওঁ মধুমেহ নহয়?

উত্তৰ ঃ হয়, 50 ৰপৰা 60% ৰোগী উত্তম আহাৰ তথা ব্যায়ামেৰে

নিজৰ ৰোগত নিয়ন্ত্ৰন পায় কিন্তু ইয়াৰ এইটো অৰ্থ নহয় যে ৰোগ একেবাৰে সমাপ্ত হৈছে। ৰোগ আকৌ হব পাৰে। যদি আহাৰ নিয়মিত নকৰে, নিয়মিত ব্যায়াম তথা খোজ নাকাঢে, চিন্তা বেছি হয় তেতিয়া ৰোগ পুনৰ দেখা দিব ধৰে আৰু ৰক্তত শৰ্কৰাৰ স্তৰ বাঢে।

প্ৰশ্ন (188) ঃ 'ৰক্ত শৰ্কৰা' তথা 'ৰক্ত গ্লুকজ' দুটা শব্দ একেনেকি ?

উত্তৰ ঃ হয়, কিন্তু বৈজ্ঞানিক শব্দাৱলীত ৰক্ত গ্লুকজ শব্দৰ প্ৰয়োগ কৰা যায়। গ্লুকজৰ দুটা কণাৰে মিঠা বনে তথা গ্লুকজ নিজে গ্লুকজ বনে।

প্ৰশ্ন (189) ঃ মোৰ পতিৰ মধুমেহ অনিয়ন্ত্ৰিণত হয়, এনেকুৱা অৱস্থাত গৰ্ভৱতী হলে গৰ্ভস্থ শিশুত বেয়া প্ৰভাৱ পৰিব পাৰেনেকি ?

উত্তৰ ঃ নহয়, গৰ্ভস্থ শিশুত বেয়া প্ৰভাৱ নপৰে কিন্তু সন্তানৰ ভৱিষ্যতে মধুমেহ নহবৰ বাবে আহঁ জাতীয় ভোজন কৰাওক তথা ব্যায়াম কৰাওক।

প্ৰশ্ন (190) ঃ এইটো সম্ভৱনেকি যে মধুমেহ ৰোগী তৎক্ষণাত যৌন ক্ৰিয়া অৰুচি হৈ যায় ?

উত্তৰ ঃ সহায় এইটো সত্য নহয়। যদি ৰোগ দীঘল সময়লৈকে থাকে তেতিয়া নিউৰোপেথী কৰানে নপুংসক হব পাৰে। যৌন ক্ৰিয়া অৰুচি হোৱাতো স্বাভাৱিক। যদি ৰোগ একেবাৰে নিয়ন্ত্ৰন হয় তেতিয়া কোনো সমস্যা নাই।

প্ৰশ্ন (191) ঃ যদি মধুমেহেৰে গ্ৰস্হ পুৰুষ ৰোগী ভেকচটোমি কৰিব বিচাৰে তেতিয়া দুস্প্ৰভাৱ হব পাৰেনেকি ?

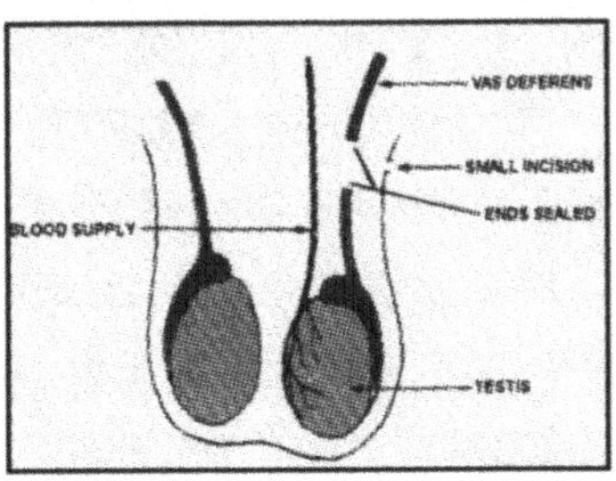

উত্তৰ ঃ পুৰুষ পৰিয়াল নিয়োজনৰ বাবে ভেকচটোমি নামেৰে কৰা যায়। ইয়াৰ একো দুস্প্ৰভাৱ নহয়।

যদি আপোনাৰ পৰিয়াল সম্পূৰ্ণ হয় তেতিয়া আপোনাৰ পতনীৰ সহমতিৰে এই শল্য ক্ৰিয়া কৰাব পাৰে।

প্ৰশ্ন (192) ঃ কিছু সময় আগতে মই স্ত্ৰী-সংসৰ্গৰ পাছত হাইপোগ্লাইচিমিয়া হৈ গলো যদি আকৌ এনেকুৱা হলে বাচিবৰ বাবে কি কৰিব লাগিব ?

উত্তৰ ঃ সম্ভোগত হোৱা শাৰীৰিক ব্যায়ামৰ বাবে আপোনাৰ ৰক্ত শৰ্কৰাৰ স্তৰ কমি যায়। এইটোও হব পাৰে যে আপুনি আগতে ৰক্ত শৰ্কৰা কমোৱাৰ দৰৱ খাইছে। হব পাৰে যে আপুনি পৰ্য্যাপ্ত পৰিমানে ভোজন কৰা নাই সম্ভোগৰ প্ৰক্ৰিয়া দীঘল সময়লৈকে চলিচে।

যি সময়ত সম্ভোগ সম্ভোগৰত হব বিচাৰে তেতিয়া গধূলি সময়ত দৰৱ নলব বা আধা লব। চুগাৰ চিৰাপ পুৰা গ্লিচ খাব পাৰে। যৰ পৰা ৰক্ত শৰ্কৰাৰ স্তৰ সামান্য থাকে।

প্ৰশ্ন (193) ঃ এজন সাধাৰন মানুহ মধুমেহৰ বিষয়ে কি জানিব লাগে ?

উত্তৰ ঃ মধুমেহ বিশৰ দৰে মানুহক মাৰে। কেতিয়াবা আৰম্ভনি অৱস্হাত ইয়াক গম পোৱা নাযায়।

ডায়বিটিক হলে ব্লাদ চুগাৰ নিয়মিত নিৰিক্ষণ কৰিব লগে। ৰক্তত শৰ্কৰাৰ স্তৰ অধিক হলে খোৱা লোৱা তথা ব্যায়ামত সাৱধানী হব লগে। মিঠা খাব নালাগে। কোলেস্ট্ৰল তথা ট্ৰাইগ্লিচৰাইদৰ স্তৰক নিয়মিত ৰূপেৰে নিৰিক্ষণ কৰিব লগে।

প্ৰশ্ন (194) ঃ মধুমেহৰ ৰোগীণীৰ বাবে গৰ্ভনিৰোধক পিল লোকচানদায়ক হব পাৰেনেকি ?

উত্তৰ ঃ হয়, মধুমেহৰ ৰোগী মহিলাৰ বাবে গৰ্ভনিৰোধক পিল লোকচানদায়ক হব পাৰে। এই পিলত কোৰ্টিকোচটিৰাইদ্চ পোৱা যায় যি ৰক্তত শৰ্কৰাৰ স্তৰক বঢ়াব পাৰে।

এই দৰৱ সেৱন নকৰাটোৱেই ভাল হব। ইয়াৰ বাদে বেলেগ গৰ্ভনিৰোধক উপায় ললে ভাল।

প্ৰশ্ন (195) ঃ মই প্ৰতিদিনে ইনচুলিনৰ দুটা ইনজেকচন লওঁ তথা মোৰ স্বস্থ্যও ভালেই, মই ৰক্তদান কৰিব পাৰোনে ?

উত্তৰ ঃ পাৰিব কিন্তু এইটো নিশ্চিত কৰি লওক যে আপুনাৰ ৰক্তত

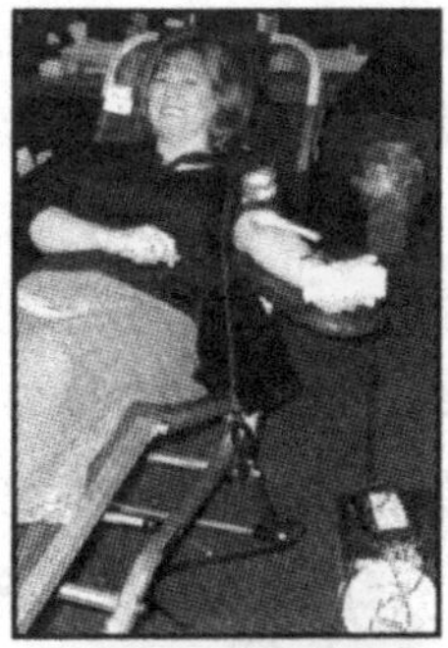

শৰ্কৰা ভালদৰে নিয়ন্ত্রণ হৈছেনে নাই।

সাধাৰনতে ৰক্তদান এক ভাল বিচাৰ হয় কাৰন ইয়াৰ পৰা আমাৰ বোনমেৰী হিমোগ্লবিন উৎপন্ন কৰে যিটো আমাৰ বাবে লাভদায়ক হয়।

প্ৰশ্ন (196) ঃ মধুমেহেৰে গ্ৰস্হ মহিলা গৰ্ভপাত কৰাব পৰিনে ?

উত্তৰ ঃ যদি কোনো মহিলাৰ মধুমেহ অনিয়ন্ত্রণ থাকে তেতিয়া গৰ্ভপাত কৰোৱা বিপদজনক হয়। এনেকুৱা অৱস্হাত সংক্রমনো বাঢ়ি যায়।

যদি কোনো মহিলা গৰ্ভপাত কৰাব বিচাৰে তেতিয়া প্ৰথমে ৰক্ত শৰ্কৰাৰ স্তৰ নিয়ন্ত্রিত কৰিব লগিব। গৰ্ভপাত এনেকুৱা ক্লিনিকত কৰাব লাগে যত সংক্রমনৰ ভয় নাথাকে।

প্ৰশ্ন (197) ঃ 'জেস্টেচনেল ডায়বিটিক' কোনটোক কয় ?

উত্তৰ ঃ অনেক হৰমনৰ শ্ৰাবৰ কাৰনে গৰ্ভৱতী মহিলা মমধুমেহে মধুমেহে মধুমেহ অস্হায়ী ৰূপেৰে হব পাৰে। গৰ্ভাৱস্হাৰ পাছত স্হিতি সামান্য হৈ যায়।

প্ৰশ্ন (198) ঃ মধুমেহ ৰোগী চুটিত যাওঁতে কি কথাক ধ্যান দিব লগে ?

উত্তৰ ঃ মধুমেহ ৰোগী চুটিত যাওঁতে বিশেষ কথাত ধ্যান দিব লগে যৰ পৰা ৰক্ত শৰ্কৰাৰ স্তৰ নিয়ন্ত্রিত থাকে। বহিৰত খাব নালাগে, ঘৰৰ চাফ চিকুন ভোজন বেছি ভাল হব। অধিক বা কম ভোজন, দুটাই ৰক্ত শৰ্কৰাৰ স্তৰক বেয়া হব পাৰে।

চুটিৰ সময়ত অনাবশ্যক ব্যায়ামো ৰক্ত শৰ্কৰাৰ স্তৰক কমাব পাৰে। হাতত সদায় টফি, বিস্কুট ৰাখিব লগে যাতে হাইপোগ্লাইচিমিয়া হোৱাৰ পৰা বচায়। খোৱা লোৱা ভালদৰে কৰিব লাগে তথা ইনচুলিন আৰু দৰৱ হাতত ৰাখিব লাগে।

প্ৰশ্ন (199) ঃ অন্য ব্যক্তিৰ তুলনাত মধুমেহ ৰোগী বাজীপনৰ চিকাৰ অধিক হয়নেকি ?

উত্তৰ ঃ এনেকুৱা নহয়, কিন্তু মধুমেহ নিয়ন্ত্ৰিত নহয় তেতিয়া নিউৰোপেথীৰ কাৰনে এনেকুৱা সম্ভৱ হব পাৰে। যদি আপুনাৰ মধুমেহ নিয়ন্ত্ৰিত হৈছে তেতিয়া বাজীপনৰ প্ৰশ্ন নাহে।

প্ৰশ্ন (200) ঃ মধুমেহ ৰোগীক দাতৰ সমস্যা থাকিব আহিব পাৰেনেকি ?

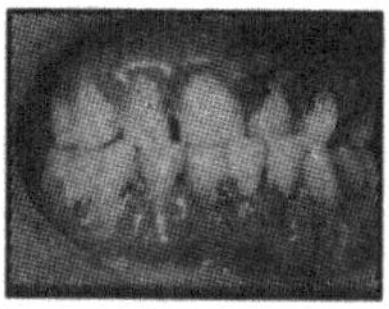

উত্তৰ ঃ যদি মধুমেহ নিয়ন্ত্ৰিত হোৱা নাই তেতিয়া সমস্যা আহিব পাৰে। যদি কোনো ব্যক্তি মধুমেহ নিয়ন্ত্ৰিত ৰাখে তেতিয়া দাতৰ সম্বন্ধীয় কোনো ৰোগ নহয়।

প্ৰশ্ন (201) ঃ মধুমেহ ৰোগ নিয়ন্ত্ৰিত হোৱাৰ পূৰ্বে ওজন কম কিয় হয় ?

উত্তৰ ঃ গ্লুকজেই শৰীৰৰ ইন্ধন হয় যিটো মিঠা তথা ভোজনৰ পাচনেৰে প্ৰাপ্ত হয়। নিয়ন্ত্ৰিত মধুমেহ ৰোগীৰ শৰীৰত গ্লুকজৰ মাত্ৰা অধিক হয় তথা মুত্ৰত আহিব ধৰে। শৰীৰৰ উত্তক গ্লুকজ তথা কিটোন বনাবলৈ ভাঙি যায় যৰ পৰা ওজন কমি যায়।

আধুনিক যুগত মধুমেহ এক সামান্য ৰোগ হয়। সংসাৰত ৰোগীৰ সংখ্যা নিৰন্তৰে বাঢ়িছে। বহুত দিনলৈকে চলা এই ৰোগ গূৰ্দা তথা হৃদয়ত আক্ৰমন কৰে। ইয়ালৈকে ৰোগীক গেংগ্ৰীনও হব পাৰে বা কোমাতো যাব পাৰে। এই ৰোগৰ কোনো স্হায়ী চিকিৎসা নাই। জীৱন শৈলী, শিক্ষা তথা খোৱা লোৱাৰ পৰিৱৰ্তনৰ পৰা নিয়ত্ৰত পাব পাৰি। ৰোগী গম্ভীৰ অৱস্হাত এলোপেথী তথা আৰ্যুবেদিক দৰৱ, ইনচুলিন তথা জীৱন শৈলীত পৰিৱৰ্তনৰ দ্বাৰা শুধৰাব পাৰি।

●●●